INVENTING
HUMAN
RIGHTS

린 헌트 지음

인권의 발명

전진성 옮김

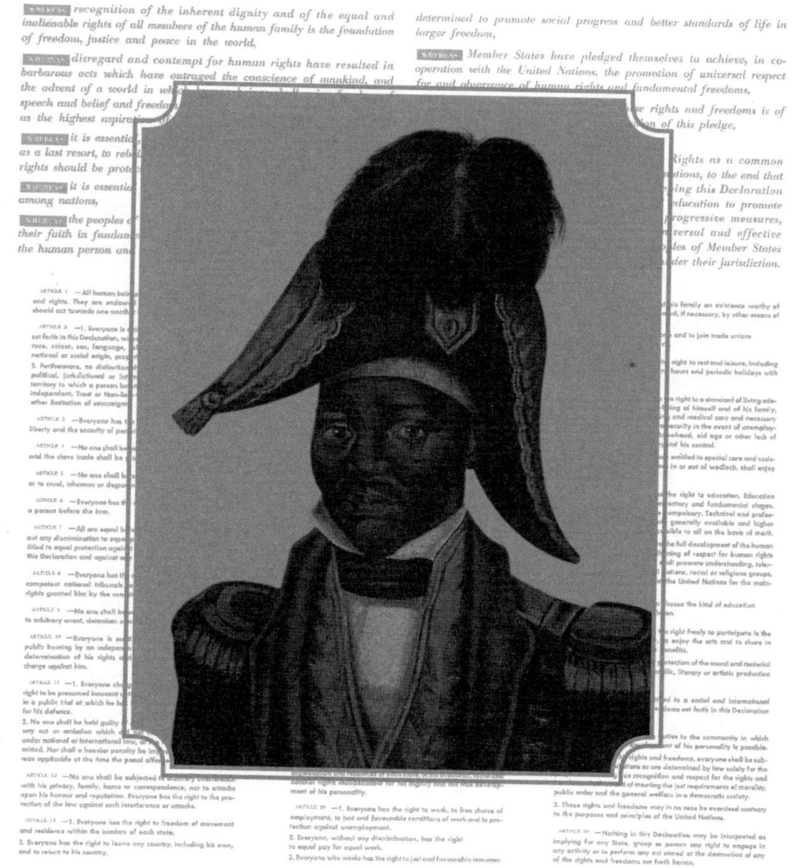

교유서가

여전히 진행중인 발명

조한욱(한국교원대 명예교수)

린 헌트는 불가능한 것을 가능하게 만드는 역사가이다. 20세기 후반기를 풍미했던 역사학의 새로운 잡다한 경향을 '신문화사'라는 포괄적인 이름으로 부른 것이 그랬다. 역사가들이 '심리사'라는 영역을 가까스로 받아들이던 시절, 프로이트의 심리학을 적절하게 이용하면서 프랑스혁명이 여성사의 관점에서 정말로 혁명이라고 불릴 수 있을지 의문을 제기하며 논의의 장을 열었던 것도 그랬다. 언제나 원초적인 성욕을 자극하여 상업적 성공을 거두려던 포르노그래피가 실은 역사의 변천과 깊은 관련을 맺고 있는 문화적, 사회적 발명품이었음을 밝힌 것도 그랬다.

『인권의 발명』에서 헌트는 또다른 도전에 눈을 돌린다. 눈물샘을 자극하던 18세기의 감성 소설들을 '인권'이라는 개념과 연결하는 것이 가능할까? 그는 소설을 통해 제시되는 '공감'의 능력이 인도주의적 감정의 배양에 필수적이었기에 인권이라는 개념이 실체를 가질 수 있도록 만들어

준 일상이었다고 논한다. 그 개념이 미국과 프랑스의 인권선언을 묶어주며 그 정신은 20세기 유엔의 세계인권선언까지 이어진다. 인권은 만들어진 것이다.

헌트는 그 '발명'을 구체적으로 논증하지만 한편으로는 그것이 아직도 더 완성되어야 할 이유를 오늘날의 제반 문제점들과 연결시킨다. 따라서 그것은 아직도 진행중인 '발명'이다. 여기에 우리가 이 책을 읽어야 할 필요성이 있다.

상상력의 힘

정귀순((사)부산인권플랫폼 파랑 이사장)

지난 2022년 8월 24일 진실·화해를위한과거사정리위원회에서 한국 사회의 대표적 인권유린 사건인 형제복지원 사건이 '국가의 부당한 공권력 행사에 의한 중대한 인권침해사건'임을 인정하고 국가의 공식 사과와 피해 회복을 위한 조치를 권고하였다. 이로써 한국판 홀로코스트라 불렸던 곳에서 엄청난 고통을 당한 피해자들은 35년의 지난한 과정을 거쳐 겨우 '사회적 복권'의 첫걸음을 내딛게 되었다. 물론 기뻐할 일이지만 이렇게 더딘 걸음을 걷게 된 것은 사실상 이 사건의 공범이라 할 수 있는 시민들의 무관심, 공감과 연대의 부족이라 자책하지 않을 수 없다.

언젠가 간담회 자리에서 피해자 한 분이 물었다. "인권이 뭡니까?" 이 질문에는 간결하게 답하기 어려울 때가 많다. 자칫 뻔한 이야기를 하거나 아니면 장황하게 말하게 되기 때문이다. 이 책의 저자 린 헌트는 말한다.

"인권은 정치적 선언이다." 그리고 그 선언이 타인에게 상상력을 불러일으켜 공감을 획득하는 순간 "권리라는 혁명적 논리가 뿜어내는 불도저 같은 힘"이 비로소 작동되기 시작한다고.

그의 말에는 내가 인권 현장에서 늘 하는 고민이 고스란히 담겨 흥미롭다. 즉 권리에서 배제된 이들이 어떻게 자신의 목소리를 낼 것인가? 어떻게 이들도 다른 이들에 못지않게 독립적으로 느끼고 사고하고 행동하는, 즉 자율성을 가진 개인이 되고자 나설 수 있을까? 이들이 용기를 내어 자신의 이야기를 풀어내기 시작할 때 어떻게 해야 더 많은 사람들이 귀기울여 듣게 할 것인가? 이 책은 타인에 대한 상상력과 공감의 크기만큼 세상이 변화될 수 있다고 말한다. 우리가 야무진 꿈을 꾸며 비록 작은 힘이라도 서로 합쳐 한 발 한 발 나아간다면 꽉 막힌 현실을 조금이라도 더 나은 방향으로 바꾸어갈 수 있지 않을까?

현장의 활동가들은 답을 찾기를 원한다. 대체로 학술적인 책에서 답을 찾기란 쉽지 않지만 이 책의 저자는 "인권은 악에 대항하는, 우리가 공유하는 유일한 보루"이므로 인권의 전망을 지속적으로 개선해나가기를 제안하고 있다. 그의 제안처럼 최근 들어 문제의식의 확장이 이루어지고 있다. 국민으로서의 인간으로부터 국가의 틀을 넘어서는 인간(난민과 이주민의 권리), 배타적인 인간이 아니라 자연과 공존하는 인간(환경권, 기후위기와 인권, 동물권), 성적 다양성(성소수자의 인권) 등 다양한 영역으로 인권이 확장되고 있다. 물론 각종 쟁점을 둘러싼 정치적 갈등이 불거져 내상을 입는 경우도 허다하지만 그래도 여전히 우리는 늘 더 나은 삶과 사회를 꿈꾼다. 우리의 그침 없는 상상력이 불도저 같은 힘으로 현실을 떠밀고 나아갈 수 있으리라 믿는다.

마지막으로 인권의 이론과 실천이 만나는 접점을 확장하기 위해 애쓰는 동지이자 이 책의 역자인 전진성 선생께 감사드린다.

자매이자 벗이며 영감의 원천인

리와 재인에게

옮긴이 서문

이 책이 한국어로 번역된 지 벌써 십수 년이 지났다는 사실이 실감나지 않는다. 이 책의 독특한 접근 방식과 도발적인 문제 제기, 미해결의 논점들이 아직도 매우 신선하게 다가오기 때문이다. 저자 린 헌트 교수는 인권이라는 무거운 주제를 기념비적인 정치적 사건이나 거시적 체제 변화보다는 일상 속 감정 및 감각의 변화, 독서 행위, 고문 행태, 법률 논쟁 등을 통해 살갑게 접근하도록 안내하며 특유의 여성주의적 시각을 통해 인간(남성)의 권리와 여성의 권리 간 충돌을 쟁점화하고 자율적 개인과 타인에 대한 공감 사이의 접점을 치열하게 모색했다.

이 책에서 역사적 사실로서 서서히 형체를 드러내는 인권은 근대 서구의 발명품이다. 자연권이나 천부인권 사상 등은 결코 시대와 지역을 뛰어넘어 유효하지 않다. 이 책은 '권리가 보편적인가'하는 철학적 질문을 '언제부터 사람들이 인권이 보편적이라고 믿게 되었는가'라는 역사학적 질문으로 바꾼다. 이 책의 원제목은 『인권을 발명하기: 하나의 역사적 접근 *Inventing Human Rights - A History*』이다. 여기서 인권은 미리부터 주어진 소여나 성취된 결과가 아니라 일련의 행위 과정으로 다루어진다. 이러한 접근은 인권에 대한 통상적 관점을 넘어 보다 진전된 논의를 촉발시킨다. 과연 서구에서 형성된 인권 개념은 말 그대로 인간 모두의 권리를 의미하는가? 우리 시대에 적합한 인권 개념을 찾기 위해 우리는 서구적 인권 개념의 요체를 계승해야 마땅한가? 아니면 다른 종류의 인권 개념도 가능한가? 인권은 우리 시대의 현실을 이해하고 변화시켜나가기 위해 여전히 유효한 개념인가?

저자의 전공영역인 18세기 유럽, 특히 프랑스의 정치문화사에 큰 비중을 둔 이 책은 천부인권을 내세우던 당사자들이 인간 모두의 권리를 인정하지 않았다는 불편한 사실을 적시하며 각자의 권리는 스스로 쟁취할 수밖에 없었음을 부각시킨다. 그러나 근대 서구의 경계를 넘어 전 세계적으로 진행된 인권운동에 대해서는 그저 짧게만 언급하며 그나마도 서구적 가치의 확산으로 다루고 있다. 그러나 한국의 옛 일본군 '위안부' 할머니들이 1990년대 이래 지난하게 벌여온 권리투쟁을 서구적 천부인권 개념의 연장, 혹은 이 책이 높이 평가하는 1776년 미국의 「독립 선언문」, 1789년 프랑스의 「인간과 시민의 권리 선언」, 그리고 1948년 국제연합의 「세계 인권 선언」의 역사적 연장선 속에서 보아야 할지는 의문이다. 지금의 인권과 그때의 인권은 과연 같은 개념인가?

이 책의 번역본이 출간된 이후 십수 년 동안 전 세계는 인권의 확장은커녕 더욱 극심한 인권유린에 시달리고 있다. 다양한 가치들이 인정받고 평화롭게 공존하는 다문화사회는커녕 온갖 가짜뉴스에 힘입어 이민자, 난민, 여성, 남성, 장애인, 소수자, 사회적 약자들에 대한 전례 없는 사회적 혐오가 판을 치고 있다. 여기에 의외로 통상적인 인권 개념도 한몫 거들고 있다면 실은 그리 놀라운 일은 아니다. 그동안 오래도록 '인권'은 국민의 '주권'과 거의 동일시되어왔다. 국민으로서의 자격을 얻지 못하는 한 인권은 유명무실해진다. 정치철학자 한나 아렌트Hannah Arendt의 표현에 따르면, 인권이란 오로지 "권리를 가질 권리the right to have rights"일 뿐이다. 국법의 테두리 밖에 존재하는 이방인의 입장에서 볼 때 이러한 권리는 그들을 가로막는 강고한 철벽과 다를 바 없다.

이 책에서는 부차적인 논제이지만 서구적 인권 개념은 근대 서구에서 발원한 국민국가를 정당화하고 그 주권의 경계 안에 머묾으로써 인간 모두의 권리라는 말 그대로의 의미에 충실하지 못했다. 심지어 인권은 도덕적 명분을 내세운 정치적 테러의 온상이 되기도 했다. 이에 비해 '인권혁명'으로도 불리는 우리 시대의 새로운 인권 개념은 인간이라는 사실 외에는 어떠한 권리도 없는 사람들이 마지막으로 호소할 수 있는 권리, 다시 말해 소속 여부와는 상관없이 인간이라는 출생의 자격을 공유하는 미지의 타자에게 부여된 권리를 의미한다. 그것은 다수 국민의 권리이기보다는 오히려 국민으로부터 보호되어야 할 소수자, 약자, 이방인의 권리이다. 인권이란 한마디로 '권리를 결여한 사람들의 권리'다. 국제적 냉전의 시대가 끝나고 아무런 이념적 제어장치가 없는 국가 간, 개인 간 무한 경쟁의 시대에 처하여 기존의 권력관계로부터 자유로운, 그로부터 배제된 사회적 주변인과 공공적 폭력의 피해자, 민간의 인권단체들이 권리 투쟁에 나섰다. 이것이 바로 '인권혁명'이다. 향후 우리가 추구해야 할 사회는 사회적 약자나 이주민도 '공정한 경쟁'에 참여하도록 '용인'되는 이른

바 다문화사회를 넘어선다. 경쟁력이 있든 없든 인간을 그 자체로 '존중'하고 늘 새로운 기회의 장으로 초대하는 그런 미지의 사회를 꿈꾸어볼 수는 없는가?

이 책은 비록 서구 학계에 고질적인 서구 중심적 관점을 탈피하지는 못했지만 새로운 세상을 꿈꾸도록 지적인 영감을 제공하는 데 부족함이 없다. 인권이라는 밑도 끝도 없는 개념이 역설적으로 바로 그 모호함 덕분에 지구적 보편성을 획득해갈 수 있었다는 통찰이야말로 이 책을 다시 펼쳐 들게 만드는 이유이다. 인권이라는 "혁명적 논리가 뿜어내는 불도저 같은 힘", 혹은 그치지 않는 "폭포수"가 지역과 시대를 초월하여 미지의 타자에 대한 상상력을 고취시켰다. 린 헌트 교수가 다른 권리들에 비해 하필 여성의 권리가 늦게 쟁취된 이유를 설명하며 강조하였듯이 권리의 쟁취는 결국 사회적·정치적 상상력에 의해 발동되는 실천적인 의지의 문제이다. 18세기의 서구인들이 구체제의 억압에 맞서 단순히 개인의 자유만이 아니라 그것과 공동체적 연대의 변증법을 성취했다면 이제 우리는 강고한 주권의 장벽을 훌쩍 뛰어넘어 국민국가 내의 시민권과 범인류적 연대의 변증법을 모색할 때다.

2022년 11월

전진성

서론

"우리는 이 진리들을 자명하다고 여긴다"

INTRODUCTION

위대한 일은 가끔 압력에 못 이겨 다시 쓰는 데서 비롯된다. 1776년 6월 중순에 작성된 「독립 선언문Declaration of Independence」의 초안에 토머스 제퍼슨Thomas Jefferson은 다음과 같이 썼다. "우리는 이러한 진리들을 신성하고 부인할 수 없는 것으로 여기는바, 모든 인간은 평등하고 독립적으로 창조되었으며(원문대로) 그러한 평등한 창조로부터 그들은 생래적이고 양도할 수 없는 권리들을 추론해낸다. 이 권리들 중에는 삶과 자유의 보존 그리고 행복 추구가 있다." 제퍼슨이 딸꾹질 소리 같은 이 문장을 더 분명하고 울림이 있는 논조로 수정한 것은 대체로 자신의 판단에 따른 것이다. "우리는 이 진리들을 자명하다고 여기는바, 모든 인간은 평등하게 창조되었으며, 그들은 창조주로부터 양도할 수 없는 특정 권리들을 부여받았는데, 이 권리들 중에는 삶, 자유 그리고 행복 추구가 있다." 이 한 문장으로 제퍼슨은 정치적 불만을 다룬 18세기의 전형적인 문서를 살아

있는 인권 선언으로 탈바꿈시켰다.[1]

그로부터 13년 후, 프랑스인들이 인권 선언문의 초안에 부심하고 있을 때 제퍼슨은 파리에 있었다. 바스티유감옥이 함락되기 몇 달 전인 1789년 1월 제퍼슨의 친구 라파예트Lafayette 후작은 프랑스 인권 선언문의 초안을 작성했다. 미국 독립전쟁 때 활약한 노장 라파예트는 이 문서를 작성하는 데 제퍼슨의 도움을 받은 것이 거의 확실하다. 7월 14일 바스티유감옥의 함락으로 프랑스혁명이 본격화되자 공식 선언을 요구하는 목소리가 힘을 얻었다. 라파예트는 최선을 다했음에도 제퍼슨이 미국 의회에 제출한 것에 비견될 문서를 만들어내지는 못했다. 8월 20일 신생 국민의회는 40명의 의원들로 비대하게 구성된 위원회가 마련한 24개 조항을 심의하기 위해 토론회를 개최했다. 6일간이나 떠들썩하게 토론하고 끊임없이 수정했지만 가결된 조항은 17개뿐이었다. 계속되는 갑론을박과 여타 시급한 현안들도 처리해야 한다는 절박함에 지칠 대로 지친 의원들은 1789년 8월 27일에 이르러 선언문 초안에 대한 토론을 보류하고 이미 가결된 조항들을 「인간과 시민의 권리 선언Declaration of the Rights of Man and Citizen」으로 잠정 채택할 것을 의결했다.

그렇게 정신없이 짜깁기된 문서는 너무나 조급하게 만들어진데다 단순해서 놀라울 정도다. 왕과 귀족 또는 교회에 대해서는 한마디도 언급하지 않으며, 어떤 정부든 "자연스럽고 양도할 수 없으며 신성한 인간의 권리"를 원천으로 삼는다고 선언하고 있다. 이 문서는 국왕이 아니라 국민에게 주권을 양도한다고 선언했으며, 법 앞에서 만인의 평등을 선포하여 재능과 장점에 따라 지위를 개방하고 출신에 따른 특권을 단호하게 타파했다. 그러나 여타의 보장들보다 더 인상적인 것은 이러한 요구들의 보편성이었다. '인간들', '인간', '각각의 인간', '모든 인간들', '모든 시민들', '개개 시민', '사회', 그리고 '모든 사회'라는 지시어들은 단 한 번 언급된 '프랑스 국민'을 무색하게 만들었다.

'선언'의 출간은 즉각 권리의 주체에 관해 세계적 차원의 찬반 논란을 불러일으켰다. 1789년 11월 4일 런던에서 행해진 한 설교에서 리처드 프라이스Richard Price는 인간의 새로운 권리들에 대한 서정시를 읊었다. 그는 벤저민 프랭클린Benjamin Franklin의 친구이자 영국 정부를 자주 힐난하던 비판가였다. "나는 어느 때보다 더 잘 이해된 인간의 권리와 자유를 열망하는 민족들을 보기 위해 살아온 것이다. 과거 그 이념들은 사라진 것처럼 보였다." 프랑스인의 '형이상학적 추상'에 대한 프라이스의 조야한 열광은 이름난 수필가이자 영국 하원 의원인 에드먼드 버크Edmund Burke를 격분시켜 맹렬한 반격을 충동질했다. 그의 소책자 『프랑스혁명에 관한 성찰Reflections on the Revolution in France』(1790)은 보수주의의 정전으로 즉각 인정받았다. "우리는 루소Rousseau교로 개종하지 않았다." 버크는 호통을 쳤다. "우리는 우리가 어떠한 발견도 하지 못했음을 안다. 우리는 어떤 발견도 해내지 못할 것이다. 도덕에 있어서는 말이다. [……] 우리는 여물과 넝마 그리고 인간의 권리들을 다룬 변색된 종잇조각 나부랭이들로 채워지기 위해, 박물관의 박제된 새처럼 내장을 비워 동여맨 존재가 아니다." 프라이스와 버크는 미국혁명은 지지했다. 그러나 프랑스혁명은 판돈을 어마어마하게 불렸고 곧 전선이 형성되었다. 과연 이성에 바탕을 둔 자유의 신시대가 동튼 것일까? 아니면 혼란과 폭력으로 추락하고 마는 야만의 시발점일까?[2]

프랑스혁명으로 인한 논쟁에도 불구하고, 거의 두 세기에 걸쳐 「인간과 시민의 권리 선언」은 보편적 인권이라는 약속을 실현해갔다. 1948년 유엔이 채택한 「세계 인권 선언」 제1조는 이렇게 분명히 밝힌다. "모든 인간은 태어날 때부터 자유롭고, 존엄성과 권리에 있어 평등하다." 1789년 「인간과 시민의 권리 선언」의 제1조는 "인간은 자유롭게, 그리고 권리에 있어 평등하게 태어나 존재한다"고 천명한다. 뉘앙스의 차이를 무시할 수는 없겠으나 양자 간의 관련성만은 분명하다.

이 문서들의 기원이 반드시 그 결과를 설명해주는 것은 아니다. 제퍼슨의 거친 초안이 그 자신과 5개 위원회, 혹은 의회에 의해 86차례나 수정되었다는 사실이 정말로 중요한 것일까? 제퍼슨과 존 애덤스John Adams는 파란만장했던 생애의 마지막 10년에 해당하는 1820년대에, 과연 누가 무엇에 기여했는지에 관해 여전히 논쟁을 벌이면서 분명히 그렇게 생각했다. 그러나 「독립 선언문」은 어떠한 헌법적 지위도 갖지 않았다. 그것은 단지 의사표명에 지나지 않았으며 국가가 1791년 전혀 다른 권리 선언문을 비준하기까지 15년이란 세월이 흘렀다. 프랑스의 「인간과 시민의 권리 선언」은 개인의 자유를 보장할 것을 요구했으나, 이후에도 권리를 억압하는―공포정치로 알려진―정부가 출현했고 후대의 여러 프랑스 헌정은 다른 선언을 정초하거나 아예 선언 없이 실행되곤 했다.

더욱 곤혹스러운 점은 18세기 말에 인권이 보편적 가치라고 확신에 차서 선언했던 당사자들이 그다지 보편적으로 사고하지 않았음이 드러난 것이다. 그들은 어린이, 광인, 수형자, 또는 외국인들이 정치적 과정에 완전히 참여하기에는 무능력하고 무가치하다고 생각했다. 이것은 그리 놀라운 일이 아니다. 오늘의 우리도 별반 다를 것이 없기 때문이다. 그들은 또한 무산자, 노예, 자유 신분의 흑인, 경우에 따라서는 종교적 소수자, 그리고 항상 어디서나 그렇듯이 여성을 배제했다. 최근 들어 '모든 인간들'에 대한 이 같은 제한이 문제시되고 있으며 몇몇 학자들은 심지어 선언이 과연 진정한 해방을 담고 있었는지 의문을 품었다. 선언을 처음 계획한 이들, 입안자들, 선언문을 공포한 이들은 만인의 진정한 권리 평등을 간과했다는 점에서 엘리트, 인종주의자 그리고 여성혐오주의자라는 평을 듣는다.

우리는 18세기 사람들이 권리를 제한했다는 점을 잊어서는 안 되겠지만 거기서 멈춘 채로 우리 자신의 상대적 '진보성'을 자화자찬한다면, 이는 초점을 벗어난 일이다. 노예제와 대인 종속, 그리고 자연법칙처럼 보이는 굴종에 기반한 사회에 살던 사람들이 과연 어떻게 그들과는 다른 인간을—경우에 따라서는 여성마저도—동등한 존재로 상상하게 되었는가? 어떻게 권리의 평등이 별 그럴듯하지 않은 장소에서 '자명한' 진리가 되었는가? 특히 놀라운 것은 노예 소유주인 제퍼슨 같은 인물, 그리고 귀족이었던 라파예트 같은 인물이 자신들은 전 인류의 자명하고 양도할 수 없는 권리를 위해 일한다고 말할 수 있었다는 점이다. 이것이 어찌된 일인지 알 수 있다면, 인권이 오늘날 우리에게 어떤 의미가 있는지 더 잘 이해할 수 있을 것이다.

자명성의 역설

언어가 다름에도 불구하고 18세기에 나온 두 선언은 모두 자명성의 요구에 기반하고 있다. 제퍼슨은 이 점을 분명히 했다. "우리는 이 진리들을 자명하다고 여긴다." 프랑스의 「인간과 시민의 권리 선언」은 단언했다. "인간의 권리에 대한 무지, 소홀, 또는 멸시가 공공의 불행과 정부의 부패를 낳는 유일한 원인이다." 이러한 발상은 1948년까지 별로 변하지 않았다. 「세계 인권 선언」은 더 법률적인 논조를 띤다. "인류 가족 모두의 타고난 존엄성과 평등하고 양도할 수 없는 권리를 인정하는 것이 세계의 자유, 정의, 평화를 일구는 토대인바……" 이 또한 자명성의 요구를 법제화한다. 왜냐하면 '~인바whereas'라는 표현은 말 그대로 '그것이 어떠한 사실임'을 의미하기 때문이다. 달리 말하자면, '~인바'는 주어진, 자명한 그 무엇을 그저 법률적으로 논하는 방식이다.

이 같은 자명성의 요구는 심지어 오늘날에도 인권 논의의 핵심 개념인데, 이는 한 가지 역설을 야기한다. 권리의 평등이 그렇게 자명하다면, 굳이 이것을 주장할 이유가 있는가, 그리고 왜 특정한 시공간에서 주장했는가? 인권이 보편적으로 인정되는 가치가 아니라면, 어떻게 보편적일 수 있는가? 우리는 과연 1948년 선언의 입안자들이 제공한 설명에 만족할 것인가? "우리는 아무도 우리에게 이유를 묻지 않는다는 조건하에 권리들에 동의한다." 권리들은 과연 '자명'한가? 학자들이 200년 이상이나 제퍼슨이 생각한 바에 대해 토론해왔는데도 말이다. 제퍼슨이 자신의 의견을 표명한 적이 없는 만큼, 토론은 영구히 지속될 것이다. 5개 위원회 또는 의회의 그 누구도—비록 제퍼슨의 초안에 있는 항목들을 포괄적으로 수정했음에도—그의 요구 자체를 변경하는 것은 원치 않았다. 그들은 분명히 제퍼슨에게 동의했다. 더욱이 제퍼슨 스스로 해명했다면, 요구의 자명함은 사라졌을 것이다. 논증을 요하는 주장은 자명하지 않은 법이다.[3]

나는 자명성의 요구가 인권의 역사에서 핵심이라고 믿는다. 이 책은 어떻게 그러한 확신이 18세기에 생겨났는지를 설명할 것이다. 자명성의 요구는 또한 매우 다양한 역사적 관점을 제공한다는 점에서 고무적이다. 인권은 오늘날 어디에나 존재하기 때문에 그에 걸맞은 거창한 역사를 요청하는 듯하다. 개인의 인격에 관한 고대 그리스의 이념, 로마제국의 법과 권리 관념, 기독교의 영혼 사상…… 인권의 역사는 자칫 서구문명의 역사로, 오늘날에는 간혹 전 세계의 역사로 비약될 위험성마저 안고 있다. 고대 바빌론, 힌두교, 불교, 그리고 이슬람교는 이에 기여한 바가 없는가? 그렇다면 우리는 어떻게 18세기 말엽에 갑작스럽게 구체화된 인권의 요구를 설명해낼 것인가?

인권은 서로 맞물린 세 가지 특성을 요구한다. 그러니까 권리는 자연성(인간이 타고남), 평등성(모든 이에게 동일함), 보편성(모든 곳에 적용 가능함)이 있어야 한다. 권리가 인권이 되려면 모든 인간이 세계 어느 곳에서나 단지 인간이라는 이유만으로도 그것을 평등하게 누려야 한다. 권리의 평등성이나 보편성보다는 자연성을 받아들이기가 더 용이하다는 점은 분명해졌다. 여러 방식으로 우리는 여전히 권리의 평등성과 보편성을 실현하려 애쓰고 있다. 과연 몇 살부터 온전히 정치에 참여할 권리를 갖게 되는가? 이민자, 즉 시민이 아닌 자도 권리를 공유하는가? 만약 그렇다면 그것은 어떤 권리인가?

그러나 자연성, 평등성, 보편성마저도 충분치는 않다. 인권은 정치적 내용을 획득할 때 비로소 의미가 있다. 인권은 자연 상태에서가 아니라 사회에서 인간이 갖는 권리이다. 신의 권리나 동물의 권리에 반대되는 권리가 아니라 인간 서로서로에 대한 권리인 것이다. 따라서 인권은 세속의 정치세계에서 보장되며(비록 "성스럽다"고 표현되긴 하지만) 그것을 확보한 이들의 적극적 참여를 요구한다.

권리의 자연성, 평등성, 보편성이 정치적으로 표현된 것은 1776년 미국 「독립 선언문」과 1789년 프랑스의 「인간과 시민의 권리 선언」을 통해서였다. 1689년 영국 「권리장전Bill of Right」은 법률에 기초하고 자국 역사에서 유래한 '옛 권리와 자유'를 표방했다. 여기에는 권리의 자연성, 평등성, 보편성에 대한 선언이 없다. 이와 대조적으로, 「독립 선언문」은 "만인은 평등하게 창조되었다" 그리고 그들 모두는 "양도할 수 없는 권리들"을 소유한다고 밝혔다. 마찬가지로 「인간과 시민의 권리 선언」도 "인간은 자유롭게, 그리고 권리에 있어 평등하게 태어나 존재한다"고 선언했다. 프랑스인·백인·구교도가 아닌 '인간men', 남자만이 아닌 전 인류 구성원들을 의미하는 인간임에 주목하자. 다른 말로 1689년과 1776년 사이에 그때까지 특정인들의—예컨대 자유의 몸으로 태어난 영국인들의—권리로 여겨져온 권리가 인권, 보편적 자연권으로 전화했다. 프랑스인들은 이를 '인간의 권리les droits de l'homme'라 부른다.[4]

인권과 '인간의 권리'

용어의 역사를 간략히 소개하는 편이 인권이 출현한 계기를 이해하는 데 도움이 될 것이다. 18세기 사람들은 '인권'이라는 표현을 자주 쓰지 않았으며, 사용할 경우에도 오늘날 우리와는 다른 의미로 썼다. 1789년 이전에, 예를 들어 제퍼슨은 '자연권natural rights'에 관해 자주 말했다. 그가 '인간의 권리rights of man'라는 용어를 쓰기 시작한 것은 1789년 이후였다. 그가 '인권human rights'이라고 표현했을 때, 이는 자연권이나 인간의 권리보다 더 수동적이고 덜 정치적인 것을 의미했다. 예를 들면, 1806년에 제퍼슨은 이 용어를 노예무역의 사악함을 지적하는 데 활용했다.

> 동료 시민 여러분, 나는 그대들이 자신의 권력을 헌법적 기반 위에 올려놓는 시기에 이른 것을 축하합니다. 그것은 죄 없는 아프리카 주민들을 오랫동안 괴롭힌 인권 침해에 미국 시민들이 더는 가담하지 않도록 막기 위해서입니다. 우리나라의 도덕성, 명성, 그리고 최고의 권리들이 오랫동안 그러한 행위를 막으려 노력해왔습니다.

아프리카인들이 인권을 향유한다고 주장하면서도 제퍼슨은 집에 거느린 미국 흑인 노예들에 대해서는 어떠한 암시도 하지 않았다. 제퍼슨이 정의한 인권이란 아프리카인들이—미국의 흑인은 더더욱—자기 자신의 존엄성을 위해 행동할 수 있도록 하는 것은 아니었다.[5]

18세기에 영국과 프랑스에서 사용된 '인권', '인간의 권리rights of mankind' 그리고 '인간성의 권리rights of humanity' 등의 용어는 정치에 직접 활용되기에는 너무 개괄적이었다. 이것들은 정치적으로 의미 있는 권리들, 예컨대 표현의 자유나 정치 참여의 권리보다 인간과 신, 인간과 동물을 구별 짓는 것을 가리켰다. 프랑스에서 '인간성의 권리'라는 용어가 가장 일찍 사용된(1734) 예로는 신랄한 문예비평가 니콜라 랑글 뒤프레누아Nicholas Lenglet-Dufresnoy의 경우를 들 수 있는데, 그는 가톨릭 사제였지만 "동물처럼 풀을 뜯어먹고 완전히 벌거벗은 채 뛰어다닐 정도로 '인간성의 권리'를 거부한 6세기의 독특한 사제들"을 비꼬았다. 마찬가지로

1756년 볼테르는 페르시아가 '인간성의 권리'를 최고로 향유할 수 있는 왕국이라는, 속마음과는 다른 견해를 표명했다. 페르시아인들이 '권태에 반하는 자원'을 가장 많이 보유하고 있기 때문이라는 것이다. '인권'이라는 용어가 프랑스에서 1763년에 처음 등장했을 때 그 의미는 '자연권'에 가까웠던 것으로 보이나, 널리 영향을 미친 볼테르의 『관용에 대한 고찰 *Traité sur la tolérance*』에 사용되었음에도 별달리 주목받지는 못했다.[6]

18세기에 걸쳐 영어권에서는 '자연권'이나 그저 간단히 '권리들'이라는 표현을 계속 선호한 반면, 프랑스에서는 1760년대에 '인권droits de l'homme'이라는 새로운 표현이 나타났다. '자연권(들)' 또는 '자연법'(프랑스어에서 droit naturel은 두 가지 의미를 다 가지고 있다)의 역사는 수백 년을 거슬러올라가는데 아마도 그 결과 중 하나일 '자연권(들)'에는 아주 많은 의미를 부여할 수 있었다. 가끔은 전통질서 안에서도 그러했다. 예를 들면, 루이 14세의 절대왕정을 대변한 보쉬에Bossuet 주교는 '자연권'이라는 용어를 오직 예수 그리스도의 승천을 묘사할 때만 사용했다.("그분은 당신 스스로의 자연권에 의해 승천하셨도다.")[7]

'인간의 권리'는 장 자크 루소Jean-Jacques Rousseau의 『사회계약론』(1762)에 등장한 후 프랑스에서 통용되었다. 비록 루소 자신이 이 용어에 별다른 정의를 내리지 않았고, 이를 '인간성의 권리', '시민의 권리' 그리고 '주권' 등과 더불어 사용했음에도, 아마도 그렇기 때문에 이 용어가 통용되기 시작했을 것이다. 지하 신문에 따르면, 이유가 무엇이든 1763년 6월까지는 '인간의 권리'가 공통 용어가 되었다.

프랑스 왕립극장Comédie française 배우들이 오늘 처음으로 망코Manco(페루의 잉카인들을 다룬 연극)를 상연했다. 이전에도 언급한 바 있는 이 작품은 가장 잘못 쓰인 비극 중 하나이다. 보기에 따라서는 매우 아름다울 수도 있는 야만인 배역이 하나 있는데, 그는 우리가 군주, 자유, 인간의 권리에 관해 드문드문 읽었던 모든 것을 시로 암송한다. 『조건 불평등』으로, 『에밀』로, 『사회계약론』으로.

이 연극이 비록 '인간의 권리'라는 표현을 명확히 사용하지 않고, 대신 그와 관련된 '우리 존재의 권리'라고 표현한 게 사실이지만, 그 용어는 지식인들의 용법으로 파고들어갔다. 그것은 사실상 루소의 저작들과 직접 관련이 있다. 다른 계몽사상가들, 예컨대 돌바크d'Holbach 남작, 레이날Raynal, 메르시에Mercier 등은 1770년대와 1780년대에 이 용어를 고양시켰다.[8]

1789년 이전에 '인간의 권리'는 영어로 옮겨지지 못했다. 하지만 미국혁명은 프랑스의 계몽주의 전사 콩도르세Condorcet 후작이 처음으로 '인간의 권리'를 정의하도록 고무했다. 여기에는 인격의 보장, 소유의 보장, 불편부당한 정의, 그리고 법안에 기여할 수 있는 권리가 포함되었다. 1786년의 에세이 「미국혁명이 유럽에 끼친 영향에 관하여On the Influence of the American Revolution on Europe」에서 콩도르세는 인간의 권리와 미국혁명을 명확히 관련지었다. "인간의 권리가 존중되는 곳에서 위대한 인민이 펼치는 장관은 다른 모든 이들에게, 기후, 관습, 법률의 차이를 떠나 유용하다." 그는 주장하길, 미국 「독립 선언문」은 "그토록 성스러우면서도 그토록 오랫동안 잊혀온 이러한 권리들을 간명하고 숭엄하게 해제"한 데 지나지 않는다. 1789년 1월 에마뉘엘 조제프 시에예스Emmanuel-Joseph Sieyés

는 반反귀족 지향의 선동적인 팸플릿 『제3신분이란 무엇인가?Qu'est-ce que le tiers état?』에서 이 표현을 사용했으며, 1789년 1월 작성된 라파예트의 「인간과 시민의 권리 선언」 초안은 1789년 초 콩도르세의 초안과 마찬가지로 '인간의 권리'를 적시했다. 1789년 봄부터, 즉 7월 14일 바스티유감옥의 함락 이전부터 '인간의 권리'를 선언할 것을 요구하는 논의가 프랑스의 정파들 사이에 무성했다.[9]

인권을 표현하는 언어가 18세기 후반 등장했는데 처음에는 이 권리들에 대한 정의가 그다지 명확하지 않았다. 루소는 '인간의 권리'라는 용어를 사용하면서 어떠한 설명도 하지 않았다. 영국 법률가인 윌리엄 블랙스톤William Blackstone은 인간의 권리를 '인간의 자연적 자유'라고 정의했는데, 이는 "자유로운 행위자로 상정되고 악으로부터 선을 구별할 능력을 부여받은 인간의 절대적 권리들"을 지칭했다. 1770년대와 1780년대 프랑스에서 이 용어를 사용한 사람들 대부분은, 돌바크나 미라보Mirabeau 같은 논쟁적 계몽사상가들처럼, 인간의 권리가 너무나 명확해서 별다른 정당화나 개념 정의가 필요 없다는 듯이 그것을 언급했다. 다시 말해 이는 자명한 것이었다. 예컨대 돌바크는, 사람들이 죽음을 덜 두려워한다면 "인간의 권리를 대담하게 수호할 것이다"라고 주장했다. 미라보는 그를 박해하던 이들을 "인간의 권리에 대해 아무것도 알지 못하기에 개성도 영혼도 결여된" 자들이라고 비난했다. 1776년(조지 메이슨George Mason의 「버지니아 권리 선언」이 있던 해) 이전에는 누구도 이 권리들에 대한 정확한 일람표를 제공해주지 않았다.[10]

인권의 모호성은 프랑스 칼뱅파 목사인 장 폴 라보 생테티엔느Jean-Paul Rabaut Saint-Etienne가 포착했다. 그는 1787년 자신 같은 신교도에 대한 관용의 제도화를 위한 발의에 제한을 가한 왕에게 항의 서한을 보냈다. 생테티엔느는 인간의 권리를 부르짖는 분위기가 고조되는 데 힘입어 대담하게 주장했다. "우리는 오늘날 자연권이 무엇이며 그것이 신교도의 입장을 담은 포고령보다 더 많은 것을 사람들에게 줄 것이라는 점을 압니다. [……] 전 세계에 걸쳐 매우 잘 알려진 인간성의 권리를 공공연하게 억누르는 것을 법이 더이상 받아들일 수 없는 시대가 도래했습니다." 인간성의 권리는 "잘 알려진" 것이었다지만, 라보 자신은 가톨릭교도인 국왕이 칼뱅파의 예배에 대한 권리를 공식 인가할 수는 없다는 점을 당연한 듯 말했다. 간단히 말해 모든 것은 "더이상 받아들일 수 없는"이라는 말의 해석에 달려 있었다.[11]

권리들은 어떻게 자명해졌는가

인권이란 무엇이라고 단정 짓기 어렵다. 왜냐하면 개념 정의뿐 아니라 그 자체가 이성만큼이나 감성에 의존하고 있기 때문이다. 자명성의 요구는 궁극적으로 감성에 호소할 수밖에 없으며 개인의 내면을 움직여 확신을 갖게 한다. 더욱이 인권 침해로 공포를 느낄 때 비로소 인권이 문제가 된다는 점은 부정할 수 없다. 생테티엔느는 "더이상 받아들일 수 없는" 것에 대한 함축적인 지식에 기대해볼 수 있음을 깨달았다. 1755년에 영향력 있는 계몽주의 작가 드니 디드로Denis Diderot는 자연권droit naturel에 관해 썼다. "이 용어는 매우 익숙해져서 누구든 그것을 명확히 안다고 확신할 정도이다. 이 내면의 감정은 철학자나 지각없는 사람들 모두에게 공통적이다." 다른 시대 사람들처럼 디드로 역시 자연권의 의미를 모호하게 언급하는 데 그쳤다. "나는 인간으로서 인간성의 권리 이상의 진정 양도할 수 없는 자연권은 갖고 있지 않다." 하지만 그는 인권의 가장 중요한 특성을 적시했는데, 이에 따르면 인권은 널리 공유되는 "내면의 감정"을 요구했다.[12]

스위스의 엄격한 자연법 철학자 장 자크 뷔를라마키Jean-Jacques Burlamaqui는 자유는 오직 각 사람들 내면의 감정에 의해 입증될 수 있다고 주장했다. "그러한 감정의 증거는 무엇보다 불복종이며 가장 깊은 확신을 창출한다." 인권은 단지 문서화된 강령이 아니다. 그것은 타인의 행위를 판단하는 성향에 근거를 두고 있다. 즉 인민들이 어떠한 존재이며, 그들이 세상 속에서 어떻게 옳음과 그름을 아는가에 관한 일련의 확신들 말이다. 철학적 이념, 법률적 전통, 혁명적 정치활동들은 인권을 위한 내면의 감정이 어디에 준거하는지 진정으로 '자명하게' 만들어야 했다. 그리고 디드로가 주장했듯이, 이러한 감정들은 많은 사람들이 느껴야 하며, 그저 그것에 관해 저술하는 철학자들에 국한되어서는 곤란했다.[13]

이 같은 자유와 권리의 관념을 뒷받침하는 것은 개인의 자율성에 대한 가정들이었다. 인권을 갖기 위해 사람들은 독립적으로 도덕적 판단을 할 수 있는 개인들로 지각되어야 했다. 블랙스톤이 지적했듯이, 인간의 권리는 "자유로운 행위자로 상정되고 악으로부터 선을 구별할 능력을 부여받은" 개체와 함께 나아갔다. 그러나 이들 자율적인 개체가 독립적인 도덕적 판단에 토대를 둔 정치적 공동체의 구성원이 되기 위해서는 타인들과 공감할 수 있어야 했다. 모든 사람은 근본적인 점에서 동질적으로 보일 때만 권리를 갖게 될 것이다. 평등은 단지 추상적 개념이나 정치 슬로

건이 아니었다. 그것은 일정하게 내면화되어야 했다.

우리는 자율과 평등의 이념을 인권과 결부하여 당연시하지만, 이것들은 18세기에 비로소 영향력을 얻었다. 현대 도덕철학자 슈네윈드J. B. Schneewind는 자신이 '자율성의 발명'이라 부른 계보를 추적했다. 그의 말에 따르면 "늦어도 18세기 말에 나타난 새 전망은, 평범한 개인들이 자기 관리라는 도덕성과 더불어 살아갈 능력을 동등하게 갖추고 있다는 믿음에 근거한다". 그들 "평범한 개인들" 뒤에는 오랜 투쟁의 역사가 놓여 있다. 18세기에는 (그리고 사실상 현재까지도) 모든 '인민'의 도덕적 자율 능력을 동등하다고 보지 않았다. 관련은 있지만 구별되는 두 가지 성질, 즉 이성의 능력과 자주적 결정의 독립성은 서로 관련돼 있었다. 개체가 도덕적 자율성을 지녔다면, 양자는 함께 기능해야 마땅했다. 아동과 광인은 필수적인 이성 능력을 결여하고 있으나 언젠가 그 능력을 획득하거나 되찾을 것이다. 아동과 마찬가지로 노예, 하인, 무산자, 그리고 여성은 온전히 자율적인 존재로 인정받는 데 필요한 독립성이 결여돼 있다. 아동, 하인, 무산자, 그리고 노예조차도 성장하고, 시중드는 일을 그만 두고, 재산을 모으고, 혹은 자유를 사들여서 언젠가는 자율적인 존재가 될 것이다. 오직 여성만이 어떠한 대안도 갖지 못한 듯했다. 그들은 본원적으로 아버지나 남편에 의지하는 존재로 간주되었다. 보편적이고 평등하며 자연적인 인권을 주창한 이들이 그러한 권리의 실행에서 어떤 범주에 들어가는 사람들을 기계적으로 배제한 이유는, 무엇보다도 그들이 이 범주의 사람들은 도덕적 자율 능력이 없다고 보았기 때문이다.[14]

그러나 새로 발견된 공감의 힘은 가장 오래된 편견에조차 공세를 펴부을 수 있었다. 1791년 프랑스혁명 정부는 유대인들의 동등한 권리를 인정해주었다. 1792년에는 심지어 무산자에게마저 참정권을 부여했다. 그리고 1794년에는 노예제를 공식 폐지했다. 자율성도 공감도 미리 주어진 것이 아니었으며 배워서 터득해야 할 기술이었다. 그리고 권리들에 대한 '받아들일 만한' 제한은 도전받을 수 있었으며 실제로 도전받아왔다. 권리들은 단번에 정의할 수 없다. 왜냐하면 그것의 감정적 토대가 부분적으로는 권리 선언에 위배되면서까지 항상 변하기 때문이다. 권리들은 과연 누가 그것을 가지며 그것이 무엇인지에 대한 감각이 부단히 변화하므로 문제제기에 개방적이다. 인권 혁명은 말 그대로 진행중이다.

자율과 공감은 문화적 실천이지, 그저 이념이 아니다. 따라서 이들은 꽤 직접적으로 체현된다. 다시 말해 이들은 물리적인 동시에 감성적인 차원을 갖는다. 개인의 자율성은 인간 신체의 분리와 신성함에 대한 감각의 증가에 달려 있다. 그러니까 당신 몸은 당신 것이고 내 몸은 내 것이다. 그래서 우리는 서로의 신체 사이의 경계를 존중해야 한다. 공감은 타인이 우리 자신과 다를 바 없이 느끼고 생각한다는 점, 우리의 내적인 감정들이 근본적으로 동질적임을 인정하는 것에 달려 있다. 한 인격체는 자율적으로 그리고 정당하게 분리되고, 그 혹은 그녀의 분리된 상태 그대로 보호받아야 한다. 그러나 권리들을 갖기 위해서는 신체의 분리와 더불어 한 인격체의 자아가 더 감성적인 형태로 인식되어야 한다. 인권은 자기 자신을 소유하는 것 그리고 모든 타자가 평등하게 자기를 소유한다는 인식에 근거를 둔다. 모든 역사에 걸쳐 우리를 사로잡은 권리들의 불평등은 후자의 불완전한 발전에 기인한다.

자율과 공감은 18세기의 엷은 대기로부터 나타난 것이 아니며, 깊은 뿌리를 갖고 있다. 수백 년간 개인은 공동체의 여러 관계에서 자신을 떼어내기 시작했고 법적으로나 심리적으로 점점 더 독립적인 주체가 되어 갔다. 신체의 완결성과 개별 신체들 간의 분명한 구분선을 더더욱 존중하는 경향이 나타났다. 이는 신체의 기능에 대한 수치심의 기준이 계속 높아지고 신체 예절에 대한 의식이 확산됨으로써 촉발되었다. 시간이 지나면서 사람들은 침대에서 혼자 또는 배우자와 둘이서만 취침하기 시작했다. 식사할 때 도구를 사용했고 예전에는 받아들일 수 있었던 행위들, 예컨대 음식물을 바닥에 던지거나 옷으로 배설물을 닦거나 하는 등의 행위를 강박적으로 재고하기 시작했다. 정신의 내면성과 깊이에 대한 관념이 기독교적 영혼으로부터 신교도의 양심을 거쳐 18세기적 감수성이라는 관념으로 부단히 진화함에 따라 자아는 새로운 내용으로 채워졌다. 이 모든 과정은 장기간에 걸쳐 진행되었다.

그러나 이 같은 행위의 변화 발전에서 도약은 18세기 후반에 일어났다. 자식들에 대한 아버지의 절대적 권위가 문제시되었다. 청중들이 연극 공연을 보거나 음악을 듣기 시작했다. 초상화와 풍속화가 신화나 역사를 다루는 주류 아카데미 회화의 지배권에 도전했다. 소설과 신문이 번성하며 광범위한 독자층을 끌어들일 수 있는 일상의 이야기를 만들어냈다. 재판의 일부였던 고문과 극단적인 신체형들이 더는 받아들일 수 없는 것으로 보였다. 이러한 모든 변화는 타인들과의 공감의 가능성과 더불어, 개인 신체의 분리와 자기 소유 의식의 확산에 기여했다.

다음 장에서 추적해보려는 신체의 완결성과 공감하는 자아라는 관념은 그와 깊은 관련이 있는 인권의 역사와 다르지 않은 과정을 밟아왔다. 즉 18세기 중엽에 한꺼번에 관점이 바뀐 듯하다. 예를 들어 고문에 대해 살펴보자. 1700년과 1750년 사이에 프랑스에서 '고문'이라는 단어가 사용된 경우는 대개 저자가 적절한 표현을 찾기 곤란한 상황과 관련이 있다. 그리하여 마리보Marivaux는 1724년 "사색하기 위해 정신을 고문하는 것"에 관해 언급했다. 죄나 공범을 실토하게 하기 위해 법으로 공인한 고문은 몽테스키외Montesquieu가 『법의 정신』(1748)에서 비판한 이후 주요 의제가 되었다. 가장 영향력이 컸던 구절 중 하나에서 몽테스키외는 주장했다. "그렇게 수많은 영재와 천재들이 그 실행(사법적 고문)에 반대하는 글을 썼으므로 감히 반복할 필요조차 없다." 그러고 나서 다소 수수께끼 같은 구절을 첨부하였다. "나는 그것이 독재정부에나 어울리는 것임을 말하려 했다. 공포를 유발하는 모든 것을 원동력으로 삼는 그러한 정부에나 말이다. 나는 말하려 했다. 그리스인과 로마인들 중 노예들은 [⋯⋯] 그러나 나는 나를 향해 울부짖는 자연의 목소리를 듣는다." 여기서 또한 자명성—"울부짖는 자연의 목소리"—가 논지의 토대를 제공한다. 몽테스키외 이후 볼테르와 다른 많은 이들, 특히 이탈리아인 베카리아Beccaria가 이 운동에 참여할 터였다. 1780년대까지는 고문과 야만적인 신체형 폐지가 새로운 인권 강령의 핵심 조항이 되었다.[15]

타인의 신체와 자아에 대한 반응의 변화는 정치적 권위의 세속적 정당화를 비판적으로 지지하도록 돕는다. 제퍼슨은 '그들의 창조주'가 사람들에게 권리를 부여해주었고 바로 거기서 창조주의 역할은 끝났다고 적었다. 정부는 더이상 신에게 의존하지 않으며 신의 의지에 대한 교회의 해석에도 의존하지 않는다. 제퍼슨은 말했다. "이러한 권리들을 수호하기 위해 정부는 사람들 사이에 세워졌다." 그리고 그 권리들은 "피통치자의 합의로부터" 비롯된다. 마찬가지로 1789년 프랑스 인권 선언은 "모든 정치적 결사의 목적은 인간의 자연적이고 소멸될 수 없는 권리를 보존하는 것"이며 "모든 주권의 원리는 본질적으로 국민에 근거를 둔다"고 주장한다. 정치적 권위란 개체의 내적 본성과 그들이 합의를 통해 공동체를 창조하는 능력에서 나오는 것이었다. 정치학자들과 역사가들은 이러한 정치적 권위의 개념을 다각도로 점검해왔으나 그것을 가능하게 한 신체관 및 자아관에 주목하지는 않았다.[16]

나는 공공 전시장의 그림 감상부터 사랑과 결혼에 관한 대중 보급판 서한소설 읽기에 이르기까지, 새로운 경험의 영향에 초점을 맞추었다. 그러한 경험들은 자율과 공감을 파급시키는 데 기여했다. 정치학자 베네딕트 앤더슨Benedict Anderson의 주장에 따르면, 신문과 소설은 민족주의 번성에 필요한 '상상의 공동체'를 창조했다. 민족주의보다 인권의 토대를 논하려는 이 책에는 대신 '상상된 공감'이라는 용어가 적합할 듯싶다. 공감은 믿음의 도약, 즉 타인이 자신과 같다는 상상이 필요한 만큼, 구축되기보다는 상상되었다. 고문에 대한 평가가 고통에 대한 새로운 시각을 제시했고 이는 상상된 공감을 창출했다. 소설은 내적 자아에 관한 새로운 감각을 낳음으로써 그것을 창출했다. 각각의 것들이 이 같은 방식으로, 자율적이고 공감하는 개체들에 토대를 둔 공동체라는 관념을 강화했다. 개체들은 직계가족, 종교적 소속 또는 심지어 자기 민족을 넘어 더욱 큰 보편적 가치들과 관계를 맺을 수 있었다.[17]

18세기 사람들의 새로운 문화적 경험의 결과를 증명하거나 측정할 수 있는 손쉽고 분명한 방법은 없다. 그들의 권리 관념에 대해서는 더더욱 그러하다. 독서나 TV 시청에 대한 오늘날의 반응에 대한 학문 연구는 어지간히 어렵다는 점이 입증되었는데, 이들은 부단히 변하는 연구 전략에 개방된 주제라는 이점을 누리고 있다. 그러나 신경과학자들과 인지심리학자들은 대뇌생물학을 심리학적, 그리고 경우에 따라서는 사회적·문화적 결과들과 관련짓는 작업에서 일정한 성과를 거두었다. 예를 들어 이야기를 구성하는 능력이 대뇌생물학에 토대를 두며 자아 관념의 발전에 결정적임을 밝혀냈다. 특정 뇌장애는 이야기를 이해하는 데 영향을 미치고, 자폐증 같은 질병은 공감 능력—타인이 나와 같은 마음을 갖는다는 점을 인식하는 능력—이 생물학적 토대를 갖는다는 점을 보여준다.

그러나 이러한 연구들은 대개 방정식의 한쪽, 즉 생물학적 측면에만 관심을 기울이고 있다. 대부분의 정신병리학자들, 심지어는 몇몇 신경과학자들은 뇌가 그 자체로 사회적·문화적 힘의 영향을 받는다는 데 이견이 없겠지만 그러한 상호작용은 연구하기 힘들다. 사실상 자아 그 자체는 검증하기 어렵다. 우리는, 우리가 하나의 자아를 갖는 경험을 한다는 것을 안다. 그러나 신경과학자들은 그러한 경험을 얻는 장소를 확정짓는 데 실패했으며 그것의 작동 방식을 설명하는 데는 더더욱 성공적이지 못했다.[18]

신경과학, 정신병리학 그리고 심리학이 여전히 자아의 본성을 규명하지 못했다면, 역사가들이 그 주제에서 멀리 떨어져 있었던 것은 별로 놀랍지 않다. 대부분의 역사가들은 자아가 어느 정도 사회적·문화적 요소들에 의해 만들어진다는 점을 믿는 듯하다. 10세기에 자아란 오늘날과 꽤나 다른 것을 의미했다. 그러나 경험의 집합으로서 인격personhood의 역사에 관해서는 별로 알려진 바가 없다. 학자들은 강령으로서 개인주의와 자율성의 등장에 관해 많이들 집필해왔지만 자아 그 자체가 시간이 지나면서 어떻게 변화하는지에 관해서는 별로 쓰지 않았다. 나는 자아의 의미가 시간이 지남에 따라 변화한다는 데 다른 역사가들과 의견을 같이하며 그런 경험이―이념이라기보다―18세기의 많은 사람들을 결정적으로 변화시켰다고 믿는다.

나의 논지는 고문에 대한 비평 또는 서한소설 읽기가 물리적 결과, 즉 뇌의 변화로 전이되고 사회적·정치적 삶의 조직에 관한 새로운 개념들로 재귀하는 결과를 낳는다는 발상에 근거를 두고 있다. 새로운 독서(그리고 관람과 청취)는 새로운 개인적 경험(공감)을 창출했고 그것은 다시 새로운 사회적·정치적 관념(인권)을 낳았다. 이 책은 이 과정이 어떻게 작동했는지를 규명하려 한다. 나의 전공 분과인 역사학이 오래도록 어떠한 심리학적 논증도 인정하지 않았기 때문에―우리 역사가들은 자주 심리학적 환원주의에 대해서는 말하면서도 사회학적·문화론적 환원주의는 전혀 논하지 않는다―자아 내부에서 벌어지는 일들을 논할 개연성은 상당히 적었던 게 사실이다.

나는 개인의 정신 내부에서 벌어지는 일에 다시금 주목하고자 한다. 개인의 정신―대大사상가나 저술가들의 정신이 아닌―은 사회적·정치적 전환에 대한 설명을 구하는 명시적인 장소인 듯하나, 그것은 놀랍게도 인문학과 사회과학의 최근 작업들에서 소홀히 취급되었다. 그간 사회적·문화적 맥락은 주목했으나 개인의 정신이 어떻게 이 맥락을 이해하고 변형시키는지는 간과해왔다. 나는 사회적·정치적 변화―이 경우에는 인권―가 많은 개인들이 유사한 경험을 하기 때문에 일어난다고 생각한다. 그들이 동일한 사회적 맥락에 놓여 있기 때문이 아니라, 각자의 상호작용을 통해 그리고 독서 및 감상과 더불어 실제로 새로운 사회적 맥락을 창출했기 때문이라고 믿는다. 간단히 말해, 나는 역사적 변화에 대한 고찰은 궁극적으로는 개인 정신의 변화를 설명해야 한다고 주장하는 바이다. 인권이 자명해지기 위해서는 보통 사람들이 새로운 감정에서 솟아나는 새로운 이해력을 갖추어야 했다.

1

감정의
분출

소설을 읽고 평등을 상상하다

TORRENTS

O   F

EMOTION

『사회계약론』을 출간하기 한 해 전에 루소는 베스트셀러 소설 『신新 엘로이즈』(1761)로 국제적인 주목을 받았다. 현대 독자는 서한소설이 참기 힘들 만큼 느리게 진행된다고 느끼겠지만 18세기 독자들은 그것에 열렬한 반응을 보였다. 소설의 부제는 그들의 기대감을 부풀리기에 충분했다. 중세 엘로이즈와 아벨라르의 암울한 사랑 이야기가 널리 알려져 있었기 때문이다. 12세기 철학자이자 가톨릭 성직자인 피에르 아벨라르Pierre Abelard는 제자인 엘로이즈Héloïse를 유혹한 대가로 그녀의 삼촌에 의해 큰 대가를 치러야 했다. 다름 아닌 거세였다. 그후 영원히 격리된 채로 두 연인은 내밀한 서신을 교환했다. 이 서신들은 수 세기에 걸쳐 독자들을 사로잡았다. 루소가 현대화한 모작은 처음에는 매우 다른 방향으로 나가는 듯했다. 신 엘로이즈, 즉 쥘리 또한 그녀의 가정교사와 사랑에 빠지지만 권위적인 아버지의 요구에 못 이겨 무일푼의 생 프뢰를 포기하고 아버지의 목숨을 구한 적 있는 중년의 러시아 군인 볼마르와 결혼한다. 그녀는 생 프뢰에 대한 열정을 넘어 그를 단순히 친구로 사랑하는 법을 터득한 것으로 보인다. 이는 그녀가 물에 빠진 어린 아들을 구해낸 후 죽어갈 때 드러난다. 과연 루소는 그녀가 아버지와 배우자의 권위에 굴복한 것을 축하하려 한 걸까, 아니면 자신의 욕망을 희생시킨 그녀의 삶을 비극적으로 묘사한 것일까?

이 줄거리는, 심지어 그 모호성을 감안하더라도, 루소의 독자들이 경험한 감정의 폭발을 거의 설명해주지 못한다. 그들의 마음을 움직인 것은 등장인물, 특히 쥘리와의 강한 동일시였다. 루소가 이미 국제적으로 주목받은 이래, 그의 소설 출간이 임박했다는 소식이 들불처럼 번졌다. 이는 그가 소설의 몇몇 장을 다양한 친구들에게 낭독해주었기 때문이기도 하다. 비록 볼테르는 그것을 "볼품없는 쓰레기"라고 조롱했지만, 디드로와 함께 『백과전서_Encyclopédie_』의 공동편집자인 장 르 롱 달랑베르Jean Le Rond d'Alembert는 루소에게 편지를 써서 자신이 책을 "먹어치웠다"고 말했다. 그는 루소에게 "사람들이 감성과 열정에 관해 그토록 많이 말하면서도 정작 그것을 별로 알지 못하는 나라에서" 검열을 각오해야 할 것이라고 경고했다. 『학자들의 저널_Journal des Savants_』은 이 작품의 여러 결함과 심지어 지루하게 늘어지는 몇몇 문단들을 지적하면서도 오직 냉혈한만이 "그처럼 영혼을 강탈하고 폭압적으로 쓰디쓴 눈물을 뽑아내는 감정의 분출"[1]에 저항할 수 있을 것이라고 결론지었다.

궁정인, 성직자, 장교, 그리고 각계 일반인들은 루소에게 "타오르는 불꽃" 같은 감정, 그들이 느낀 "감정 이상의 감정, 비상飛上 이상의 비상"이라고 적어 보냈다. 어떤 이는 자신이 쥘리의 죽음에 눈물을 흘리지 않고 오

도판 1. 쥘리가 죽어 있는 침대
이 장면은 『쥘리, 또는 신 엘로이즈』에서 다른 어떤 장면보다 비탄을 자아냈다. 유명한 예술가 장 미셸 모로 Jean-Michel Moreau의 스케치에 바탕을 둔 니콜라 들로네Nicholas Delaunay의 판화작품은 『루소 선집』1782년 판에 등장했다.

히려 "동물이 포효하듯 비명을 질렀다"고 회고했다.(도판 1) 20세기의 한 비평가가 논했듯이, 18세기 독자들은 이 소설을 읽으면서 즐거움이 아니라 '고통, 환각, 경련, 오열'을 체험했다. 영역본은 불어판이 나온 지 두 달이 채 못 되어 출간되었으며 1761년부터 1800년 사이에 10쇄나 찍혔다. 같은 기간에 불어판은 115쇄나 출간되었다. 이는 다국적 불어 독자층의 왕성한 독서열에 부응하기 위해서였다.[2]

　『신 엘로이즈』를 읽음으로써 독자들은 새로운 공감의 형식을 창출했다. 비록 루소가 '인간의 권리'라는 용어를 유행시킨 것은 사실이지만 고통, 사랑, 미덕이라는 궤도를 회전하는 그의 소설에서 인권은 주요한 주제가 아니었다. 하지만 쥘리는 등장인물들과의 매우 강렬한 동일시를 자극했고, 그럼으로써 독자들이 계급, 성, 민족적 경계를 넘어 공감할 수 있게 했다. 18세기 독자들은, 그 이전 시대 사람들과 마찬가지로, 그들과 가깝고 가장 닮은 사람들—직계 가족, 친척, 같은 교구의 신자들, 일반적으로 동일 신분의 사람들—에게 공감했다. 그러나 18세기 사람들은 더 넓게 규정된 경계를 넘나들며 공감하는 법을 점차 배워갔다. 알렉시스 드 토크빌Alexis de Tocqueville은 볼테르의 비서에게 들은 뒤샤틀레Duchâtelet 부인에 관한 이야기를 전하는데, 그녀는 "시종들이 인간이라는 확실한 사실을 고려하지 않고" 그들 앞에서 거리낌없이 옷을 벗었다. "인권이란 시종들도 인간으로 보일 때만이 비로소 의미가 있는 것이다."[3]

소설과 공감

『신 엘로이즈』 같은 소설은 개인적으로는 전혀 알지 못했던 평범한 등장인물들과 자신을 동일시하도록 만들었다. 독자들은 이야기 형식 그 자체의 효과로 등장인물, 특히나 여걸과 호걸에 공감했다. 허구적인 서신 교환을 통해 서한소설은 독자들에게 새로운 심리를 가르쳤고 이 과정에서 새로운 사회적·정치적 질서의 토대를 닦았다. 소설에서 중산계층인 쥘리는 물론, 새뮤얼 리처드슨Samuel Richardson의 소설에 나오는 여걸이며 그 이름이 소설 제목이기도 한 파멜라 같은 시녀마저, 그녀의 고용주이며 자칭 유혹남인 미스터 B 같은 부자들과 동등하고 심지어 더 나은 사람으로 나온다. 소설은 모든 사람이 내면적 감정으로 인해 근본적으로 같다고 주장한다. 그리고 많은 소설이 자율의 욕구를 구체적인 사례를 통해 보여주었다. 이처럼 이야기에 열정적으로 몰입하는 것을 통해 소설 읽기는 평등과 공감의 감각을 창출해냈다. 심리적 동일시를 자극하는 18세기의 위대한 소설 세 편―리처드슨의 『파멜라Pamela』(1740)와 『클라리사Clarissa』(1747~48), 그리고 루소의 『신 엘로이즈』(1761)―이 '인간의 권리' 개념이 등장하기 직전에 출간된 것은 과연 우연이었을까?

공감이 18세기의 발명품이 아님은 말할 필요도 없다. 공감 능력은 보편적이다. 왜냐하면 그것은 뇌의 생물학적 원리에 뿌리를 두고 있기 때문이다. 그것은 타인들의 주관성을 이해하고 그들의 내면적 경험이 자신의 경험과 같다고 상상할 수 있는 생물학적 능력에 의존한다. 예컨대, 자폐증에 시달리는 아동은 얼굴 표정에서 감정을 유추하는 데 곤란을 겪을 뿐 아니라 일반적으로 주관적 상태를 타인들과 관련짓기 어렵다. 간단히

말해, 자폐증의 특징은 타인들과 공감하는 능력의 결여이다.[4]

모든 사람은 대개 어릴 적부터 공감하기를 배운다. 비록 필수적인 어떤 성향은 생물학적으로 제공되지만, 각 문화는 공감의 표현을 특정한 방식으로 형성한다. 공감은 오직 사회적 상호작용을 통해서 발전한다. 따라서 상호작용의 형식은 나름의 방식들로 공감을 형상화한다. 18세기에 소설 독자들은 공감대를 확장하는 법을 배웠다. 책을 읽으며 전통적인 사회적 경계, 즉 귀족과 평민, 주인과 하인, 남성과 여성, 아마도 성인과 아동 간의 경계마저 넘어 공감했다. 그 결과 타인들—그들이 개인적으로는 모르던 사람들—을 자신처럼, 동일한 내면적 감성을 지닌 존재로 보게 되었다. 이러한 배움의 과정이 없었다면 '평등'은 깊은 의미를, 특히 정치적 성과를 전혀 얻지 못했을 것이다. 천상에서 얻을 영혼의 평등은 이곳 지상에서의 평등한 권리와는 같지 않았다. 18세기 이전에는 기독교가 후자를 인정하지 않은 채 전자를 기꺼이 수용했다.

사람들은 사회적 경계를 넘어 동일시하는 능력을 어떠한 방식으로든 획득했을 것이다. 소설 읽기만이 유일한 방식은 아니었으나 소설 읽기는 특별히 시의적절했다. 그 이유는 부분적으로, 특정 소설—서한소설—의 전성시대가 인권의 탄생 시기와 일치하기 때문이다. 서한소설이라는 장르는 1760년대와 1780년대에 성행했으며 상당히 의아하게도 1790년대에 종말을 고했다. 온갖 소설이 그전부터 출판되고 있었지만 장르로서는 18세기에, 특히 리처드슨의 『파멜라』가 출간된 1740년 이후에야 자리 잡았다. 프랑스에서는 1701년에 8편, 1750년에 52편, 그리고 1789년에 112편의 소설이 발간되었다. 영국에서는 신간 소설의 수가 1710년 이후 1760년대 사이에 6배나 증가하였다. 1770년대에는 매해 30편가량의 새

소설이 발간되었고, 1780년대에는 40편, 그리고 1790년대에는 70편가량이 발간되었다. 독서 인구가 늘어남에 따라 소설은 보통 사람들을 사랑, 결혼 등 일상의 문제와 씨름하거나 출셋길에 오른 주인공들로 등장시켰다. 대도시에서는 심지어 머슴과 하녀들조차 소설을 읽을 정도로 문자해독률이 높아졌다. 비록 하층민들 사이에서 소설 읽기는 그때나 오늘날이나 여전히 일반적이지는 않지만 말이다. 프랑스 인구의 80%에 달하던 농민층은 문자해독력을 갖춘 사람들마저도 대체로 소설을 읽지 않았다.[5]

독자층이 제한되어 있음에도 18세기 소설에 등장하는 로빈슨 크루소와 톰 존스, 클라리사 할로와 쥘리 데탕주 같은 평범한 남녀 영웅들은 가족의 이름이 되었으며, 심지어는 책을 읽을 줄 모르는 사람들의 경우에조차도 그러했다. 17세기 소설에서는 독보적인 주인공이었던 돈키호테나 클리브 왕자 같은 귀족들은 시종, 뱃사람, 중산층 소녀들(스위스 하급 귀족의 딸인 쥘리조차도 중산층처럼 보인다)에게 자리를 내주었다. 18세기에 나타나는 소설의 주목할 만한 상승세를 간파한 학자들은 여러 해에 걸쳐 이를 자본주의, 상승하는 중산계급, 공적 영역의 성장, 핵가족의 등장, 젠더 관계의 변전, 심지어는 민족주의의 출현과 관련지어왔다. 소설이 상승세를 탄 이유가 무엇이든, 나는 그 심리학적 효과와 그것이 인권의 등장과 연관되는 방식에 관심이 있다.[6]

소설이 심리적 동일시를 고무하는 현상을 파악하기 위해 나는 특별히 영향력이 컸던 세 편의 서한소설에 초점을 맞추고자 한다. 그것은 루소의 『신 엘로이즈』, 앞서 영국에서 출간된 전범 격인 리처드슨의 『파멜라』 그리고 『클라리사』이다. 나는 18세기 소설 일반을 아우를 수도 있었을 것이고, 소설을 집필한 많은 여성들 및 톰 존스나 트리스트럼 샌디같이 주목을 끄는 남성 주인공들을 고려할 수도 있었겠으나, 이론의 여지가 없는 문화적 영향력을 이유로 『신 엘로이즈』, 『파멜라』 그리고 『클라리사』, 이상 세 편의 소설에 집중하기로 했다. 남성이 쓴 이 소설들은 여걸에 초점을 맞추고 있다. 이들은 그 자체로 공감의 변화를 야기하지는 않았다. 그러나 이 소설들에 대한 반응을 더 세밀히 점검한다면 공감을 터득하는 방법을 파악할 수 있다. '소설novel'—18세기 후반에 작가들만 받아들인 명칭—에서 과연 새로운 게 무엇인지를 이해하면 어떻게 특정 작품이 독자들에게 작용했는지를 아는 데 도움이 된다.

서한소설에서 행위의 밖과 저 위에 있는 권위적인 관점은 없다(그것은 19세기 리얼리즘 소설에서 나타나는 관점이다). 권위적 관점이 있다면 그것은 서신들에서 드러나듯이 등장인물들의 관점이다. 서신의 '편집자들'은, 리처드슨과 루소가 자신을 그렇게 연출했듯이, 서신이 교환되는 와중에 작가의 존재가 흐릿해지게 함으로써 생생한 현실감을 창조해낸다. 이를 통해, 등장인물이 허구가 아니라 실재하는 듯한 동일화 감각이 고양되었다. 많은 동시대인들이 이러한 경험을 언급했는데, 그중 일부는 즐거움과 놀라움을, 다른 이들은 염려를, 심지어는 역겨움마저 드러냈다.

리처드슨과 루소 소설의 출간은 즉각 반응을 일으켰으며 이는 모국에 국한된 현상이 아니었다. 익명의 프랑스 남자는 1742년에 『파멜라』 불어판의 '탐욕스러운' 수용에 대해 상술한 42쪽의 편지를 출간했다. 오늘날 우리는 그가 성직자였음을 알고 있다. "당신은 『파멜라』 한 권 없이는 집 안팎을 출입할 수 없다." 비록 이 소설에는 많은 결함이 있다고 저자는 주장하지만, 독자는 고백한다. "나는 그것을 먹어치웠다."('먹어치우기 devouring'는 이 소설들을 탐독했다는 뜻으로 당대의 가장 일반적인 은유였다.)

도판 2. 미스터 B가 파멜라가 어머니에게 보내는 편지 한 통을 읽는다
소설 도입부의 한 장면에서 미스터 B는 파멜라에게 달려들어 그녀가 쓰고 있는 편지를 보여줄 것을 요구한다.
쓰는 행위야말로 그녀의 자율성을 위한 수단이었다. 예술가들과 출판업자들은 주요 장면을 시각적으로 변형
하는 데 서슴지 않았다. 네덜란드 예술가 얀 푼트Jan Punt가 제작한 이 판화는 암스테르담에서 출간된 초기
불어판에 수록되었다.

그는 고용주인 미스터 B의 공세에 맞선 파멜라의 저항을 실제 인물의 갈등인 양 묘사했다. 이 독자는 이야기에 완전히 빠져들었다. 그는 파멜라가 위험에 처할 때는 전율을 느꼈고 미스터 B 같은 귀족 신분의 등장인물이 품위 없는 행동을 할 때면 분노를 느꼈다. 그가 선택하는 단어와 언어 구사 방식은 독서로 인한 감정적 몰입을 증폭시킨다.[7]

편지로 구성된 소설은 그처럼 두드러진 심리적 효과를 낳을 수 있었다. 왜냐하면 그 이야기 형식이 '등장인물', 즉 내면의 자아를 지닌 인격체의 발전을 촉진시켰기 때문이었다. 예를 들면 『파멜라』의 초기 서신들 중 하나에서 우리의 여걸은 어머니에게 고용주가 자신을 어떻게 유혹하려 드는지 묘사했다.

[……]그는 두 번인가 세 번 제 입술을 뺏었어요. 겁나도록 탐욕스럽게 말이에요. 결국 저는 그를 밀쳐버리고 여름별장에서 뛰쳐나왔지요. 하지만 그는 다시 절 낚아채고는 문을 잠가버렸어요. 하마터면 제 삶을 돈 몇 푼의 가치에 팔아버릴 뻔했지요. 그는 말했어요. 나는 너를 해칠 생각이 없어, 파멜라. 나를 겁내지 마. 저는 말했어요. 난 머물지 않겠어요. 머물지 않겠다고, 이런 말괄량이 같으니! 그가 말했죠. 너는 네가 누구에게 말하고 있는지 알고나 있는 거냐? 전 외경심을 완전히 잃어버렸어요. 그리고 존경심도요. 그래서 말했어요. 그래요. 나는 알아요, 주인 양반, 아주 잘 말이에요. 제가 댁의 시녀라는 걸 잊어버릴 수도 있겠죠. 주인에게 속한 것이 무엇인지를 댁이 잊어버린다면 말이죠. 전 흐느끼고 엉엉 울었답니다. 가장 슬프게. 이런 얼빠진 말괄량이가 있나! 그가 말했어요. 내가 너를 해치기라도 했단 말이냐? 전 말했어요. 예, 주인 양반. 세상에서 가장 큰 해를 입었어요. 당신은 내게 나 자

신을, 내게 속한 것을 잊어버리라고 가르쳤지요. 그리고 운명이 만든 우리 사이의 거리를 가르쳐주었지요. 당신의 품위를 떨어뜨리면서, 가엾은 시녀에게 그렇게 마음대로 하시면서.

우리는 그녀의 어머니와 더불어 그 편지를 읽는다. 우리와 파멜라 사이에는 어떠한 화자도, 어떠한 인용부호도 놓여 있지 않다. 우리는 파멜라와 자신을 동일시하면서 사회적 거리가 잠시 소멸되고 그녀의 자기 소유가 위협받는 것을 함께 경험하는 수밖에 없다.[8](도판 2)

비록 그 장면은 많은 연극적 특성들을 담고 있고, 편지 속 파멜라의 어머니를 위한 자리를 남겨두긴 했지만 연극과는 또 다르다. 파멜라가 자신의 감정을 상당히 풍부하게 글로 표현할 수 있기 때문이다. 한참 뒤에 그녀는 탈출 계획이 무산되자 자살을 감행할지를 고민하는 편지를 쓴다. 이와 대조적으로, 연극은 대개 무대 위에서 행위나 말을 통해 내면적 자아의 상태를 암시하므로 그것을 서한소설의 방식대로 시시콜콜 다룰 수가 없다. 수백 쪽에 달하는 소설은 시간의 경과에 따라, 그리고 자아 내부의 시각으로 한 인물을 드러낼 수 있다. 독자는 그저 파멜라의 행동을 뒤쫓는 것이 아니라 그녀가 글로 표현하는 인격의 개화에 동참한다. 독자는 동시에 파멜라가 된다. 자신을 그녀의 친구나 외부 목격자로 상상하는 동안에도 말이다.

1741년 리처드슨이 『파멜라』의 저자임이 알려지자마자(그는 익명으로 출간했다) 그는 편지들을 받기 시작했는데, 대부분 열광적인 독자들이 보내온 것이었다. 그의 친구 에어런 힐Aaron Hill은 편지에서 "종교의 정수, 잘 길러진 품성, 사리분별, 선한 본성, 위트, 기발함, 건전한 사고, 그리고 도덕성"을 부각시켰다. 리처드슨은 1740년 12월 초 책 한 권을 힐의 딸에게 보냈고 힐은 곧바로 답장을 보내왔다. "난 그저 다른 사람들에게 그 책을 읽어주기만 했네. 그리고 다른 이들이 다시 그것을 내게 읽어주는 걸 듣지. 그 책이 내 손에 들어온 다음부터는 말일세. 그리고 나는 다른 아무것도 할 수 없다는 걸 깨닫게 되었지. 주님께서야 이 상태가 언제 끝날지를 아시겠지. [……] 그것은 밤새 공상을 펼치게 하네. 책의 모든 장들이 마력을 갖고 있네 그려. 열정과 의미라는 마력 말일세." 그 책은 독자에게 일종의 주문을 던졌다. 소설의 이야기—서신 교환—는 예기치 않게도 그들을 자신에게서 떼어내 새로운 경험으로 휩쓸고 갔다.[9]

힐과 그의 딸뿐만이 아니었다. 『파멜라』는 영국을 곧 광기에 휩싸이게 만들었다. 한 마을에서는 미스터 B가 결국 파멜라와 결혼했다는 소문을 들은 주민들이 교회 종을 울렸다고 한다. 2쇄는 1741년 1월에 출간되었고(초판은 1740년 11월 6일에 나왔다), 3쇄는 3월, 4쇄는 5월, 그리고 5쇄는 9월에 나왔다. 그때까지 많은 사람들이 초판에 대한 패러디, 장문의 비평, 시, 모작模作을 썼다. 그리고 수년에 걸쳐 작품이 여러 차례 연극무대에 오르고 주요 장면이 회화나 판화로 묘사되었다. 1744년 불역본이 교황청 금서 목록에 올랐고, 곧 루소의 『신 엘로이즈』도 많은 계몽주의 저작들과 더불어 이에 합류했다. 이 소설에서 힐이 보았다고 주장한 '종교의 정수'나 '도덕성'을 모두가 찾지는 못했던 것이다.[10]

리처드슨이 1747년 12월 『클라리사』를 출판하기 시작했을 때, 기대감은 고조되었다. 마지막 권이 1748년 12월에 나올 때까지(총 7권으로 각 권이 300~400쪽에 달했다) 리처드슨은 해피엔딩을 간청하는 편지들을 받았다. 클라리사는 집안에서 맺어준 지긋지긋한 구혼자를 피하기 위해 호색한 러브레이스Lovelace와 도주를 감행한다. 그러고 나서 자신에게 약을 먹인 후 강간하려는 러브레이스를 떨쳐내야 한다. 러브레이스의 참회와 구혼, 그리고 그에 대한 미련이 없지 않음에도 불구하고 클라리사는 죽는다. 호색한이 그녀의 정조와 자존심을 강탈하려 했기에 비탄에 빠진 채로. 도로시 브래드섀이Dorothy Bradshaigh 여사는 죽음의 장면을 읽으면서 받은 자신의 감흥을 리처드슨에게 자세히 전했다. "저는 이상한 감정에 휩싸여 있습니다. 불면증에 시달리며 한밤중에 벌떡 일어나 울음을 터뜨리곤 하지요. 오늘 아침식사 때도 그랬고 바로 지금 또 그러네요." 시인 토머스 에드워즈Thomas Edwards는 1749년 1월 이렇게 적었다. "나는 일생 동안 그 사랑스러운 소녀에게 느낀 것만큼 크나큰 비탄에 빠져본 적이 없다." 그는 일찍이 "성스러운 클라리사"라고 언급한 바 있다.[11]

『클라리사』는 일반 대중보다는 지식층 독자에게 호소력이 있었다. 하지만 이후 13년 동안 5쇄가 나왔고 곧 불어판(1751), 독어판(1752), 네덜란드어판(1755)이 발간되었다. 프랑스에서 1740~60년에 만들어진 개인 서고에 대한 어느 연구는 『파멜라』와 『클라리사』가 세 편의 영국 소설(헨리 필딩Henry Fielding의 『톰 존스』가 여기에 포함된다) 중에서 가장 많은 서고들에 소장되어 있었다고 보고했다. 일부 독자들은 『클라리사』의 많은 분량 때문에 중도에 읽기를 포기했다. 리처드슨은 심지어 초고 30권이 인쇄에 들어가기 전부터 걱정이 앞서 지면을 줄이려 한 적도 있었다. 파리의 한 문예 소식지는 이 책의 불역본에 관해 상반된 평을 내놓았다. "이 책을 읽고 나는 전혀 일반적이지 않은 무언가를 느꼈다. 그것은 가장 강렬한 쾌감과 가장 심한 지루함이었다." 하지만 두 해가 지나 다른 주장이 나왔다. 많은 등장인물 개개인의 성격을 그려내는 리처드슨의 천재성

이 클라리사를 "아마도 이제까지 인간의 손으로 쓰인 가장 놀라운 작품"으로 만들었다는 것이었다.[12]

자신의 소설이 리처드슨의 것보다 우월하다고 믿은 루소도 『클라리사』를 자신의 소설 다음으로는 최고라고 평가했다. "그 누구도, 어떤 언어로도 『클라리사』에 필적하거나, 심지어 거기에 근접만이라도 하는 소설조차 쓰지 못했다." 『클라리사』와 『신 엘로이즈』의 비교는 18세기 내내 계속되었다. 잔느 마리 롤랑 Jeanne-Marie Roland은 혁명기에 지롱드파의 장관이자 비공식 조정자였던 인사의 아내였는데, 1789년 친구에게 고백하길, 루소의 소설을 매년 다시 읽었으나 여전히 리처드슨의 작품이야말로 완전함의 극치라고 했다. "세상에서 『클라리사』와 견줄 소설을 써낼 수 있는 사람들은 없다. 그 작품이야말로 이 장르의 백미이자 견본이며 모든 모방자에게 실패를 안겨준다."[13]

남자 여자 할 것 없이, 이 소설들에 등장하는 여걸들과 자신을 동일시했다. 루소에게 보낸 편지를 통해 남성들, 심지어는 고위급 군인들마저 쥘리에게 강렬하게 반응했음을 알 수 있다. 퇴역 장성인 루이 프랑수아 Louis François는 루소에게 편지를 보냈다. "당신은 저로 하여금 그녀에게 미치도록 만들었습니다. 그녀의 죽음이 저로부터 짜낸 눈물을 한번 상상해보십시오. […] 저는 여태 그토록 달콤한 눈물을 흘려본 적이 없습니다. 이 책은 너무나 강렬한 효과를 불러일으킨 나머지 절정의 순간에는 그만 행복하게 죽을 것만 같았습니다." 일부 독자는 여걸과 자신을 동일시했음을 인정했다. 곧 명성을 얻게 될 출판업자 팡쿠크 C. J. Panckoucke는 루소에게 말했다. "저는 온 가슴으로 쥘리가 품은 감정의 순수함을 느꼈습니다." 심리적 동일시는 공감으로 이어져 성별 경계를 넘어섰다. 루소의 작품을 읽은 남성 독자들은 쥘리와의 이별을 강요당한 연인 생 프뢰와 자신을 동일시하지 않았고, 쥘리의 순한 남편 볼마르나 그녀의 위압적인 부친 데탕주 남작에게도 별로 공감하지 못했다. 여성 독자들처럼, 남성 독자들도 자신을 쥘리와 동일시했던 것이다. 자신의 고통을 극복하고 고결한 삶을 살고자 한 그녀의 투쟁은 바로 그들 자신의 투쟁이 되었다.[14]

서한소설은 그 형식을 통해 자아가 '내면성'(내면의 핵심을 보존한 것)의 수준에 달려 있음을 웅변했다. 여기에 나오는 등장인물들은 서신을 통해 자신의 내면적 감정을 표현한다. 이에 더하여 서한소설은 모든 자아가 이러한 내면성을 갖고 있으며(등장인물 중 다수가 글을 쓴다), 어느 정도는 동등하다는 점을 보여주었다. 서신 교환은 예컨대 시녀 파멜라를 짓밟힌 자의 전형이 아닌 자긍심을 지닌 자율적 개체의 전범으로 변모시킨다. 파멜라와 마찬가지로 클라리사와 쥘리도 개인성 그 자체를 대변한다. 독자는 그들 자신과 다른 개체들이 가진 내면성의 능력을 깨닫게 된다.[15]

그렇다고 이 소설들을 읽은 모든 이가 같은 감정을 경험한 것은 아니다. 영국의 소설가이자 만담가인 호레이스 월폴Horace Walpole은 리처드슨의 "지루한 탄식"이 "서적 판매상이 고안한 고급스러운 삶의 형상들이며 감리교 목사나 축성할 연애담이다"라며 조롱했다. 그러나 많은 이들은 리처드슨과 루소가 문화의 급소에 치명적 타격을 가했음을 재빨리 알아차렸다. 『클라리사』의 마지막 권이 출간된 지 한 달 후, 리처드슨의 가장 강력한 경쟁자의 남매이자 그녀 자신이 성공한 소설가인 세라 필딩Sarah Fielding은 이 소설을 변호하는 56쪽 분량의 소책자를 익명으로 발간했다. 비록 그녀의 오빠인 헨리 필딩이 『파멜라』에 대한 첫번째 비방문 중의 하나('파멜라'라고 불리는 책에 담긴 악명 높은 숱한 오류와 잘못된 재현들을 폭로하고 반박하는『샤멜라 앤드루스 여사의 생을 위한 변명』, 1741)를 출간했지만 그럼에도 세라는 리처드슨과 좋은 친구가 되었고 그는 그녀의 소설 중 한 권을 인쇄하기도 했다. 그녀가 창조한 허구적 인물인 클라크 씨는 자신을 환영의 그물망 속으로 끌어들이는 데 리처드슨이 성공했다고 주장했다. "나로서는 모든 할로 양들(원문대로)과 친밀한 듯싶다. 마치 내가 그들을 어린 시절부터 알고나 있었던 것처럼." 다른 등장인물인 깁슨 양은 리처드슨의 문학적 기예를 칭송했다. "정말 진정으로, 선생님, 당신은 그처럼 언급하시는군요. 이러한 방식으로 말해지는 이야기는 천천히 진행될 수밖에 없고, 등장인물들은 오로지 전체에 엄밀히 주목함으로써만 드러나게 된다고. 하지만 저자는 현제 시제 그리고 일인칭으로 글을 씀으로써 이러한 효과를 얻습니다. 그로 인한 타격은 즉각 심장을 꿰뚫고 우리는 그가 그려낸 모든 비애를 느낍니다. 우리는『클라리사』를 위해서만이 아니라 그녀와 함께 울지요. 그리고 그녀와 더불어 한 걸음 한 걸음 모든 고난을 겪어나간답니다."[16]

스위스의 이름난 생리학자이며 문학자인 알브레히트 폰 할러Albrecht von Haller는 1749년 『젠틀맨스 매거진Gentleman's Magazine』에 익명으로 『클라리사』에 대한 비평문을 실었다. 할러는 리처드슨의 독창성을 변호하고자 분투했다. 비록 이전 프랑스 소설들이 많은 미덕을 지니고 있었음을 인정하지만, 이들이 "대개 저명인사들의 고명하신 행위들을 재현하는 데 그친" 데 반해, 리처드슨의 소설에서는 독자가 "우리 자신의 삶과 동일한 단계에 놓인" 등장인물을 보게 된다고 주장했다. 이 스위스 학자는 서한의 구성에 면밀히 주목했다. 비록 독자들은 모든 등장인물이 자신의 가장 내밀한 감정과 사고 전반을 많은 시간을 할애하며 기록한 것을 허구적이라 여기긴 했지만, 서한소설은 각 등장인물의 성격을 세밀히 묘사함으로써 할러가 연민이라고 한 감정을 불러일으켰다. "비극은 결코 그 같은 힘으로 제시된 적이 없었던바, 이는 클라리사의 죽음과 고통 그리고 슬픔을 접하면 가장 완고하고 무감각한 기질마저 연민으로 순화되고 눈물에 젖어드는 수많은 예에서 명백해진다." 그는 결론지었다. "우리는 어떤 언어로 쓰였건 그에 버금갈 만한 작품을 갖고 있지 않다."[17]

타락 또는 고양?

당대인들은 이러한 소설을 읽는 것이 정신보다도 육체에 더 큰 영향을 미친다는 점을 경험을 통해 알았으나 그 결과에 대해서는 이견을 보였다. 구교와 신교 성직자들은 천박함, 유혹, 그리고 도덕적 타락이 내재되어 있다고 비난했다. 일찍이 1734년에 소르본대학 출신의 사제 니콜라 랑글뒤프레누아는 비록 익명으로라도 소설을 변호해야 한다고 생각했다. 그는 당국이 소설을 "우리 안에 너무나 생생하고 두드러진 감정을 불러일으키는, 그처럼 많은 들쑤심" 운운하며 금지하려 들자 이에 대한 모든 논의를 집요하게 반박했다. 소설은 어느 시대에나 적합했다고 주장하며 그는 이렇게 말했다. "어느 시대에나 경신輕信, 사랑, 그리고 여성이 지배해왔다. 그러므로 어느 시대에도 소설이 계속 쓰임으로써 풍취를 돋우었다." 따라서 소설을 전적으로 탄압하려 하기보다는 그것을 잘 만드는 데 집중하는 편이 나을 것이라고 그는 제안했다.[18]

소설이 쏟아져나온 세기 중반에도 공세는 끝나지 않았다. 1755년에 다른 가톨릭 사제 아르망 피에르 자캥Armand-Pierre Jacquin 신부는 400쪽에 달하는 글을 통해 소설 읽기가 도덕성, 종교, 그리고 모든 사회질서의 원리를 손상시킨다고 주장했다. 그는 주장한다. "이 작품들을 읽어보시오. 그중 대부분에서 신적인 권리와 인간의 정의가 위반되고, 자녀에 대한 부모의 권위가 조롱받고, 결혼 및 우정의 신성한 유대가 깨어지는 것을 보게 될 것이오." 위험성은 바로 그것들이 지닌 매력에 숨어 있었다. 소설은 끊임없이 사랑의 유혹을 던짐으로써 독자가 자신의 가장 나쁜 충동을 행동에 옮기도록, 부모와 교회의 충고를 거부하도록, 공동체의 도덕적 비난을 무시하도록 부추겼다. 자캥 신부가 제공할 수 있던 유일한 위안거리는 소설에 지속력이 결여되어 있다는 점이었다. 독자는 처음에는 소설을 탐독하지만 그것을 결코 다시 읽지는 않는다. "소설『파멜라』가 곧 잊힐 것이라는 나의 예견이 틀렸던가? [……] 3년 안에『톰 존스』와『클라리사』도 마찬가지 운명이 될 것이다."[19]

유사한 불평이 영국 신교도의 펜으로부터 흘러나왔다. 비체시무스 녹스Vicesimus Knox 목사는 몇십 년간 지속된 불안을 1779년에 들어 요약 정리했다. 그는 소설이야말로 퇴화되고 죄에 물든 쾌락으로서, 젊은이들의 마음을 좀더 진지하고 교육적인 독서로부터 이탈시킨다고 주장했다. 영국 소설들의 증가는 프랑스식 방탕벽을 퍼뜨리는 데 도움이 될 뿐이며 작금의 부패를 드러낼 뿐이었다. 녹스는 리처드슨의 소설이 "순수하기 이를 데 없는 의도"를 가지고 있다고는 인정했지만, 불가피하게도 저자는 미덕과는 양립할 수 없는 장면을 상술하고 또 그러한 감정을 자극했다고 꼬집었다. 소설을 이처럼 경멸한 것은 성직자들만이 아니었다. 1771년 『레이디스 매거진Lady's Magazine』에 실린 한 편의 시는 널리 공유되던 생각을 요약해놓았다.

> 파멜라라는 이름 석 자만큼은
> 그 이상 더 잘 알 수는 없겠지.
> 내가 혐오하는 소설들 때문에
> 내 마음이 때묻지는 않았네.

많은 도덕주의자들은 소설이 특히 하인과 소녀들의 마음에 불만의 씨를 뿌릴 거라고 우려했다.[20]

스위스의 물리학자 사무엘 오귀스트 티소Samuel-Auguste Tissot는 소설 읽기를 자위행위와 관련지었다. 자위행위는 물리적, 정신적, 그리고 도덕적 퇴행으로 이어진다는 것이 티소의 생각이었다. 그에 따르면, 육체는 자연적으로 퇴화하는데 자위행위는 남성과 여성 모두에게 이 과정을 단축시킨다. "내가 말할 수 있는 것은 다음과 같다. 빈둥거림, 무기력, 잠자리에 지나치게 오래 있는 것, 아주 부드러운 침대, 풍성하고 양념이 많이 들어가고 소금간이 되어 있고 포도주가 가득한 정찬, 의심스러운 친구들, 그리고 음란서적들이야말로 이 같은 무절제를 낳기 쉬운 원인들이다." "음란"이라고 말했을 때 티소는 솔직히 포르노그래피를 가리킨 것은 아니었다. 18세기에 '음란한licentious'이라는 말은 에로틱한 것과 관련이 있었으나 어감이 더 나쁜 '외설적인obscene'과는 구별되었다. 사랑에 관한 소설들은—18세기 소설의 다수는 연애담이었다—쉽사리 음란함의 범주에 편입되었다. 영국에서는 특히 기숙학교에 다니는 소녀들이 그러한 "비도덕적이고 비위를 거스르는" 책들을 손에 넣어 침대에서 몰래 읽을 수 있

기 때문에 위험스러워 보였다.[21]

사제들과 의사들은 소설 읽기를 시간, 생동감, 종교, 그리고 도덕성의 상실로 본다는 점에서 일치했다. 그들의 가정에 따르면, 독자는 매우 유감스럽게도 소설 속에 나타나는 행위를 모방할 터였다. 『클라리사』를 읽은 여성 독자는, 클라리사처럼 가족의 소망을 저버린 채 싫든 좋든 그녀를 망치는 러브레이스류의 호색한을 따라 도주하는 데 합의할 것이다. 1792년 익명의 영국 비평가는 다음과 같이 주장했다. "소설의 증가는 매춘의 증가와 수많은 간통 및 치정에 의한 가출을 설명하는 데 도움이 될 것이다." 이러한 관점에 따르면, 소설들은 육체를 과도하게 자극하고, 도덕적으로 의심스러운 자기몰입을 부추길뿐더러 가정적·도덕적·종교적 권위를 파괴하는 행위를 조장했다.[22]

리처드슨과 루소는 소설과 관련된 부정적인 평판을 피하기 위해 저자보다는 편집자의 역할을 자처했다. 리처드슨은 『파멜라』를 출간했을 때, 결코 소설이라 칭하지 않았다. 초판의 제목은 너무나 많은 주장을 한다. '파멜라: 또는 보상받은 덕성. 젊고 아름다운 댐즐이 그녀의 부모님께 보낸 가족 편지들: 청춘 남녀의 마음에 덕성과 종교의 원리를 고양시키기 위해 이제 처음으로 출간되다. 진리와 본성에 토대를 두는 동시에 흥미롭고 감동적인 여러 사건으로 쏠쏠한 재미를 주는 이야기는, 많은 부분에서 오락만을 꾀하며 그들이 훈육해야 할 마음에 불을 놓는 이미지들을 완전히(원문대로) 배제한다.' 리처드슨의 '편집자' 서문은 "다음과 같은 서신들"의 출판을 도덕적으로 정당화한다. 서신들은 젊은이들의 정신을 계도하고 증진시키며, 종교와 도덕성을 고취하고 악덕을 "가장 적절한 색채로" 그려낼 것이다 등등.[23]

비록 루소 또한 편집자로 자청했지만, 자신의 작품을 분명히 소설로 생각했다.『신 엘로이즈』의 서문 첫 문장에서 루소는 소설을 자신의 연극 비평과 연결시켰다. "대도시에는 극장이 있어야 한다. 그리고 부패한 사람들에게는 소설이." 이 정도로는 충분한 경고가 아니라고 보았는지, 루소는 서문 제목을 소설에 관한 편집자와 서신 집필자의 대화로 정했다. 여기서 등장인물 'R'(루소)은 소설에 대해, 그것이 실제로 채울 수 없는 욕망을 창조하기 위해 상상력을 동원한다는 흔한 비난을 늘어놓는다.

우리는 소설이 사람들의 마음을 어지럽힌다는 불평을 듣는다. 나도 그렇게 믿고자 한다. 독자의 눈앞에 자기 것이 아닌 재산의 가식적 매혹을 끝없이 연출함으로써 소설은 그들을 유혹한다. 그리고 그들이 자기 것을 경멸하도록 이끌며, 상상 속에서 그들을 사랑에 빠지게 하는 이와 그것을 맞바꾼다. 우리는 자신이 아닌 그 무엇이 되고자 노력하면서 결국 그렇게 믿고 마는데, 이는 미치광이가 되는 지름길이다.

그러고 나서 루소는 독자들에게 소설을 제공했다. 그는 심지어 대놓고 항거했다. 루소는 말했다. 누군가 소설을 썼다고 나를 비난하길 원한다면, 나를 제외하고 지상의 모든 이들에게 그렇게 말하게 하시오. 나로서는 그러한 사람에 대해 어떠한 존경심도 갖지 않을 것이오. 루소는 기꺼이 인정했다. 자신의 책이 거의 모든 사람을 중상모략할 수도 있겠지만, 적어도 뜨뜻미지근한 즐거움은 주지 않을 것이라고. 루소는 독자들의 폭발적 반응을 크게 기대했다.[24]

리처드슨과 루소가 자신의 명성에 누가 될 것을 염려했음에도 이미 일부 비평가들은 소설 작품들에 대해 긍정적인 견해를 내놓기 시작했다. 리처드슨을 변호하던 세라 필딩과 폰 할러는 『클라리사』를 읽음으로써 촉발된 공감 또는 연민에 주목했다. 이 새로운 견해에 따르면, 소설은 독자로 하여금 자기 자신에 몰입하기보다는 타인을 더 많이 동정하게 했고, 그럼으로써 더 높은 도덕성을 고취했다. 소설을 가장 명석하게 변호한 사람 중 하나는 디드로로서, 그는 『백과전서』에서 자연권 항목을 집필했고 그 자신이 소설가이기도 했다. 리처드슨이 1761년 사망했을 때, 디드로는 리처드슨을 고대의 위대한 작가들, 이를테면 모세, 호메로스, 에우리피데스, 소포클레스 등과 비교하는 추도사를 썼다. 또한 디드로는 독자가 소설의 세계에 몰입하는 것에 대해 상술하기도 했다. "독자는 조심하면서도 그의 작품들에서 어떤 역할을 택한다. 당신은 대화에 빠져들고, 승인하고, 비난하고, 찬양하고, 착각하고, 분노를 느낀다. 나는 얼마나 여러 번 스스로 놀라지 않도록 제어했던가, 마치 극장에 처음으로 따라가서 우는 아이에게 충고하듯 말이다. '그것을 믿지 마라, 그는 너를 속이고 있어. [……] 네가 거기 간다면 너는 미아가 되고 말 거야.'" 디드로는 인정한다. 리처드슨의 이야기는 네가 거기에 있다는 인상을 창조한다. 더욱이 이것은 너의 세계이지, 머나먼 나라가 아니며, 이국적인 장소도 동화도 아니다. "그의 등장인물들은 실제 사회에서 취해 창조한 것이다. [……] 그가 묘사하는 고통은 나 역시 느끼는 것들이다."[25]

디드로는 '동일시'나 '공감' 같은 용어는 쓰지 않았으나 무심코 그러한 감정을 묘사했다. 그는 인정한다. 당신은 등장인물들에게서 당신 자신을 본다. 상상력을 동원해 행위 속으로 비약한다. 당신은 등장인물들과 같은 감정을 느낀다. 간단히 말해, 당신은 당신 자신이 아니고 당신이 직접

접할 수 없으며(당신 가족이 아니니까), 그럼에도 동일시의 결정적 요소로서, 상상 속에서는 당신 자신이기도 한 누군가와 공감하는 법을 배운다. 이 과정은 왜 팡쿠크가 루소에게 이런 편지를 보냈는지를 설명해준다. "저는 온 가슴으로 쥘리가 품은 감정의 순수함을 느꼈습니다."

공감은 동일시에 근거를 둔다. 디드로는 리처드슨의 이야기 전개 방식이 자신을 불가항력적인 공감의 체험으로 이끌었다고 보았다. 그것은 감정 교육의 온실이었다. "단 몇 시간 만에 나는 아무리 오래 살아도 경험할 수 없을 만한 수많은 상황들을 거쳤다. [……] 나는 내가 뭔가를 경험했다고 느꼈다." 디드로는 어찌나 강하게 동일시했던지 소설 말미에 이르러서는 망연자실한 느낌에 사로잡히고 말았다. "나는 오랜 시간 지지고 볶으며 함께 살다가 이제 이별의 순간에 이른 사람이 느낄 법한 감정에 빠져들었다. 갑자기 홀로 놓인 듯한 느낌에 사로잡혔다."[26]

디드로는 행동으로는 자아를 상실해버렸으나 독서로 자아를 되찾았다. 그는 이전보다 더 많이 자아가 분리된다고 인식하게 되었지만—그는 외로움을 느낀다—타인들이 자아를 갖는다는 인식 또한 전보다 강해졌다. 그러니까 '내면의 감정'이라는 것을 갖게 된 것이다. 그것이야말로 인권을 위해 필수불가결한 것이었다. 디드로는 더욱이 소설이 무의식적 효과를 낳는다는 것을 인식한다. "사람은 스스로 인식하지 못한 충동에 의해 선함으로 이끌린다고 느긴다. 불의에 직면할 때, 당신은 자신에게조차 뭐라 설명할 수 없는 역겨움을 느긴다." 소설은 명확한 도덕화를 통해서가 아니라 이야기에 참여하는 과정을 통해 효과를 낳는다.[27]

픽션 읽기에 대한 가장 깊은 철학적 성찰은 헨리 홈Henry Home과 케임스Kames 경이 쓴 『비평의 요소들Elements of Criticism』(1762)에서 발견된다.

이들은 스코틀랜드의 법률가와 철학자로서 소설 작품을 그 자체로 논하지 않고, 픽션 일반이 독자들로 하여금 묘사된 장면을 상상하도록 하는, 일종의 '이상적 현재' 또는 '각성시키는 꿈'을 창조한다고 논증했다. 케임스는 이 같은 '이상적 현재'를 황홀경 같은 상태로 묘사했다. 독자는 "일종의 광기에 사로잡혀", "자의식과 독서삼매경에 빠져 있다는 의식, 당장 처리해야 할 업무를 모두 잊고 모든 사건이 눈앞에서 벌어지는 것처럼, 마치 그가 증인이라도 되는 것처럼 생각한다". 케임스에게 가장 중요한 사안은 이러한 변화가 도덕성을 고무한다는 점이었다. '이상적 현재'는 독자로 하여금 사회적 유대를 강화하는 감정을 열어놓게 한다. 개인은 자신의 사적인 이해를 벗어나 '관용과 호의의 행위'를 수행하도록 고무된다. '이상적 현재'란 곧 힐이 말하는 "열정과 의미의 마력"의 다른 용어였던 셈이다.[28]

토머스 제퍼슨은 명백히 이러한 견해를 공유했다. 로버트 스킵윗Robert Skipwith은 제퍼슨 부인의 의붓 자매와 결혼한 사람인데, 제퍼슨에게 1771년 편지를 보내 추천도서 목록을 요청했다. 제퍼슨은 정치, 종교, 법, 과학, 철학과 역사에 걸쳐 고대와 근대의 많은 고전들을 추천했다. 제퍼슨은 그의 목록을 시, 연극, 소설로부터 시작했으며 여기에는 로렌스 스턴Lorence Sterne, 헨리 필딩, 장 프랑수아 마르몽텔Jean-François Marmontel, 올리버 골드스미스Oliver Goldsmith, 리처드슨, 그리고 루소 같은 이들의 작품과 케임스의 『비평의 요소들』이 포함되어 있었다. 독서 목록이 수록된 편지에서 제퍼슨은 '픽션의 여흥'에 관해 늘어놓았다. 케임스처럼 그도 픽션이야말로 덕성의 원리와 실천 모두를 부각할 수 있다고 주장했다. 셰익스피어, 마르몽텔, 스턴 등의 이름을 인용하면서 제퍼슨은 그들의 작품을 읽음으로써 "스스로 자애롭고 고마운 행위를 하고자 하는 강한 욕구"를 경험하고 반대로 악행이나 비도덕적 행위를 역겹게 느끼게 된다고 설명했다. 그는 주장하길, 픽션은 역사책을 읽는 것보다 도덕적 경쟁의 욕구를 더 효과적으로 창출한다.[29]

소설에 대한 견해들의 이러한 갈등에서 궁극적으로 문제가 되는 것은 바로 일상의 세속적 삶을 도덕성의 토대로 상향 평가하는 일이다. 소설 읽기를 비판하는 이들의 눈에는 소설 속의 여걸에 대한 동정심이야말로 개인에게서 최악의 것을 고무시키고(욕망과 과도한 이기심을 조장한다) 세속세계의 돌이킬 수 없는 퇴화를 입증해주는 것이었다. 그와는 대조적으로. 공감을 통한 도덕화라는 새로운 관점을 가진 이들에게 그러한 동일시는, 열정을 고무하는 일이 개인의 내적 본성을 변화시키고 더 도덕적인 사회의 구현에 일조할 수 있음을 보여주었다. 그들은 인간의 내적 본성이 사회적·정치적 권위의 토대를 제공한다고 믿었다.[30]

그리하며 소설이 던진 마법의 주문은 광범위한 결과를 낳는다는 점이 드러났다. 비록 명확히 말하지는 않았지만, 소설의 지지자들은 리처드슨이나 루소 같은 저자들이 독자를 일종의 종교 체험에 준하는 일상생활로 이끈다는 점을 이해했다. 독자는 일상의 감성적 밀도를 이해하고, 자신 같은 대중이 스스로 도덕적 세계를 만들 수 있음을 깨달았다. 인권은 이 같은 감정들이 뿌려진 온상에서 자랐다. 인권은 오직 대중들이 타인들을 근본적으로 동등하게 생각하도록 배울 때만 자랄 수 있었던 것이다. 그들은, 궁극적으로 허구적이긴 해도, 드라마에서만은 현재적이며 친숙하고 평범한 등장인물들과 자신을 조금이나마 동일시함으로써 비로소 평등을 배우게 된다.[31]

여성들의 별난 운명

이 세 편의 소설들에서 심리적 동일시의 초점은 남성 저자가 창조한 여성 등장인물이다. 물론 독자가 남성 등장인물과도 동일시했다는 점은 말할 나위도 없다. 예컨대 제퍼슨은 스턴의 『트리스트럼 샌디』(1759~67)의 운명과, 스턴의 분신으로, 『감상적 여행Sentimental Journey』(1768)에 나오는 요릭의 운명에 도취되었다. 여류 작가들 또한 감동을 받은 남성과 여성 독자들에 속했다. 프랑스의 법률 개혁가 자크 피에르 브리소Jacques-Pierre Brissot는 루소의 『신 엘로이즈』를 계속 인용했지만, 가장 좋아하는 영국 소설은 단연 패니 버니Fanny Burney의 『세실리아Cecilia』(1782)였다. 그렇지만 버니의 예가 말해주듯이, 여성 주인공들은 지역에 대한 자부심을 표방했다. 그녀가 쓴 세 편의 소설 모두 각 작품에 나오는 여걸들의 지역적 특징을 지닌 이름에서 따왔으니 말이다.[32]

여걸 캐릭터가 호소력을 지닌 까닭은 그들이 자립하길 바랐으나 이를 결코 실현하지 못했기 때문이다. 여성들은 부친이나 남편에게서 독립할 법적 권리가 거의 없었다. 독자들은 그러한 여성들이 피할 수 없던 압력을 잘 이해했기에 여걸들의 독립성에 대한 요구가 매우 통쾌하다고 느꼈다. 해피엔딩 사례로, 파멜라는 미스터 B와 결혼하고 자유에 대한 일정한 구속을 받아들인다. 이와 대조적으로 클라리사는 자신을 강간한 러브레이스와 결혼하지 않고 죽음을 택한다. 쥘리는 자신을 사랑하는 남자를 거부하기 위해 아버지의 요구를 수용하는 척하지만 끝내는 죽고 만다.

일부 현대 비평가들은 이들 이야기에서 마조히즘이나 순교를 읽어내지만 당대인들은 다른 면을 보았다. 남성, 여성 독자들은 한결같이 이 인물들과 자신을 동일시했는데, 이는 작중 여성들이 굳센 의지와 강렬한 개성을 보여주었기 때문이다. 독자들은 단지 여걸들을 구해내기만 바란 것은 아니었다. 그들은 여걸들처럼 되고 싶어했고 심지어 비극적 죽음을 맞은 클라리사나 쥘리까지도 닮고 싶어했다. 세 소설에 나오는 거의 모든 행동이 대개 부모나 사회가 부과하는 제한들에 맞서는 여성 의지의 표현이었다. 파멜라는 자신의 덕성과 자존감을 유지하기 위해 미스터 B에 맞섰고 결국 승리를 끌어냈다. 클라리사는 같은 이유로 처음에는 가족, 그 다음은 러브레이스에게 맞섰고, 클라리사와의 결혼을 간절히 원했던 러브레이스는 퇴짜를 맞았다. 쥘리는 생 프뢰를 포기하고 볼마르와의 가정생활을 사랑하는 법을 배워야 했다. 투쟁은 전적으로 그녀 자신의 것이었다. 각 소설에 등장하는 모든 사건은 여걸들의 독립에 대한 요구로 환원된다. 남성 등장인물들의 행위는 단지 여성의 의지를 부각하는 데 기여할 뿐이다. 여걸들과 동일시하는 독자는 모든 사람, 심지어 여성도 더 큰 독립을 추구한다는 점을 깨달았고 주인공의 심리적 분투를 상상 속에서 경험했다.

18세기 소설은 자율성에 대한 깊은 문화적 선입견을 반영했다. 18세기에 계몽주의 철학자들은 자신들이 이 분야에서 획기적 변화를 이끌었다고 확신했다. 그들이 자유에 대해 말할 때, 표현의 자유든, 종교의 자유든, 아니면 루소가 『에밀』(1762)에서 훈계한 바에 따라 소년들에게 불어넣는 독립성이든, 그들은 개인의 지유를 염두에 두었다. 자율성의 정복이라는 계몽주의 서사는 임마누엘 칸트Immanuel Kant의 1784년 에세이 「계몽이란 무엇인가?Was ist Aufklärung?」에서 정점에 이르렀다. 그가 계몽을 "인간 스스로 초래한 미성숙에서의 탈출"이라고 정의했음은 잘 알려져 있다. 그는 이어 미성숙이란 "타인의 지도 없이는 스스로의 오성을 사용하지 못하는 무능력이다"라고 주장했다. 칸트에게 계몽이란 지적 자율성, 즉 스스로 생각할 수 있는 능력을 의미했다.[33]

개인의 자율성을 강조하는 계몽사상의 기조는 후고 그로티우스Hugo Grotius와 존 로크John Locke에게서 시작된 17세기 혁명의 정치사상으로부터 영향받았다. 그들은 타인들과 사회계약을 맺은 자립 남성이야말로 정치적 권위가 정당성을 얻기 위한 유일한 토대라고 주장했다. 신권, 성경, 역사에 의해 정당화되던 권위가 자립 남성 간의 계약으로 대체되어야 한다면, 소년들도 스스로 생각하는 법을 배워야 했다. 로크와 루소에게서 가장 많은 영향을 받은 교육이론은 징벌을 통한 강압적 복종을 강조하던 데서 독립의 주요 도구로 이성을 계발하는 쪽으로 전환되었다. 로크는 『교육에 관한 고찰Some Thoughts Concerning Education』(1693)에서 새로운 실천의 중요성에 대해 설명했다. "우리는 아이들이 성장하면 우리 자신과 같을 것이라고 보아야 한다. [……] 우리는 합리적인 피조물이며 자유를 지닌 존재라고 생각한다. 우리는 끊임없는 질책과 위협 속에서 불편하지 않기를 바란다." 로크가 인식했듯이, 정치적·지성적 자율성은 새로운 성격의 아동(그의 경우, 소년·소녀 모두) 교육에 달려 있었다. 자율성은 새로운 이념만이 아니라 세계에 대한 새로운 관계를 요청했다.[34]

따라서 스스로 사고하고 결정하기 위해서는 심리적·정치적 변화, 그리고 그에 못지않게 철학적 변화가 요구되었다. 『에밀』에서 루소는 어머니들에게 그들의 자식과 사회, 정치적 압력 사이에 심리적 장벽을 쌓으라고 요구했다. 그는 촉구한다. "일찍부터 쌓으시오, 당신 자제분의 영혼 주위에 울타리를 말이오." 영국의 설교자이며 정치 팸플릿 작성자인 리처드 프라이스는 1776년 아메리카 식민지 주민들을 옹호하는 글을 쓰며 주장했다. 자유의 네 가지 일반적 측면 중 하나는 신체의 자유, 즉 우리를 행위주체Agents로 구성하는 자발성 내지는 자기 결정의 원리이다". 프라이스에게 자유란 자기 지도 또는 자기 통치와 동의어였다. 이는 정치적 은유로서, 이 경우 심리적 은유를 담고 있었으나 양자는 긴밀히 연관되어 있었다.[35]

계몽사상에 고취된 개혁가들은 신체를 보호하거나 루소식으로 영혼의 울타리를 쌓는 차원을 넘어서고자 했다. 그들은 개인이 결정할 수 있는 범위를 확대할 것을 요구했다. 프랑스혁명기의 가족법에서 우리는 전통적인 독립성 제한에 대한 깊은 관심을 읽을 수 있다. 1790년 3월 신생 국민의회는 장손에게 유산 상속의 특권을 부여하던 장자상속권과 가족들이 발언할 기회도 주지 않고 자식을 가둘 수 있도록 용인하던 악명 높은 봉인장lettres de cachet을 철폐했다. 그해 8월, 의원들은 자식에 대한 부친의 전권을 용인하지 않고 부모와 20세 이하 자식 간의 논쟁을 청문하는 가정재판 기구를 설립했다. 1791년 4월에 의회는 모든 아동이 남녀 구별 없이 동등하게 상속받아야 한다는 법령을 포고했다. 그리고 1792년 8월과 9월에 의원들은 성년을 25세에서 21세로 낮추면서 성인은 더 이상 부권에 종속될 수 없다고 선언했고, 프랑스 역사상 처음으로 이혼을 합법화하면서 남녀 모두에게 동일한 법적 효력을 갖도록 했다. 간단히 말해, 혁명가들은 개인의 자율성의 범위를 넓힐 수 있는 모든 일을 했다.[36]

영국과 아메리카 식민지에서 더 큰 자율을 위한 요구는 미국 독립 이전이라면 법률보다는 자서전과 소설에서 더 쉽게 찾아볼 수 있다. 사실 1753년의 혼인법(26 Geo II, c. 33)은 부친이나 보호자가 합의하지 않으면 21세 이하인 사람의 결혼은 불법으로 간주했다. 이 같은 부권의 재천명에도 불구하고 남편의 아내에 대한, 부친의 자식에 대한 낡은 가부장적 지배는 18세기에 걸쳐 점차 약화되었다. 대니얼 디포Daniel Defoe의 『로빈슨 크루소』(1719)에서 벤저민 프랭클린의 『자서전』(1771~88년에 쓰인)에 이르기까지 영국과 미국의 저술가들은 독립성을 최상의 미덕으로 축복했다. 난파 선원의 이야기를 다룬 디포의 소설은 어떻게 사람이 자립적으로 살아가는 법을 배울 수 있는지에 관한 입문서였다. 따라서 루소가 디포의 소설을 어린 에밀이 읽어야 할 도서로 선정했다거나 『로빈슨 크루소』의 초판이 아메리카 식민지에서 1774년 독립전쟁이 막 시작되려는 차에 출간되었다는 점은 그다지 놀랍지 않다. 『로빈슨 크루소』는 1775년 아메리카 식민지의 베스트셀러 중 하나였다. 이 책과 경쟁한 것은 『체스터필드 경이 아들에게 보낸 편지Chesterfield's Letters to His Son』와 존 그레고리John Gregory의 『딸에게 남긴 아버지의 유산A Father's Legacy to His Daughters』인데, 이 작품들은 소년·소녀의 교육에 관한 로크의 견해를 대중화한 것이었다.[37]

비록 수미일관하지는 못했지만, 실제 사람들의 삶도 같은 방향으로 나아갔다. 젊은이들은 가족이 여전히 큰 압력을 행사하고 있더라도 점점 더 자기 뜻대로 배우자를 선택하고자 했다. 『클라리사』처럼 많은 소설들이 이러한 문제를 줄거리의 초점으로 삼았다. 아이 양육 문제에서도 미세한 태도 변화가 드러난다. 영국인들이 어린아이를 강보에 싸는 행위를 중단한 이후에도 프랑스인들은(루소라면 프랑스인들을 충분히 말릴 만했건만) 학교에서 체벌을 지속했다. 1750년대까지는 영국 귀족 가정에서는 더이상 자녀의 걸음걸이 지도용 끈을 사용하지 않았다. 자녀의 몸이 쇠약한 경우에는 더 빨리 중단했는데, 이는 자녀들을 강보에 싸서 키우지 않고 일찍부터 화장실을 쓰도록 가르쳤기 때문이다. 이것 역시 독립성을 갈수록 강조하고 있다는 신호였다.[38]

하지만 기록은 종종 더 혼란스럽다. 영국에서 이혼은 다른 신교 국가들과는 달리 18세기에는 실제로 불가능했다. 1700년에서 1857년 사이에 혼인소송법에 따라 이혼 건을 청문하기 위한 특별법정이 열렸을 때, 겨우 325건만이 영국, 웨일스 그리고 아일랜드 국회의 사법私法에 의해 인가되었다. 이혼 건수가 18세기 전반기에 14건에서 후반기에는 117건으로 증가했음에도, 이혼은 소수 귀족 남성들에게 국한되었고 여성들의 경우에는 충족 사유를 채우기 힘들어 거의 불가능했다. 18세기 후반에는 해마다 겨우 2.34건의 이혼만이 인가받았다. 이와 대조적으로 프랑스의 혁명가들은 이혼을 합법화하여, 프랑스에서는 1792년과 1803년 사이에 2만 건 가량의 이혼이(혹은 해마다 1800건이) 인가받았다. 영국령 아메리카 식민지들은 법적 별거는 일부 허용한 채로, 일반적으로 이혼을 금지하는 영국의 노선을 따랐다. 그러나 독립 이후에는 이혼 청구가 각 주의 신생 법정에서 받아들여졌다. 혁명기 프랑스에서는 어떤 경향이 한번 나타나면 반복되곤 했는데, 신생 미합중국이 독립한 후 첫 몇 년 동안 이혼을 청구한 것은 대부분 여성들이었다.[39]

1771~72년에 쓰인 이혼 소송에 관한 짧은 글에서 제퍼슨은 이혼을 자연권과 분명히 연관지었다. 이혼은 "여성에게 평등이라는 자연권을" 회복시켜줄 것이었다. 그는 "이것은 계약은 한쪽이 깨뜨리면 무효라는 상호 합의를 바탕으로 하는 계약의 본성에 속하는 것이다"라고 주장했다. 프랑스 혁명가들은 1792년에 이와 유사한 논지를 펼치게 된다. 더욱이 법적

이혼은 '감정의 자유', 그리고 자연권을 보장할 것이고, 「독립 선언문」에 의해 잘 알려진 '행복 추구'는 "혼인의 목적은 출산과 행복이다"라고 천명된 이래 이혼의 권리를 포함할 터였다. 따라서 행복추구권은 이혼을 요청했다. 제퍼슨은 4년 후 영국으로부터 아메리카 독립을 주장하며 유사한 논지를 펼치는데 이는 결코 우연이 아니다.[40]

자기결정권을 확장하려 한 18세기 사람들은 한 가지 딜레마에 봉착했다. 개인의 권리를 드높이는 이 새로운 질서에서 과연 무엇이 공동체의 원천을 제공해줄까? 어떻게 도덕성이 성서보다 인간 이성에서 비롯될 수 있는지, 또는 왜 자율성을 맹목적 복종보다 선호해야 하는지를 설명하는 일이 하나라면, 또다른 하나는 이러한 자기 지도적 개인을 더 큰 선善과 화합시키는 일이었다. 18세기 중엽 스코틀랜드 철학자들은 세속 공동체에 대한 물음을 연구 과제로 삼았고, 소설이 가르치는 공감의 체험에 부응하는 철학적 해답을 제공했다. 철학자들은 18세기 대중들처럼 자신들의 답을 '동정sympathy'이라고 불렀다. 나는 '공감empathy'이라는 용어를 사용했다. 왜냐하면 20세기에 들어와서야 영어에 편입된 단어이기는 하지만 공감이라는 말이 타인들과 동일시하려는 능동적 의지를 더 잘 나타내기 때문이다. '동정'은 지금은 대개 연민pity을 뜻한다. 은혜를 베푸는 태도를 암시하는 동정은 진정한 평등의 감정과는 양립하기 어렵다.[41]

'동정'은 18세기에 광범위한 의미를 가졌다. 프랜시스 허치슨Francis Hutcheson에게 동정이란 일종의 감각, 하나의 도덕적 능력이었다. 동물도 갖는 감각인 시각이나 청각보다는 고상하지만 양심보다는 수준이 낮은 동정 혹은 동류 감정이 있어 우리는 사회생활을 할 수 있다. 그러나 인간 본성의 힘에 의해, 어떠한 논증에도 선행하는 동정이란 사람들이 자신의 밖에서 가져오는 일종의 사회적 중력처럼 작용했다. 동정은 행복이 단순한 자기만족이 아님을 가르쳐준다. 허치슨은 결론짓는다. "감염이나 전염처럼, 우리의 모든 즐거움은 비록 가장 낮은 차원에서조차 타인과의 공유를 통해 증가한다."[42]

『국부론』(1776)의 저자이자 허치슨의 제자인 애덤 스미스Adam Smith는 그의 초기 저작 중 하나를 동정의 문제에 바쳤다. 『도덕 감정론』(1759)의 서장에서 스미스는 고문의 예를 들었다. 우리로 하여금 고문대 위에 놓인 누군가의 고통을 동정하도록 만드는 것은 무엇인가? 비록 고통에 시달리는 자가 형제일지라도, 우리는 그가 느끼는 바를 결코 직접 체험할 수는 없는 법이다. 우리는 그의 고통을 오직 상상력의 도움으로만 동일시할 수 있다. 상상력이야말로 우리를 그의 상황으로 끌어들여 동일한 아픔을 견뎌내도록 한다. "우리는 그의 몸속으로 들어가 어느 정도는 그가 된 듯하다." 상상적 동일시 과정―동정―은 관찰자에게 고문의 희생자와 공감하도록 한다. 그러나 관찰자는 더 나아가 자신 또한 그러한 상상적 동일시의 주제라는 점을 이해할 때만 비로소 진정한 도덕적 존재가 될 수 있다. 그가 자신을 타인의 감정의 대상으로 볼 수 있을 때, 도덕의 나침반으로 봉사하는 '공평무사한 관찰자'를 자신 안에 발전시킬 수 있다. 따라서 자율성과 동정은 스미스가 보기에는 병행하는 것이다. 오로지 자율적인 인간만이 '공평무사한 관찰자'를 자신 안에 발전시킬 수 있지만, 타인들과 자신을 동일시할 때에 비로소 그러할 수 있다고 스미스는 설명한다.[43]

공감 또는 감수성―후자는 불어에서 더 일반적으로 쓰인다―은 18세기 후반 대서양 양안에서 광범위한 문화적 반향을 얻었다. 제퍼슨은 소설가 스턴이 "도덕성의 최고 도정"을 제공했다며 그의 글을 인용했으나 허치슨과 스미스의 저작도 읽었다. 대서양 연안에서 동정과 감수성에 대한 논의가 일반화되기는 했지만 미국인이 쓴 최초의 소설이 1789년에 '동정의 힘'이라는 제목으로 출간된 것은 우연으로 보기 힘들다. 동정과 감수성은 문학, 회화, 심지어 의학 분야까지 파고들어 일부 의사들이 그것의 과잉을 염려하기 시작했다. 그들은 이것이 '멜랑콜리melancholia', '우울hypochondria', 혹은 '망상the vapors'으로 이어질지도 모른다고 두려워했다. 의사들은 유한계급 숙녀들(여성 독자들)이 특히 취약하다고 생각했다.[44]

동정과 감수성은 선거권이 없는 수많은 집단에 유리하게 작용했다. 물론 여성에게는 아니었다. 새로운 형식의 심리적 동일시를 불러일으키는 데 소설의 성공을 이용하던 초기의 노예폐지론자들은 해방 노예들이 허구를 가미한 자신의 자서전을 써보도록 고무했다. 이는 운동의 옹호자를 얻기 위해서였다. 노예제도의 악덕은 올로다 에쿠아노Olaudah Equiano 같은 남성들이 직접 서술할 때 비로소 생생해졌다. 그의 책인 『올로다 에쿠아노, 혹은 아프리카인 구스타부스 바사, 그 자신이 쓴 흥미진진한 생애 이야기 The Interesting Narrative of the Life of Olaudah Equiano, Or Gustavus Vassa, The African Written by Himself』는 런던에서 1789년 처음 출간되었다. 하지만 대부분의 노예폐지론자들은 여성의 권리와 접점을 찾는 데는 실패했다. 1789년 이후 프랑스의 많은 혁명가들은 신교도, 유대인, 자유 흑인, 그리고 노예의 권리까지도 공론화하고 열정적으로 옹호했지만, 여성에게 권리를 부여하는 데에는 적극 반대했다. 신생 미합중국에서는 노예제가 즉시 열띤 논쟁거리로 떠올랐건만, 여성의 권리는 프랑스보다 훨씬 덜 공론

화되었다. 여성은 20세기 전까지는 그 어느 곳에서도 평등한 정치적 권리를 얻지 못했다.[45]

18세기 사람들은 선조들처럼, 여성을 가문에 의해 규정되는 종속적 존재로, 그러므로 본질상 정치적 자율성을 충분히 펼칠 능력이 부족한 존재로 여겼다. 여성들은 자결권을 정치적 권리와 무관한 사적·도덕적 덕성으로만 표방할 수 있었다. 그들은 권리를 가졌으나, 정치적 권리는 아니었다. 이러한 관점은 프랑스 혁명가들이 1789년 새 헌법을 정초할 때 명백해졌다. 시에예스 신부는 헌정이론의 주요한 해석자로, 자연권과 시민권 간에, 다른 한편으로 정치적 권리들 간에 나타나는 분열을 설명했다. 여성을 포함한 한 나라의 모든 거주자들은 수동적 시민권을 향유했다. 그것은 그들의 인격, 소유, 그리고 자유가 보호받을 권리였다. 그러나 모두가 정치적 사안에 직접 개입할 권리를 갖는 능동적 시민은 아니라고 시에예스는 주장했다. "적어도 현재 상태에서는 여성 그리고 어린이, 외국인 등 공사公事를 돌보는 데 기여할 것이 전혀 없는 자들"은 수동적 시민으로 분류되었다. "적어도 현재 상태에서는"이라는 시에예스의 표현은 여성의 권리라는 문제에서 변화의 여지를 조금 열어두기는 했다. 어떤 이들은 그처럼 열린 부분을 활용하고자 했으나 금방 성공을 기대할 수는 없었다.[46]

18세기에 여성의 권리를 옹호한 소수의 사람들은 소설에 대해 양가감정을 표했다. 소설의 전통적 반대자들은 여성이 특히 사랑을 다룬 소설에 빠져들기 쉽다고 믿었고, 심지어 제퍼슨 같은 소설 옹호자조차 그것이 소녀들에게 끼칠 악영향을 염려했다. 1771년 자신이 좋아하는 소설가들에 흠뻑 빠져 있던 제퍼슨은 1818년에 나이가 지긋해져서는 일부 소녀들의 소설에 대한 '과도한 열정'을 지적했다. "그 결과는 부풀려진 상상"과 "병적인 판단이다". 제퍼슨마저 그러했다면 여성의 권리를 열정적으로 옹호하던 이들이 그러한 의혹을 품고 있었다는 점은 별로 놀랍지 않다. 제퍼슨과 마찬가지로, 근대 페미니즘의 어머니인 메리 울스턴크래프트Mary Wollstonecraft도 좀더 넓은 차원에서 소설 읽기―"순진하고 단순한 마음을 사로잡도록 고안된 유일한 독서 경험"―와 역사책 읽기 및 능동적이고 합리적인 이해를 명확히 대조했다. 그러나 울스턴크래프트 스스로 여걸을 주인공으로 한 소설 두 편을 집필한 바 있고, 출판물을 통해 많은 소설을 비평했으며, 편지를 보낼 때마다 부단히 이들을 언급했다. 루소가 『에밀』에서 밝힌 여성교육론을 반대했음에도 『신 엘로이즈』를 탐독했고, 『클라리사』와 스턴의 소설에 나오는 몇몇 구절을 기억해서 편지 쓸 때 자신의 감정을 전달하는 데 활용하곤 했다.[47]

공감하는 법을 배움으로써 인권으로 향한 길이 열렸으나 이를 통해 모든 사람이 그 길로 즉시 나설 수 있었던 것은 아니다. 그 누구도 「독립 선언문」의 집필자 이상으로 이를 더 잘 이해하거나 그로 인하여 번민하지는 않았다. 1802년 영국의 성직자이며 과학자 겸 개혁가인 조지프 프리스틀리Joseph Priestley에게 보낸 서신에서 제퍼슨은 전 세계에 미국의 예를 부각했다. "우리가 전 인류를 위해 일한다는 점을 민감하게 느끼지 않을 수 없다. 타인들은 부정하더라도 우리에게만은 확실한 여건이 한 사회가 그 개별 구성원들에게 어느 정도까지 자유와 자기통치를 허용할 만한가를 입증하는 의무를 우리에게 부과해왔다." 제퍼슨은 상상할 수 있는 최고의 '자유 등급'을 요구했다. 그것은 가능한 한 많은 백인들에게, 그리고 경우에 따라서는 아메리카 원주민 남성들에게까지, 그들이 농업에 종사할 수 있는 한 정치 참여의 길을 열어두는 것을 의미했다. 그는 비록 미국 흑인들의 존엄성과, 심지어 노예가 인간으로서 갖는 권리를 인정했지만, 그들 혹은 모든 인종의 여성들이 능동적으로 참여하는 정치체제를 염두에 두지는 않았다. 그러나 그것은—심지어는 24년 후 제퍼슨이 사망할 때까지도—대다수 미국인과 유럽인이 상상할 수 있는 자유의 최고 등급이었다.[48]

2

그들 뼈의
골질

고문을 폐지하다

BONE OF

THEIR

BONE

1762년, 루소가 '인간의 권리'라는 용어를 소개한 바로 그해에 남프랑스 툴루즈의 법정은 장 칼라스Jean Calas라는 64세 프랑스 개신교도가 가톨릭으로 개종하려는 아들을 살해했다는 혐의에 대해 죄를 선고했다. 재판관은 칼라스에게 차형에 의한 사형 판결을 내렸다. 사형 집행 전에 칼라스는 먼저 법정의 감독하에 집행되는 고문을 감수해야 했다. '예비 심문'으로 알려진 이 고문은 선고를 받은 자에게서 공범의 이름을 알아내기 위해 마련된 것이었다. 칼라스는 철근에 발이 짓눌리고 손목이 뒤로 꽉 묶인 채, 그의 팔을 힘껏 들어올리는 크랭크와 도르래 장치에 의해 온몸이 위아래로 잡아당겨졌다.(도판 3) 칼라스가 두 차례의 고문 후에도 공범의 이름을 대지 않자 집행관은 그를 의자에 묶은 채 두 개의 작은 막대로 입을 벌려놓고는 물 몇 잔을 강제로 그의 목구멍에 부었다.(도판4) 이름을 대라는 요구에 그는 다음과 같이 응답했다고 한다. "죄가 없는 곳

도판 3. 법정 고문

법정에서 인가된 고문의 장면이 묘사된 경우는 극히 드물다. 16세기에 만들어진 이 목판화(21.6cm×14.4cm)는 툴루즈에서 사용된 방법을 보여주는데, 200여 년 후 장 칼라스가 당한 것과 유사하다. 그것은 유럽에서 가장 널리 행해지던 법정 고문 장면이다. 이는 스트라파도strappado라 불렸는데, 매섭게 잡아당김 혹은 눈물을 지칭하는 이탈리아어에서 비롯되었다.

에 공범이란 있을 수 없소."

죽음은 즉시 찾아오지 않았고, 그렇게 되도록 놔두지도 않을 참이었다. 살해나 노상강도로 유죄 선고를 받은 자에게 국한되었던 차형은 두 단계로 진행되었다. 먼저 형 집행자는 죄인을 X자형 틀에 묶고 팔뚝, 다리, 넓적다리, 양팔을 각각 두 차례씩 강타해서 뼈를 체계적으로 부러뜨렸다. 교수대 아래에서는 집행관 조수가 사형수의 목둘레를 감은 밧줄을 윈치에 고정시키고 이를 이용하여 척추골을 밧줄로 세게 잡아당겨 탈골시켰다. 그러는 사이 형 집행자는 쇠막대기로 몸통 복판을 세 차례 강타했다. 그리고 나서 만신창이가 된 죄인의 몸을 내려놓고 손발을 고통스럽도록 뒤로 젖힌 채 10피트 높이 기둥 꼭대기의 수레바퀴에 고정시켜놓았다. 죄인은 차형으로 죽임을 당한 후에도 그곳에 오랫동안 방치되어 '가장 오싹한 광경'을 연출했다. 법정은 밀지를 통해 칼라스가 두 시간 동안 고문을 당한 후 그의 몸이 바퀴에 부착되기 전에 목이 졸려 죽는 은혜를 베풀었으나 칼라스는 끝까지 무죄를 주장했다.[1]

칼라스 '사건'은 사형 집행 몇 달 후 볼테르가 이를 거론하면서 돌연 이목을 끌게 되었다. 볼테르는 칼라스 가족을 위한 성금을 모금하고 사건을 생생히 증언할 심산으로 칼라스 집안사람들의 이름을 빌려 여러 편지를 작성했다. 그리고 나서 이 사건을 바탕으로 팸플릿과 책을 한 권씩 발간했다. 그중 가장 유명한 것이 『장 칼라스의 죽음을 통한 관용에 관한 고찰*Traité sur la tolérance á l'occasion de la mort de Jean Calas*』이다. 여기서 볼테르는 '인권'이라는 표현을 처음 사용했다. 그가 전개한 논지의 골자는 불관용은 인간적 권리일 수 없다는 것이다.(그는 종교의 자유가 인간의 권리라는 주장을 긍정적으로 보지 않았다.) 볼테르는 우선은 고문도 차형도

도판 4. 물고문

이 16세기 목판화(21.6cm×14.4cm)는 프랑스의 물고문 방법을 보여준다. 그것은 칼라스가 당한 것과 똑같지는 않지만 기본 발상에서 어지간히 유사하다.

공격하지 않았다. 그는 경찰과 재판관들을 부추긴 것으로 보이는 종교적 독선에 분노했다. "이 원리(인권)에 따르면, 어떻게 한 사람이 다른 사람에게 다음과 같이 말할 수 있는지 결코 이해할 수 없다. '내가 믿는 것 그리고 네가 믿을 수 없는 것을 믿든가, 아니면 죽든가.' 이는 그들이 포르투갈, 스페인 그리고 고아Goa(종교재판으로 악명 높은 나라들)의 언어로 말하는 방식이다."[2]

1685년 이래 프랑스에서는 공적인 칼뱅파 예배가 금지되었기 때문에, 교회측이 칼라스가 가톨릭으로 개종하려는 자신의 아들을 살해했다고 믿은 것도 지나친 일은 아니었다. 어느 날 저녁식사 후 가족들은 집 뒤의 광으로 통하는 문가에 목을 맨 마르크 앙투안을 발견했다. 명백한 자살이었다. 소문이 날까봐 가족들은 아들의 시신을 마루에서 발견했으며 살해된 것 같다고 주장했다. 프랑스 법률상 자살한 이는 정식 묘지에 매장될 수 없었고, 유죄로 밝혀지는 날이면 시신은 무덤에서 꺼내져 시내를 질질 끌려다니다가 거꾸로 매달린 채 쓰레기장에 내버려졌다.

경찰은 가족들의 증언이 일치하지 않음을 포착하고 즉시 부모와 형제들을 몸종 및 방문객 한 명과 더불어 체포하여 모두 살인죄로 기소했다. 지방 법정은 부모와 형제에게 죄를 자백받기 위해 고문 판결을("준비 단계의 심문"이라 불린) 내렸으나 툴루즈 의회가 판결 취하를 요구함에 따라 유죄판결 이전에는 고문을 시행하지 않기로 했고 오로지 부친의 죄만을 인정했다. 법정은 부친이 사형 집행 직전의 고문에서 공범의 이름을 댈 거라고 믿은 것이다. 볼테르가 이 사건에 엄중히 문제를 제기함으로써 아직 무죄가 밝혀지지 않은 다른 가족들이 보상을 받게 되었다. 왕립 의회는 처음에는 기술적인 이유로 1763년과 1764년에 걸쳐 결정을 보류했다가 1765년에 가서 관련자 전원 석방과 몰수된 재산의 원상복구를 의결했다.

칼라스 사건이 폭풍을 일으키고 있는 동안 볼테르는 관심의 초점을 옮겨가더니 점점 더 형법체제 자체, 특히 고문과 잔혹한 형벌의 시행을 공격했다. 1762~63년 칼라스에 대해 쓴 최초의 글에서 볼테르는 '고문'이라는 용어를 한 번도 사용하지 않았다(대신 법률적 완곡어법으로 "그 문제"라고 표현했다). 그는 1776년 처음으로 사법적 고문에 거부의사를 밝혔고, 자주 칼라스와 고문을 연결시켰다. 자연히 우러나는 연민으로 모든 사람은 사법적 고문의 잔혹함을 혐오하게 된다고 볼테르는 주장했다. 비록 이전에는 그처럼 말하지 않았지만 말이다. "고문은 다른 나라들에서는 성공적으로 폐지되었다. 따라서 그 사안의 향방은 결정되었다." 볼테르의 관점은 바뀌어 1769년에 '고문'이라는 항목을 자신의 『철학 사전*Philosophical Dictionary*』에 추가하지 않을 수 없었다. 1764년에 처음 출간된 이 책은 이미 교황청 금서 목록에 올라 있었다. 이 항목에서 볼테르는 조롱과 격노를 뒤섞는 특유의 방식으로 프랑스의 인습을 비문명적이라고 힐난했다. 외국인은 프랑스인보다 더 잔인한 민족은 없다는 점을 알지 못한 채, 프랑스를 연극, 소설, 시, 그리고 아름다운 여배우들을 보고 판단한다. 볼테르는 문명화된 민족이란 더이상 "낡은 인습의 잔혹함"을 추종하지 않는다고 결론지었다. 그를 포함해 많은 사람들에게 받아들일 수 있는 것처럼 보였던 것이 이제는 의혹의 대상이 되었다.[5]

인권 의식과 더불어 고문과 인도적 처벌에 대한 새로운 태도가 1760년대에 처음으로 프랑스뿐만 아니라 유럽의 다른 나라와 아메리카 대륙 식민지에서 나타났다. 볼테르의 친구인 프로이센의 프리드리히대왕은 이미

1754년에 사법적 고문을 폐지했다. 다른 나라들도 이후 몇십 년 안에 이를 따랐다(스웨덴 1772년, 오스트리아와 보헤미아 1776년). 1780년에는 프랑스 왕정이 판결 전에 죄를 자백받기 위해 자행하는 고문을 금지했고, 1788년에는 공범의 이름을 실토하게 할 목적으로 형 집행 전에 시행하는 고문을 잠정 폐지했다. 1783년 영국 정부는 형 집행이 공공의 여흥이 되었던 타이번Tyburn 집행장으로의 행렬을 중단시키며 '낙하대the drop'를 도입했다. 이것은 신속하고 인도적으로 교수형을 집행하기 위해 죄수를 낙하시키는, 위로 올려진 단상이었다. 1789년 프랑스 혁명정부는 사법적 고문을 일절 폐지했고 1792년에는 사형 집행을 일체화하고 가능한 한 고통을 줄이기 위해 단두대를 도입했다. 18세기 말까지 여론은 사법적 고문과 사형수의 신체에 가해지는 모욕적인 형벌을 철폐할 것을 요구하는 듯했다. 미국 내과의사 벤저민 러시Benjamin Rush가 1787년에 주장한 바에 따르면, 우리는 다음을 잊어서는 안 된다. 범죄자마저도 "우리의 친구와 지인들과 똑같은 재료로 구성된 영혼과 신체를 소유하고 있다는 점을. 그 재료란 뼈의 골질이다."[4]

고문과 잔혹성

고문은 유럽 대부분의 나라들에서 13세기에 로마법과 가톨릭 종교재판의 부활로 도입되거나 재도입되었다. 16~18세기에 유럽의 가장 예리한 법학자들은 사법적 고문이 과도한 열의나 가학적인 재판관에 의해 남용되는 것을 막고 그것을 법제화·규칙화하는 데 심혈을 기울였다. 아마도

Le veritable Portrait tiré d'aprés nature sur la
Place du Palais Royal, d'Emmanuel Jean de
la Coste, comdamné par Jugement souverain
de M.^r le Lieutenant G.^l de Police, du 28. Aoufl
1760. au Carcan pendant 3. jours a la marqû,
et aux Galeres a perpétuité.

도판 5. 철제 칼라

이 처벌의 핵심은 공개적인 모욕이었다. 익명의 작가가 만든 이 판화는 1760년 사기와 명예훼손으로 유죄판결을 받은 한 남자를 보여준다. 설명문에 따르면 그는 처음에는 철제 칼라를 3일간 차고 있다가 낙인이 찍히고 갤리선에 보내져 평생 강제노역을 했다.

영국은 사법적 고문을 13세기에 배심원제로 대체한 것 같다. 하지만 고문은 16세기와 17세기에 폭동 교사와 마녀 혐의자에게는 여전히 시행되었다. 마녀에 대해 엄격하던 스코틀랜드 판사들은 찌르기, 수면 방해 그리고 '부츠'에 의한 고문(다리 부러뜨리기), 달군 쇠로 지지기와 여타 방법을 사용했다. 공범의 이름을 확보하기 위한 고문은 매사추세츠의 식민지법에서 허용되었으나 실행된 적은 없다.[5]

유죄판결에 따른 잔인한 처벌은 유럽과 미국에서 보편적으로 시행되었다. 비록 1689년 영국의 「권리장전」은 잔인한 처벌을 명시적으로 금지했지만 판사들은 범죄자에게 태형, 물고문, 차꼬 채우기, 칼 씌우기, 낙인 찍기, 잡아 늘여 네 갈래로 찢어 죽이기(말에 의한 능지처참)를, 여성에게는 능지처참과 화형을 판결했다. '잔인한' 처벌의 제도화는 분명 문화적 기대치에 준하는 것이었다. 1790년에야 의회는 여성에 대한 화형을 금지했다. 하지만 심각한 위반 사례는 증가일로에 있었다. 몇몇 추산에 따르면 화형은 18세기에 3배나 늘어났고 1752년에는 살인행위를 억제하기 위하여 더 무시무시한 형벌이 시행되었다. 모든 살해범들의 신체는 외과의사들에게 해부용으로 넘긴다고 언도되었고—이 경우 굴욕으로 여겨졌다—이는 재판관들에게 남성 살해범의 몸을 사형 집행 후 사슬에 걸어놓도록 명령하는 재량권을 부여했다. 이같이 살해범의 시신을 교수대에 매달아놓는 것에 불만의 목소리가 커져갔음에도 이러한 관행은 1834년까지는 완전히 철폐되지 않았다.[6]

식민지에서 처벌은 놀랍게도 제국 중심부의 추세를 따르지 않았다. 매사추세츠 최고법원에서는 18세기 후반까지도 판결의 3분의 1에 공개적 모욕을 구형했다. 여기에는 푯말을 걸치는 것에서부터 귀 자르기, 낙인 찍기, 그리고 태형이 두루 포함되었다. 당시 보스턴의 한 시민은 "여성들이 감옥의 형차가 질질 끄는 커다란 새장에서 끌려나와 등이 벗겨진 채 기둥에 묶여 죄인들의 비명과 군중의 소란 한가운데에서 30~40번의 채찍질을 당하는 광경을" 기록해두었다. 영국의 「권리장전」은 노예를 보호하지 않았다. 왜냐하면 노예들은 법적 권리를 지닌 인간으로 간주되지 않았기 때문이다. 버지니아와 노스캐롤라이나는 괘씸한 노예의 거세를 공공연히 묵과했고 메릴랜드에서는 노예가 가벼운 반역죄나 방화죄를 범했을 경우 오른손을 자른 후 목을 매달고 머리를 잘랐다. 그리고 몸을 네 갈래로 찢은 다음 조각난 신체 부위를 내걸었다. 1740년대까지 뉴욕에서는 노예가 괴로워하면서 죽을 때까지 그를 천천히 화형에 처할 수도, 차형에 처할 수도, 아사할 때까지 사슬에 매달아놓을 수도 있었다.[7]

18세기 후반 프랑스 법정이 내린 대부분의 판결에는 여전히 공개 체벌의 형태들, 예컨대 낙인 찍기, 태형, 또는 철제鐵製 칼라collar(기둥이나 칼틀에 부착된)(도판 5) 씌우기가 포함돼 있었다. 칼라스가 처형된 그해에 파리 의회는 파리의 샤틀레Châtelet 법정(하급 법정)에서 재판받은 235명의 남성과 여성에 대한 상고심 형사판결을 내렸다. 82명은 유형과 낙인 찍기 판결을 받았고, 이 경우 대개는 태형이 수반되었다. 9명은 여기에 철제 칼라를 씌우는 것이 추가되었다. 19명은 낙인 찍기와 징역이 선고되었고, 20명은 낙인 찍기 그리고/혹은 철제 칼라를 씌운 후에 중앙 병원에 감금되었다. 또한 12명은 교수형에, 3명은 차형에 그리고 1명은 화형에 처해졌다. 파리의 모든 법정을 셈에 넣는다면, 공개적으로 모욕당하고 불구자가 된 사람은 500~600명에 육박했으며, 처형도 약 18차례나 집행되었다. 한 법정 관할 구역에서 단 1년 동안에 말이다.[8]

프랑스에서 사형은 다섯 가지 상이한 방식으로 부과되었으니, 귀족은 참수, 평민 범죄자는 교수형, 주권자에 대한 범죄(대역죄lése-majesté로 불렸다)에 대해서는 능지처참, 그리고 이단, 마법, 방화, 독살, 수욕獸慾, 수간獸姦에 대해서는 화형, 살해범이나 강도는 차형이었다. 18세기의 재판관은 능지처참과 화형을 드물게 구형했지만 차형만은 꽤 일반적이었다. 일례로, 남프랑스의 엑상프로방스 의회 법정은 1760~62년에 53번의 사형 판결 중 거의 절반에 차형을 구형했다.[9]

그러나 1760년대부터는 다양한 캠페인이 국가 공인 고문의 철폐와 처벌을 더욱 경감하는 결과를 낳았다(노예에게조차도). 개혁가들은 자신들의 성취를 계몽주의적 인도주의가 확산된 결과로 돌렸다. 1786년 영국 개혁가 새뮤얼 로밀리Samuel Romilly는 과거를 돌아보며 확신에 차서 주장했다. "사람들이 이 중요한 주제를 성찰하고 추론하는 데 비례하여, 오래도록 지배적이던 불합리하고 야만적인 정의관이 물러나고 대신 인간적이고 합리적인 원리들이 채택되었다." 이 주제에 대한 추론의 직접적 동력은 상당 부분 간결하고도 신랄한 저작 『범죄와 처벌에 관한 에세이Essay on Crimes and Punishments』에서 비롯되었다. 이것은 25세의 이탈리아 귀족 체자레 베카리아Cesare Beccaria가 1764년에 출간했다. 이 저작은 디드로의 서클이 장려하여 신속히 불어와 영어로 번역되었고, 볼테르는 칼라스 사건이 한창일 때 이 책을 탐독했다. 베카리아의 소책자는 모든 민족의 형법체제를 주목하도록 만들었다. 갑작스레 유명세를 타게 된 이 이탈리아인은 고문과 잔혹한 형벌만이 아니라―당시로서는 괄목할 만한 진전으로―사형제 자체를 거부했다. 베카리아는 지배자의 절대권력, 종교적 독선, 그리고 귀족의 특권에 반대하여 민주주의적인 정의의 기준을 세웠다. '최대 다수의 최대 행복.' 이때부터 필라델피아부터 모스크바까지 사실상 모든 개혁가들이 그를 인용했다.[10]

베카리아는 새로운 감성의 언어를 유통시키는 데 일조했다. 그에게 사형이란 "사회에 해롭기만 할 뿐이다. 그것이 제공하는 야만성의 예들을 볼 때 말이다". 그리고 처벌시 행해지는 "고문과 불필요한 잔혹행위"에 반대하면서 이들을 "광포한 열광의 도구"로 간주했다. 더욱이 자신의 문제제기를 정당화하면서 다음과 같은 희망사항을 피력했다. "나는 우열을 가릴 수 없이 사악한 폭정이나 무지의 불행한 희생자를 죽음의 고통에서 구하려고 이 책을 썼다. 그의 기도와 유형을 떠나며 흘린 눈물은 전 인류의 경멸로 인해 감정이 복받친 나에게 충분히 위로가 될 듯하다." 베카리아의 저작을 읽은 영국 법률가 윌리엄 블랙스톤은 심지어 계몽주의 시대 이후까지도 독특해 보일 서신을 보냈다. 블랙스톤은 확신했다. 형법은 항상 "진리와 정의, 인간적 감정 그리고 지울 수 없는 인간의 권리라는 명령에 따라야"[11] 한다.

그러나 볼테르의 예가 보여주듯이, 교양 엘리트층, 심지어 지도적 개혁가들마저도 권리 관련 용어와 고문 그리고 잔혹한 처벌의 연관성을 즉시 이해하지는 못했다. 볼테르는 칼라스의 사례에서 정의의 오용을 문제삼았으나 노인이 고문당하고 차형에 처해진 사실을 원래 반대한 것은 아니었다. 자연스레 우러난 연민이 모든 이로 하여금 사법적 고문의 잔혹성을 혐오하도록 만든다면—볼테르가 이후에 말했듯이—왜 이것이 1760년대 이전에는 심지어 볼테르에게조차 명확하지 않았던 것일까? 분명 일종의 차단막이 작동해 공감의 작용을 저해한 것이다.[12]

계몽주의 저술가들과 사법개혁가들이 고문과 잔인한 형벌을 문제삼자 몇십 년 안에 태도가 완전히 바뀌었다. 동료애의 발견이 이러한 변화에 속했으나 이는 그저 일부분에 불과했다. 공감을 위해 더 필요했던 것은—이 경우에는 법적 사형수와의 공감에 필수적인 전제조건—인간 신체에 대한 새로운 관심이었다. 일찍이 인간 신체는 상위의 선을 위해 개인의 신체가 절단되거나 고문받아도 된다는 종교적 질서 안에서만 신성한 것이었다. 그러나 개인의 자율성과 침해 불가능성에 근거를 둔 세속 질서에서는 신체가 그 자체로 성스러운 것이 되었다. 이 발전 노선은 두 갈래였다. 신체는 18세기를 거치며 더욱 분리되고 자기 소유물이 되고, 개인화됨에 따라 더욱더 긍정적인 가치를 획득했다. 그리고 이를 위반할 경우에는 부정적인 반응이 강해졌다.

자기 충족적 인격체

신체는 적어도 출생 후부터는 늘 원천적으로 타인과 분리되어 있다고 여겨져 왔겠지만, 신체들 간의 경계는 14세기 이후에야 엄격히 규정되었다. 개인은 점점 더 자신의 배설물을 남에게 보이려 들지 않게 되었다. 수치심을 예민하게 느낄수록, 자기 통제에 대한 압력은 높아만 갔다. 공개된 장소에서 대소변을 보는 일은 점점 더 불쾌감을 일으키게 되었다. 사람들은 코를 손으로 풀기보다 손수건을 사용하기 시작했다. 침 뱉기, 공동의 사발로 먹기, 모르는 사람과 한 침대에서 자는 행위는 역겹거나 불쾌한 짓이 되었다. 감정을 마구 터뜨리거나 공격적으로 행동하는 것은 사회적으로 용납될 수 없게 되었다. 신체에 대한 이런 태도 변화는 그 이면에서 진행되는 변화의 외양에 불과했다. 이들은 모두 자기 폐쇄적 개인의 출현을 알린다. 그러한 개인의 경계는 사회적 관계를 맺을 때 존중받아야 했다. 자기 소유와 자율성은 더 높은 수위의 자기통제를 요구했다.[13]

18세기에 음악과 연극 공연, 실내 건축, 초상화 분야에서 나타난 변화는 이러한 장기적인 태도 변화 위에서 구축된 것이다. 더욱이 이러한 새로운 경험들은 감수성 그 자체의 출현에 결정적이었다. 1750년 이후 몇십 년도 지나지 않아 오페라 관람객은 벗들을 찾아 걸어다니면서 담소를 나누기보다는 침묵 속에 음악을 들으며 개인의 감성으로 반응하기 시작했다. 한 여성은 1776년 파리에서 초연된 글루크Gluck의 오페라 〈알체스테Alceste〉에 대한 자신의 반응을 회고했다.

> "저는 아주 집중했지요. 첫 마디부터 강한 외경심에 사로잡혔고 제 내면에서 어쩌나 종교적 충동 같은 강렬한 느낌이 일던지 〔······〕 작품이 끝날 때까지 좌석에 무릎을 꿇고 앉아 애원하듯이 두 손을 꼭 쥐고 있다는 것조차 깨닫지 못했답니다."

이 여성의 반응은 특히 주목할 만한데, 왜냐하면 그녀는 이를 종교적 체험과 비교하고 있기 때문이다. 모든 권위의 근거는 이제 초월적인 종교적 틀에서 인간의 내면으로 옮겨가고 있었던 것이다. 그러나 이런 현상은 사람들이 사적이고 심지어 은밀한 방식으로 경험하는 한에서 의미가 있었다.[14]

연극 후원자들이 음악 애호가들에 비해 공연중에 더 시끌벅적한 태도를 보였지만, 그런 연극에서조차도 새로운 관행이 나타나 색다른 미래를 예고했다. 이제 종교적 침묵과 유사한 분위기 속에서 극이 상연된다. 18세기 대부분을 거치며 파리의 관객은 마음에 들지 않는 공연을 중단 시키려 할 때면 헛기침, 침 뱉기, 재채기, 방귀 뀌기를 일삼았으며, 만취와 싸움질로 자주 공연자의 대사를 방해했다. 관객이 무대에 난입하는 것을 어렵게 하기 위해 1759년 프랑스에서는 무대 위에 앉는 것이 금지되었다. 1782년에는 밑바닥 자리 또는 아래층 뒷자리parterre의 질서를 잡기 위해 프랑스 왕립극장에 긴 좌석들을 설치했다. 그전에는 관객이 바닥에서 자유자재로 돌아다니며 가끔은 청중이라기보다는 폭도처럼 행동했다. 비록 공연 시간이 임박하면 정식 긴 좌석을 잡으려는 경쟁이 치열했고, 일부 는 이런 좌석이 바닥자리의 자유와 정직함을 심히 위협한다고 여겼으나 발전 방향만은 분명했다. 집단적 격정의 폭발이 개인의 고요한 내적 체험 에 자리를 양보한 것이다.[15]

주택 건축은 개인이 서로 분리된다는 감각을 강화했다. 프랑스의 주택 에서 '방chambre'은 18세기 후반에 점점 더 특수해졌다. 일찍이 일반적 목 적으로 사용되던 방은 '침실'이 되었고 유복한 집안의 아이들은 부모와 독립된 침실을 가질 수 있게 된다. 18세기 후반까지 파리 주택의 3분의 2에 침실이 있었지만, 주방을 따로 둔 집은 단 7분의 1에 불과했다. 파리 사회의 엘리트층은 부두아boudoirs('뿌루퉁하다'를 의미하는 불어 'bouder' 에서 유래했다. 토라져서 숨을 수 있는 사적인 방)로부터 화장실과 욕실에 이르기까지, 사적으로 이용할 수 있는 다양한 방의 필요성을 역설하기 시작했다. 물론 개인의 프라이버시를 강조하는 경향은, 적어도 프랑스의 경우에는 과장되어서는 안 될 것이다. 영국인 여행자는 프랑스의 관습에 항상 불만이 많았다. 서로 처음 본 서너 사람이 여관의 한방에서 같이

도판 6. 조셉 블랙번이 그린 존 피고트 대령의 초상화

아메리카 식민지에서 활약한 여느 예술가들처럼 조셉 블랙번Joseph Black-burn은 영국에서 태어나 교육받은 것이 거의 확실하며, 1752년 버뮤다로 가서 이듬해에 로드 아일랜드의 뉴포트로 옮겼다. 뉴포트, 보스턴, 포츠머스, 뉴햄프셔에서 수많은 초상화를 그린 후 그는 1764년 영국으로 돌아왔다. 이 유화(127cm×101.6cm)는 1750년대 말이나 1760년대 초에 그려진 것으로, 피고트 아내의 초상화와 한 쌍으로 그려졌다. 블랙번은 레이스와 의복의 여타 부분의 세부 묘사로 유명했다.

자는 것(물론 침대는 분리되어 있지만), 공동 시설을 ― 특히 소변볼 때 ― 보이는 데서 함께 사용하는 것, 요강 내용물을 창밖으로 쏟아버리는 짓 등. 하지만 그들의 불평은 양국에서 공히 일상적이던 행태를 입증할 뿐이다. 영국에서 눈에 띄는 새로운 사례는 1740~60년대에 지방 영지에 만들어지던 순환형 정원이다. 조심스럽게 선택된 조망과 기념비들을 갖춘 폐쇄된 환상선環狀線은 개인이 명상과 회상에 잠기는 데 도움이 되도록 설계되었다.[16]

신체는 항상 유럽 회화의 중심 주제였으나 17세기 이전에는 성聖 가족이나 가톨릭 성인 또는 통치자와 대신들의 신체만이 그려졌다. 17세기 그리고 특히 18세기에는 많은 서민들이 자신과 가족의 초상을 주문했다. 1750년 이후에는 런던과 파리의 정기적인 전시 ― 이것 자체가 사회생활의 새로운 특징이다 ― 에서 서민들의 초상화가 증가했음을 알 수 있다. 물론 역사화가 여전히 지존의 장르로 자리잡고 있었다.

영국령 북아메리카 식민지에서는 초상화가 시각예술을 지배했는데, 이는 부분적으로 유럽의 복음주의와 정치적 전통이 덜 작용했기 때문이다. 초상화는 18세기 식민지들에서 중요해졌다. 1750~76년에 식민지에서는 1700~50년보다 4배나 많은 초상화가 그려졌으며, 그중 다수가 도시 서민과 자영농을 묘사했다.(도판 6) 역사화가 프랑스에서 혁명과 나폴레옹제국의 등장으로 새로이 우위를 점하게 되었을 때도, 초상화는 여전히 살롱에 걸린 그림의 약 40%를 차지했다. 초상화 값은 18세기의 마지막 몇십 년에 걸쳐 상승했으며, 판화 매체는 모델과 그들의 가족에 국한돼 있던 초상화를 광범위한 수용자층에 전달했다. 이 시대 가장 유명한 영국 화가 조슈아 레이놀즈Joshua Reynolds 경은 초상화가로 명성을 쌓았

도판 7. 샬럿 프리츠 윌리엄 부인의 초상화, 조슈아 레이놀즈의 그림을 바탕으로 한 제임스 맥아델James MacArdell의 동판(1754)

레이놀즈는 영국 사회 주요 인물들의 초상화로 명성을 얻었다. 그는 옷 주름과 의상은 전문가 혹은 조수들에게 떠맡기고는 자신은 자주 모델의 얼굴과 손만을 그렸다. 샬럿은 이 초상화를 그릴 당시 겨우 여덟 살이었으나 머리모양새나 진주귀걸이, 브로치로 인해 나이가 들어 보인다. 이와 같은 판화들이 레이놀즈의 명성을 더욱 널리 퍼지게 했다. 제임스 맥아델은 레이놀즈의 초상화 상당수를 동판으로 만들었다. 설명문에는 다음과 같이 적혀 있다. "J. 레이놀즈 그림. J. 맥아델 작. 샬럿 프리츠 윌리엄 부인. 의회법에 따라 1754년 J. 레이놀즈 발간."

고, 호레이스 월폴에 따르면 "초상화를 무미건조함으로부터 보석금을 받고 해방시켜주었다".[17]

당대의 한 관찰자는 1769년 프랑스의 전시에 걸린 초상화 수에 불만을 토로했다.

선생님, 수많은 초상화가 모든 곳에서 저를 놀라게 하고, 이제는 이 주제에 대해 말해보도록, 그동안 미뤄두었던 이 무미건조하고 단조로운 사안을 다루어보라고 요구하는군요. 공중은 끊임없이 검열해야 하는 천한 부르주아 군중에 대해 별 소득도 없이 오래도록 불평을 늘어놓았습니다. [……] 그 장르의 용이함과 유용성 그리고 이들 이류 인사들의 허영이 우리의 떠오르는 예술가들을 진작시킵니다. 이 세기의 불행한 취향 덕분에 살롱은 그저 초상화 전시실이 되고 있지요.

이 프랑스인에 따르면, 세기의 '불행한 취향'은 영국으로부터 전파되었고 많은 사람에게 진정한 예술에 대한 상업의 승리를 알리는 것이었다. 디드로의 『백과전서』의 '초상화' 항목에서 슈발리에 루이 드 조쿠르chevalier Louis de Jaucourt는 결론지었다. 회화 장르 중 영국에서 가장 많이 모방되고 가장 많이 찾는 것은 초상화이다." 이후 세기가 끝나기 전에 작가 루이 세바스티앵 메르시에Louis-Sébastien Mercier는 마음이 놓이는 말을 했다. "영국인은 초상화에서 탁월하며 르뇰Regnols(원문대로. '레이놀즈'의 불어식 표현—옮긴이)의 초상화를 능가할 작품은 없다. 주요한 예들은 등신대等身大로, 실물 크기이고 역사화와 동급이다."(도판 7) 특유의 재치 있는 어법으로 메르시에는 비판적 요소들을 제압했다. 영국에서는 초상화가 프랑스 미술 아카데미에서 선두 장르인 역사화와 비교할 만했다. 서민들은 이제 자신의 개성에 의해 영웅처럼 빛날 수 있었다. 평범한 몸이 이제는 특별할 수 있게 된 것이다.[18]

사실 초상화는 개성과는 상당히 다른 것을 전달한다. 영국, 프랑스, 그리고 양국의 식민지들에서 상업으로 부를 축적하는 사람들이 급속히 늘어날 때, 지위와 신분의 징표인 초상화의 주문은 소비주의의 성장을 반영했다. 주문시에 실물과 꼭 같기를 바란 건 아니다. 서민들은 초상화에서만은 자신이 서민적으로 보이기를 원치 않았고, 일부 화가들은 얼굴보다는 레이스, 비단, 공단을 처리하는 탁월한 능력으로 명성을 얻었다. 초상화가 가끔은 유형의 재현 혹은 덕성이나 부의 알레고리에 초점을 맞추기는 했지만, 18세기 후반에는 예술가와 고객들이 개인의 심리와 인상을 자연스럽게 처리하는 방식을 선호하기 시작함에 따라 그러한 초상화는 중요성을 잃어갔다. 더욱이 개인의 실제 모습을 형상화함으로써 각 인격이 하나의 개체라는 관점을 진작시켰다. 다시 말해, 단독적이고, 분리되고, 특별하고, 독창적인 개인은 마땅히 있는 그대로 그려져야 한다.[19]

여성은 이러한 발전에서 가끔 놀라운 역할을 수행했다. 서민 여성의 풍요한 내면생활에 초점을 맞춘 『클라리사』 같은 소설이 자아낸 분노는 가면 같은 여성의 얼굴을 묘사한 풍유적 회화를 부적절하거나 단순히 장식적이라고 느끼게 만들었다. 그러나 초상화가들이 점점 더 솔직함과 심리적 친밀성을 추구함에 따라 화가와 모델의 관계는, 특히 여성이 남성을 그릴 때, 노골적인 성적 긴장으로 더욱 충만해졌다. 1775년에 제임스 보즈웰James Boswell은 여성 초상화가에 대한 새뮤얼 존슨Samuel Johnson의 비난을 기록해놓았다. 그(존슨)는 초상화 그리는 일을 여성에게는 적합지 않다고 여겼다. '어떠한 예술이든 그것을 공개적으로 행하고 남성의 얼굴을 응시하는 것은 여성으로서는 매우 음탕한 일이다.'" 18세기 후반에 몇몇 여성 초상화가들은 진정한 명성을 얻게 되었다. 드니 디드로는 자신의 초상화를 유명한 여성 화가였던 독일인 안나 테르부쉬Anna Therbusch에게 그리게 했다. 1767년 이 그림이 전시된 살롱에 대한 비평에서 디드로는 그녀와의 동침을 암시하는 듯한 부분에 대해 자신을 변호해야겠다고 느꼈다. "그녀는 아름답지 않다." 하지만 그는 자신의 딸이 테르부쉬의 초상화가 실물과 꼭 같다는 점에 충격을 받은 나머지 그림이 엉망이 될까 두려워 부친의 부재시 거기에 백 번 입맞춤하는 것을 자제했다는 사실을 인정하지 않을 수 없었다.[20]

비록 일부 비평가들은 초상화의 사실성을 미적 가치보다 덜 중요하다고 보았지만, 실제와 똑같은 모습은 많은 고객들과 비평가들에게 높은 평가를 받았음에 분명하다. 자기 계시적인 성격을 띠는 1767년 작 『엘리자에게 보내는 일지Journal to Eliza』에서 스턴은 반복해서 "그대의 달콤한 감상적 그림"을 언급한다. 그것은 아마도 리처드 코스웨이Richard Cosway가 그린 것으로 보이는 엘리자의 초상화를 말한다. 이 그림은 사랑을 잃은 스턴이 유일하게 남겨둔 것이다. "그대의 그림은 그대 자신입니다—모든 감상, 부드러움, 진실 [……] 가장 귀중한 원본! 얼마나 당신과 꼭 같은지요. 그리고 앞으로도 그렇게 보일 거예요. 당신이 그것을 그대의 현존으로 사라지게 할 때까지는." 서한소설에서처럼 초상화에서도 여성은 공감의 과정에서 대단히 책임 있는 역할을 수행했다. 대부분의 남성이 이론적으로는 여성이 겸손과 미덕을 대변하는 역할을 유지하기를 원할 때조차도 실제로 여성들은 항상 그 경계를 넘겠다고 위협한다는 느낌과 감정

도판 8. 제퍼슨의 인상추적기

설명문은 다음과 같다.

"quenedey del. ad. vivum et sculpt."(케네데가 실제 모습대로 그려서 새기다.)

을 불가피하게 지지하고 자극했다.[21]

실물과 흡사한 모습이 이런 평가를 받음으로써 결국 1786년 프랑스의 음악가 겸 판화가 질 루이 크레티앙Gilles-Louis Chrétien은 인상추적기physionotrace라 불리는 기계를 발명하는데 이것은 측면 초상화를 기계적으로 생산했다.(도판 8) 원래의 실물 크기 측면도는 축소되어 동판에 새겨졌다. 크레티앙이 처음에는 세밀화가 에드메 케네데Edmé Quenedey와 협업하다가 경쟁관계로 돌아서서 제작한 수백 점의 작품 중 하나가 제퍼슨의 초상으로 1789년 4월에 제작되었다. 한 프랑스 출신 이주민이 미국에 기술을 전파했고, 제퍼슨은 1804년 또하나를 만들도록 했다. 이제 역사적 호기심은 사진기의 등장으로 빛이 바래고 말았지만, 인상추적기야말로 서민—제퍼슨은 예외로 하고—의 재현, 그리고 각 개인의 세밀한 차이의 포착에 대한 관심을 나타내는 지표이다. 게다가 스턴의 논평이 암시하듯 초상화, 특히 세밀화는 자주 기억을 환기하고 애정을 되살리는 데 도움이 되었다.[22]

고통의 공적 스펙터클

정원 걷기, 침묵 속에 음악 듣기, 손수건 사용하기, 초상화 보기, 이 모든 것이 공감하는 독자에 상응하는 행동으로, 장 칼라스의 고문 및 처형과는 완전히 어긋나 보인다. 그러나 전통적인 법률체제를 고수하고 심지어 그것의 가장 조악한 부분마저 변호하는 바로 그 재판관과 입법가가 의심할 나위 없이 조용히 음악을 듣거나 초상화를 주문하고 침실을 지닌 주택을 소유했다. 물론 그들은 유혹과 방탕이 연상되는 소설만은 읽지 않았을 것이다. 통치자는 전통적인 범죄와 처벌 체계를 보증했다. 왜냐하면 그러한 범죄는 오직 외부의 힘에 의해서만 통제될 수 있다고 믿었기 때문이다. 전통적으로 평민들은 자신의 감정을 통제하지 못한다고 여겨졌다. 그들은 인도해야 하고, 선행하도록 채근해야 하며 비속한 본능을 따르는 행태를 억제하도록 가르쳐야 하는 존재였다. 인간에 깃든 악을 향한 성향은 원죄에 기인했다. 기독교의 교리에 따르면 모든 사람은 아담과 이브가 에덴동산에서 하느님의 은총을 저버린 이래 범죄하기 쉬운 성향을 지니게 되었다.

피에르 프랑수아 뮈야르 드 부글랑Pierre-François Muyart de Vouglans의 저술은 전통주의적 입장에 대한 드문 통찰력을 제공해준다. 왜냐하면 그는 베카리아에 과감히 도전장을 던지고 출판물을 통해 옛 방식을 변호한 몇 안 되는 법률가였기 때문이다. 형법에 관한 그의 많은 저작들과 더불어 뮈야르는 기독교를 변호하고 근대 비평가들, 특히 볼테르를 공격하는 적어도 두 권의 소책자를 집필했다. 1767년 그는 베카리아의 주장을 조목조목 반박하는 글을 발표했다. 그는 베카리아가 자신의 체계를 "가슴속에 타오르는, 말로 다 할 수 없는 감정"에 기초를 두려 한 것에 강력한 언설로 이의를 제기했다. "나는 누구 못지않게 감수성을 지니고 있다는 데 자긍심을 갖는다. 그러나 근대 형법학자들만큼 느슨한 섬유조직(신경 말단)을 지니고 있지는 않다는 점은 추호의 의심도 없다. 왜냐하면 그들이 말하는 세련된 전율을 느끼지 않기 때문이다." 그 대신 뮈야르는 베카리아가 그의 체계를 기성 지혜의 폐허 위에 세운 것을 보고는 충격까지는 아니더라도 놀라움을 느꼈다.[23]

뮈야르는 베카리아의 합리적 접근을 조롱했다. "연구실에 앉아서(저자는) 모든 민족의 법을 추적하고, 우리가 지금까지 이 결정적 주제에 관해 정확하거나 확고한 생각을 갖지 못했음을 알려준다." 뮈야르에 따르면, 형법 개혁이 그토록 어려운 이유는 그것이 실정법에 기초하며 논증보다는 경험과 실제에 의존하기 때문이다. 경험이 가르쳐주는 바는 제멋대로인 자들을 통제할 필요성이지 그들의 감수성을 길러주는 일이 아니다. "사람은 자신의 열정에 의해 형성되므로 빈번히 그들의 기질이 감성을 지배한다는 사실을 누가 모르는가?" 그의 주장에 따르면, 사람은 그의 상태로 판단해야지 당위성으로 판단해서는 안 된다. 그리고 보복으로 정의를 실현함으로써 외경심을 불러일으키는 권력만이 이러한 기질을 지배할 수 있다.[24]

교수대에서 수인이 고통받는 광경은 보는 이들로 하여금 공포심에 젖어들게 했고, 이러한 방식으로 범죄의 억제에 기여했다. 그 자리에 있는 이들은—군중들은 새까맣게 모여들었다—사형수의 고통을 같이 느끼면서 이를 통해 법, 국가, 그리고 궁극적으로는 신의 전능하신 위엄을 느낄 참이었다. 따라서 뮈야르는 베카리아가 "죄인의 고통에 대한 감수성"을 빌미로 자신의 주장을 정당화하려는 것을 역겹다고 생각했다. 감수성이야말로 전통 체제를 작동시킨 것이다. "각 사람은 다른 사람에게 일어난 일을 자신에게 일어난 일처럼 생각하고 고통에 대해 자연히 공포심을 느낀다. 바로 그렇기 때문에 처벌을 선택할 때 죄인의 몸에 가장 잔인하게 가해지는 벌을 선호할 수밖에 없다."[25]

전통적 사고에서 육체적 고통은 전적으로 개별 사형수에 국한된 것이 아니었다. 그 고통은 공동체의 구원과 보속이라는 더 높은 종교적·정치적 대의와 연관지어졌다. 신체는 합법적인 당국의 이해관계에 따라 얼마든지 불구가 될 수 있었고, 도덕적·정치적·종교적 질서 회복을 위해 부러뜨려지거나 불태워질 수 있었다. 다른 말로, 범법자는 자신의 고통을 통해 공동체에는 일체성을, 국가에는 질서를 회복시켜주는 일종의 제물로 기능했다. 프랑스에서 사형식의 희생제의적 성격은 많은 판결이 형식적 참회 행위amende honorable, 가욕형加辱刑을 포함했다는 점에서 드러난다. 사형수는 타오르는 횃불을 지고 교수대에 오르는 길에 교회 앞에 멈추어 서서 용서를 청했다.[26]

처벌이 희생제의였던 만큼 당연히 축제가 동반되었으며 그것은 공포를 무색하게 만들기도 했다. 공개 처형은 범죄의 상처를 치유하고 공동체의 회생을 축하한다는 취지로 수천 명의 사람들을 한데 모았다. 파리에서의 처형식은 왕실 가족의 탄생과 결혼을 축하하는 불꽃놀이가 벌어지는 바로 그 장소—그레브광장Place de Grève—에서 거행되었다. 그러나 목격자들이 자주 술회했듯이, 그 같은 축제는 예측할 수 없는 성격을 지니고 있었다. 영국의 교양 계층은 타이번에서 교수형 때마다 반복되는 "만취와 방종의 극히 놀라운 광경"에 점점 더 혐오감을 나타냈다.(도판 9) 서신 집필자들은, 군중이 사형수에게 기도해주는 성직자를 조롱하고, 사체를 차지하려 외과의사의 조수들과 사형수의 친구들이 싸움박질을 벌이는 등 "마치 그들이 보고 있는 구경거리가 고통보다는 일종의 환락과 즐거움을 주는 듯"한 광경에 탄식해 마지않았다. 1776년 겨울에 거행된 한 교수형에 대한 런던 『모닝 포스트』지 기사를 보자. "양심의 가책도 없는 대중들이 가장 비인간적인 짓거리를 자행했다. 괴성을 지르고, 떠들썩하게 웃고, 서로에게, 특히 같은 인간의 불행에 연민을 표하는 소수에게 눈뭉치를 던

도판 9. 타이번 집행장으로의 행렬. 윌리엄 호가스William Hogarth, 1747

〈타이번에서 처형되는 게으름뱅이의 도제 The Idle 'Prentice executed at Tyburn〉는 호가스의 연작 〈근면함과 게으름 Industry and Idleness〉의 11번째 도판이다. 이 연작은 두 도제의 운명을 대조하고 있다. 한 사람은 게으름뱅이 토머스의 불행한 종말을 대변하는 게으른 도제이다. 교수대가 중앙부 우측 후면, 군중들이 들어찬 대형 관람석 옆에 보인다. 한 명의 감리교 설교자가 죄수를 목매달고 있다. 죄수는 관과 함께 짐수레에 실려 이송되어오는 동안 자신이 지닌 성경을 읽고 있는 듯하다. 한 남자가 전경의 우측에서 케이크를 판다. 그의 광주리는 네 개의 촛대로 둘러져 있는데 이는 그가 그곳에서 새벽부터 일찍 자리를 잡으러 오는 사람들을 상대로 일했음을 알려준다. 개구쟁이 한 명이 그의 주머니를 털고 있다. 게으름뱅이 토머스의 고백을 훼방 놓는 여인 뒤에서는 다른 여인이 허리에 광주리를 매단 채 술을 팔고 있다. 그녀 앞에서는 한 여인이 한 남자에게 주먹질을 하고 있으며, 그러는 사이 다른 남자는 그녀 근처에 서서 개를 설교자에게 내던질 준비를 한다. 호가스는 처형장의 군중이 보여주는 이 모든 혼잡스러움을 한 폭의 도판에 담았다. 설명문은 다음과 같다. "Wm 호가스가 데생 및 제판. 의회법에 따라 1747년 9월 30일 출간."

저대는 행위 말이다."[27]

군중은 기세가 많이 꺾였을 때조차도 대체 그 수를 헤아리기 어려웠다. 파리를 방문한 한 영국인은 1787년 차형의 집행을 보고는 이를 기록했다. "군중의 소음은 마치 물결이 해안의 암석에 부딪힐 때 나는 거친 파열음처럼 들린다. 잠시 소리가 가라앉았고 공포스러운 정적 속에서 형 집행인이 쇠막대를 들어올린다. 그것으로 사형수의 팔 앞부분을 내리치면서 비극이 시작되었다." 영국인 목격자와 여타 관중들이 가장 혐오스러워한 것은 수많은 여인들이 이것을 보고 있다는 사실이었다. "감정적으로 지극히 부드럽고 섬세한, 주님의 좀더 영묘한 창조물이 어떻게 군중의 무리에 섞여 그처럼 피비린내 나는 구경거리를 볼 수 있는지 그저 놀라울 뿐이다." 이것이 "의심할 나위 없이" 여성을 지배하던 감성이 아니라는 점은 말할 필요도 없다. 군중은 더이상 스펙터클로 자아내려 한 감정을 느끼지 않았다.[28]

고통, 처벌, 그리고 시련의 공공연한 연출, 이 모든 것은 18세기 후반 들어 점차 종교적 근거를 상실해갔다. 그러나 그 과정은 단번에 이루어지지 않았고 당시 사람들은 잘 이해하지도 못했다. 심지어 베카리아마저도 자신이 그토록 공고히 하려 했던 새로운 사고의 모든 결과를 알아차리지는 못했다. 그는 법을 종교보다는 루소주의적 기반 위에 세우고 싶어 했다. 법이란 "자유 상태에서의 사람들 사이의 관습이어야 한다"고 그는 주장했다. 하지만 그가 처벌의 완화를 주장하기는 했지만—처벌은 "가능한 한 최소화해야"하며 "범죄에 걸맞아야 한다—그것을 공개해야 한다고 주장했다. 그에게는 공개와 노출이야말로 법의 투명성을 보증하는 것이었다.[29]

부상하는 개인주의적·세속적 관점에서 볼 때, 고통은 오로지 지금 여기에서 고통받는 자에게 해당하는 일이었다. 고통에 대한 태도는 고통을 취급하는 의학의 발전으로도 변하지 않았다. 임상의들은 형 집행시 고통을 경감하기 위해 갖은 애를 썼으나, 마취 요법은 19세기 중반 에테르와 클로로포름을 사용하면서부터 비로소 효과를 보았다. 의학 대신 개인 신체와 고통에 대한 재평가의 결과 태도가 바뀌었다. 이제 고통과 신체는 공동체가 아니라 오로지 개인에게 귀속되었다. 개인은 더이상 공동선이나 상위의 종교적 대의를 위해 희생될 수 없었다. 영국 개혁가 헨리 대그Henry Dagge는 주장했다. "사회의 선은 개인을 고려함으로써 최고로 증진된다." 처벌은 죄악의 속죄라기보다는 사회에 '빚'을 갚는 행위로 간주해야 할 것이다. 그리고 불구의 신체에서는 어떤 것도 더 지불될 수 없다. 구체제에서는 고통이 배상의 상징이었으나 이제 고통은 모든 의미 있는 보상에 대한 장애로 보인다. 이러한 관점 변화의 예로 영국령 북아메리카 식민지의 많은 재판관들은 재산권 침해에 대해 채찍질보다는 벌금을 부과하기 시작했다.[30]

이러한 새로운 관점에서 볼 때, 공개적으로 집행되는 잔혹한 형벌은 사회를 공고히 다지는 일이기는커녕 그것에 대한 공격을 제도화하는 셈이었다. 고통은 참회를 통한 구원으로의 길을 열기는커녕 개인을—그리고 동일시에 의해서 관중도—야수로 만들었다. 따라서 영국 법률가 윌리엄 이든William Eden은 사체를 노출시키는 행태를 비난했다. "우리는 서로를 울타리 안의 허수아비처럼 썩도록 방치한다. 그리고 우리의 교수대는 사람의 시체로 가득차 있다. 그런 대상들과의 강요된 친숙함이 감정을 무디게 하는 것 말고 다른 어떠한 결과를 낳는지, 그리고 사람들의 자연스러운 호감을 파괴하는 건 아닌지 의심스럽지 않은가?" 1787년, 벤저민 러시는 최후의 의구심마저 홀홀 털어버릴 수 있었다. 그는 "범죄자의 교정은 공개 처벌로는 달성될 수 없다"고 단호히 주장했다. 공개 처형은 수치심을 지워버리고 태도 변화를 추동해내지 못하며 억제 기능 대신 반대 효과를 낳는다. 사형에 반대한다는 점에서는 러시 박사는 베카리아와 의견이 일치했다. 그러나 처벌이 사적이어야 하고 감옥의 벽 뒤에서 감독해야 하며 범죄자를 사회로 돌려보내고 "모든 사람에게 그처럼 소중한" 인격적 자유를 회복시켜주어야 한다고 주장할 때, 베카리아와 의견을 달리했다.[31]

고문의 마지막 진통

고통과 처벌에 관한 엘리트층의 관점은 1760년대 초에서 1780년대 말 사이에 변화를 겪었다. 많은 변호사들이 1760년대에 칼라스에 대한 유죄판결을 비판하는 서한들을 출간했다. 그러나 볼테르처럼 그들 중 누구도 사법적 고문이나 차형의 유용성에 이의를 제기하지는 않았다. 그들 역시 종교적 광신에 초점을 맞추었는데, 이것이 툴루즈의 일반인들과 재판관들을 유죄판결 쪽으로 이끌었다고 확신했다. 그들은 서한에서 장 칼라스의 고문과 죽음의 순간에 대해서는 그럭저럭 논급했으나 형벌의 도구로서 고문과 사형의 정당성에는 도전하지 않았다.

사실 칼라스를 지지하는 서한들은 고문과 잔혹한 형벌에 내재해 있는 전제들을 옹호했다. 칼라스를 변호하는 이들은 고통에 처한 몸이 진실

도판 10. 칼라스 사건을 감상적으로 만들다
칼라스 사건을 그린 인쇄물 중 가장 널리 유통된 것은 독일의 미술가 겸 인쇄업자 다니엘 호도비에츠키Daniel
Chodowiecki의 대작으로(원작 34cm×45cm), 유화 작업 후 제판했다. 동판은 그의 명성을 확고히 해주었으며
칼라스의 처벌로 광범위하게 촉발된 분노를 생생하게 전달했다. 호도비에츠키는 이 작품을 제작하기 겨우
3년 전 베를린의 프랑스 개신교 망명자 집안의 여성과 혼인했다.

을 말할 것이라고 가정했다. 칼라스는 고통과 시련 속에서 조차 결백함을 주장했기에 자신의 무죄를 입증한 것이다.(도판 10) 칼라스 지지파가 사용하던 전형적인 언어로 알렉상드르 제롬 로아조 드 몰레옹Alexandre-Jérôme Loyseau de Mauléon은 주장했다. 칼라스는 오로지 결백 그 자체인 영웅적 체념을 품고 심문(고문)에 맞섰다.' 그의 뼈가 하나하나 깨져나갈 때 칼라스는 '이러한 감동적인 언사'를 구사했다. "나는 죄 없이 죽는다. 예수님, 결백함 그 자체인 그분은 더 잔혹한 고통으로 돌아가실 것을 강렬히 염원하셨다. 신은 내 안에서 불행한 한 사람(칼라스의 아들)이 스스로에게 범한 죄를 벌하신다. [……] 신은 공명정대하시고 나는 그분의 벌을 경애해 마지않는다." 로아조는 다시 주장하길, 늙은 칼라스의 '위엄이 서린 불굴의 인내'는 민중의 감정을 돌려놓았다. 아픔 속에서도 거듭 결백을 주장하는 모습에 툴루즈 사람들은 연민을 느끼며 칼뱅파에 대한 근거 없는 의혹을 후회하기 시작했다. 쇠막대기를 내려치는 소리가 처형을 지켜보는 사람들의 "영혼 밑바닥에서 들려왔다". 그리고 "모두의 눈에서 쏟아지는 눈물을 억제하기에는 너무 늦었다". 그처럼 "쏟아지는 눈물"은 고문과 잔혹한 형벌에 깔린 가정이 도전받지 않는 한 항상 "너무 늦은" 것일 수밖에 없었다.[32]

그러한 가정 중에 가장 중요한 것은 개인이 저항할 때조차도 고문이 진실을 말하도록 신체를 들쑤실 수 있다는 점이다. 유럽의 오랜 관상학physiognomy 전통은 신체의 징표나 기호에서 성격을 읽을 수 있다는 믿음을 고수해왔다. 16세기 말과 17세기에 '안면 측정술meto-poscopy'에 관한 많은 저작이 발간되어 개인의 성격이나 운명을 얼굴의 선이나 주름, 상처를 통해 읽는 법을 가르친다고 공언했다. 그러한 제목의 전형은 리처드

손더스Richard Saunders의 '관상학, 그리고 수상술手相術, 안면측정술, 신체의 대칭적 비례와 사마귀 표식이 완전하고 정확히 설명되다—남녀 모두에게 자연적·예언적 의미를 지니다'로, 1653년 책으로 출간되었다. 이러한 전통의 극단적인 변종을 인정하지 않으면서도 많은 유럽인들은 신체가 비자발적인 방식으로 내적인 인성을 드러낸다고 믿었다. 그러한 사고의 잔재가 18세기 말과 19세기 초까지도, 예를 들면 골상학phrenology 형태로 남아 있었음에도 대부분의 과학자와 의사들은 1750년 이후 그것을 거부했다. 그들은 겉모습이 내적 영혼이나 성격과는 아무런 관련이 없다고 주장했다. 그리하여 범죄자는 위장할 수 있고 무고한 사람이 저지르지도 않은 죄를 시인할 수도 있을 것이다. 고문에 반대하면서 베카리아는 주장했다. "힘이 센 사람은 빠져나갈 것이고 약한 자는 사형을 언도받을 것이다." 베카리아의 분석에 따르면, "마치 진실이 고문에 짓눌린 가련한 자의 근육이나 섬유조직에 자리잡고 있는 것처럼 검증"할 수는 없다. 고통은 도덕 감정과 연관이 없는 감각일 뿐이다.[33]

이 이탈리아 변호사는 고문에 대한 칼라스의 반응에 상대적으로 덜 주목한다. 왜냐하면 그것은 사적으로, 관중의 눈을 떠나 실행되었기 때문이다. 고문의 사적인 집행은 베카리아의 눈에 특히 거슬렸다. 그것은 기소자가 심지어는 범죄 사실이 발각되기 이전에조차 '공적인 보호'를 상실하고, 처벌을 면할 기회를 잃는 것을 의미했다. 프랑스 재판관들은 분명 몇 가지 의혹을 느끼기 시작했는데, 특히 죄의 자백을 받아내는 고문과 관련하여 그러했다. 1750년 이후 프랑스 의회는(지방 공소심 재판소) 툴루즈 의회가 칼라스 사건의 경우 그러했듯이, 재판 이전의 고문 시행('예비 고문')을 방지하는 데 개입하기 시작했다. 그들은 또한 사형 판결을

줄였으며, 사형수를 기둥에서 불태우거나 형차에 오르기 전에 목 졸라 죽이도록 전보다 자주 명령했다.[34]

그러나 재판관들은 고문을 완전히 포기하지는 않았고, 고문의 종교적 정당화에 대한 베카리아의 비난에 동의하지도 않았을 것이다. 그 이탈리아의 개혁가는 "고문에 대한 또다른 어리석은 동기, 즉 인간을 오명으로부터 정화시킨다"는 명분을 즉각 거부했다. 이러한 '부조리함'은 오로지 '종교의 소산'으로서만 설명될 수 있다. 고문이 희생자를 일단 불명예스럽게 만들면 여간해서는 오점을 지워버리기 힘들었다. 뮈야르 드 부글랑은 베카리아의 논지에 반대하며 고문을 변호했다. 죄 없이 잘못된 판결을 받은 단 한 명의 수형자의 예는 죄가 있으나 고문 없이는 결코 유죄 판결을 받을 수 없을 '여타 100만 인'과 비교하면 무색해진다. 그렇기에 사법적 고문은 유용할 뿐만 아니라 오래전부터 보편적으로 활용돼왔다는 점에서도 정당화된다. 뮈야르에 따르면, 빈번히 인용되는 예외는 프랑스와 신성로마제국의 역사에서 구해야 할 규칙을 입증해줄 뿐이다. 베카리아의 체계는 교회법, 시민법, 국제법, 그리고 '모든 세기의 경험'에 위배된다.[35]

베카리아 자신은 고문에 대한 관점과 태동하는 권리의 언어와의 연관성을 강조하지 않았다. 그러나 다른 이들은 그럴 준비가 되어 있었다. 그의 저작의 불어 번역자인 앙드레 모렐레André Morellet 신부는 '인간의 권리'와의 연결에 주목하기 위해 베카리아의 논법을 변경했다. 모렐레는 '인간의 권리i diritti degli uomini'를 뒷받침할 목적으로, 1764년 이탈리아어판 11장 끝에 나오는, 그 용어에 대한 베카리아의 유일한 언급을 1766년판 불역본에서는 서론으로 옮겼다. 인간의 권리를 수호하는 일이 이제는 베카리아의 지상과제로 등장했고, 그러한 권리는 개인의 시련에 대한 본질적인 방어막으로 확정되었다. 모렐레의 수정은 많은 번역본에서, 심지어 나중에 이탈리아 판본들에서도 채택되었다.[36]

뮈야르의 극성스러운 노력에도 불구하고 1760년대에는 고문 반대가 대세였다. 이전에도 고문을 공격하는 출판물들이 나왔지만, 간간이 나오던 것들이 이제는 흐름을 형성했다. 공세를 이끈 것은 베카리아 저작의 많은 번역본, 재판본, 개정판 들이었다. 1776년 교황청 금서목록에 기재되었지만, 28개쯤의 이탈리아 판본들이 출간되었고(물론 상당수가 잘못 인쇄된 채로) 불역본은 1800년 이전에 9개 판본이 나왔다. 영역본은 1767년 런던에서 출간되었고 글래스고, 더블린, 에든버러, 찰스턴, 그리고 필라델피아 판본이 뒤따랐다. 독일, 네덜란드, 폴란드, 스페인어 번역본들이 곧 이어졌다. 베카리아 저작의 영역자는 당대의 변화하는 분위기를 포착했다. "형법은 [……] 여전히 불완전하고, 모든 민족이 불필요하게 잔인한 환경에 놓여 있으므로 그것을 이성의 기준에 맞추어 제한하려는 시도는 전 인류에게 흥미로운 일임에 틀림없다."[37]

베카리아의 영향력이 얼마나 컸던지, 계몽사상의 반대자들은 음모의 손길이 작용하고 있다고 주장했을 정도였다. 칼라스 사건이 형법 개혁을 구상하는 팸플릿을 작성하는 일로 이어진 것은 과연 우연이었던가? 더욱이 그저 얄팍한 법 지식만을 가진, 익명에 머무르기 십상이었을 이탈리아인이 그것을 집필했지 않았는가? 항상 혀에서 불을 뿜는 언론인 시몽 니콜라 앙리 랭제Simon-Nicolas-Henri Linguet는 1779년에 한 증인이 자신에게 모든 것을 제보했다고 주장했다.

칼라스 사건 직후, 그의 고통으로 무장하고 적절한 상황에서 이득을 챙기는 백과전서파Encyclopédists는, 그들의 습성이 그러하듯 직접 제 위신을 떨어뜨리지는 않으면서도 그들의 이탈리아 자금 조달원이자 잘 알려진 수학자인, 경애하는 밀라노의 바르나비테Barnabite 신부님께 서한을 올렸다. 그들은 그에게 처벌과 불관용의 엄격함에 반대하는 미사여구를 늘어놓을 때라고 말했다. 이탈리아 철학은 대포를 제공해야 하고 그들은 파리에서 그것을 비밀스럽게 활용할 것이라고.

랭제는 베카리아의 팸플릿이 칼라스와 최근에 불의로 고통받는 다른 이들을 지지하는 간접 서한으로 널리 간주되는 데 대해 불만을 터뜨렸다.[38]

베카리아의 영향력은 고문반대운동을 활성화하는 데 일조했으나 처음에는 그저 천천히 진행되었을 뿐이다. 디드로의 『백과전서』에 실린 고문에 대한 2편의 글은 1765년에 출판되었는데, 다소 모호한 구석이 있었다. 고문의 법률적 타당성을 다룬 처음 글에서 앙투안 가스파르 부셰 다르지 Antoine-Gaspard Boucher d'Argis는 기소된 자를 복종시키는 '폭력적 고문'을 사실관계에 입각하여 언급했으나 그것의 장점에 대해서는 언급하지 않았다. 그러나 고문을 형사소송의 일부로 파악한 두번째 글에서 슈발리에 드 조쿠르는 '인간성의 목소리'에서 고문의 결함까지, 유죄와 무죄의 확실한 증거를 들며 가능한 모든 논지를 동원하여 고문의 집행 문제에 천착했다. 1760년대 후반기에 형법 개혁을 옹호하는 5권의 신간이 나왔다. 1780년대에는 그런 책이 무려 39권이나 출간되었다.[39]

1770~80년대에 고문의 폐지와 처벌의 완화를 요구하는 운동은 획기

적인·전기를 맞았다. 이때 이탈리아의 국가들, 스위스의 주, 그리고 프랑스의 학술협회들은 형법 개혁에 관한 최고 논문을 수상했다. 프랑스 정부는 비판의 상승세가 우려할 만하다고 판단한 나머지 살롱 쉬르 마른Châlons-sur-Marne 학술원에 1780년 수상자 자크 피에르 브리소 드 바르비유Jacques-Pierre Brissot de Warville의 논문 사본의 인쇄를 중단하라고 명령했다. 브리소가 내놓은 새로운 제안보다는 그의 독설에 가까운 수사가 경종을 울렸다.

인간이 자연으로부터 얻은 신성한 권리를 사회가 사법적 기구를 이용하며 꽤 자주 침해하는바, 그것은 우리를 불구로 만드는 처벌을 억제하고 우리가 유지해야 하는 것을 약화시킬 것을 여전히 요구한다. 알맞은 기후와 온건한 정부의 통치 아래 살아가는 점잖은douce 민족이 상냥한 기질과 평화로운 관습을 카니발의 잔인함과 결합할 수 있다는 것은 상상하기 힘들다.

프랑스 정부는 자신의 업무를 카니발과 비교하는 것을 탐탁지 않아했으나 1780년대까지는 사법적 고문과 잔혹한 형벌의 야만성이 개혁의 주문呪文이 되었다. 1781년, 형법 개혁의 오랜 옹호자였던 조제프 미셸 앙투안 세르방Joseph-Michel-Antoine Servan은 루이 16세가 최근에 죄의 자백을 위한 고문을 폐지한 것에 갈채를 보냈다. 그것은 "여러 세기 동안 정의의 사원을 유린하여 형 집행인들로 하여금 정교한 고문 기술자가 되게 하고, 그 사원을 고통의 양성소로 만들어온 불명예스러운 행위"[40]였다.

어린 나이와 경험 부족에도 불구하고 여타 개혁가들에게 고무된 브리소는 곧 총 10권의 『입법가, 정치가, 법률가를 위한 철학 도서관』

(1782~85)의 발간에 착수했다. 이 저작은 스위스에서 인쇄하여 프랑스로 몰래 들여올 계획이었다. 브리소는 자신과 타인의 개혁 저작들을 함께 엮었다. 비록 기존 논의를 종합한 데 불과했지만 브리소는 고문과 인간의 권리를 분명히 연관지었다. "실추된 인간성의 권리 옹호와 관련한 질문을 던지는 사람은 너무 미성숙한가?" '인간성'이라는 용어(예를 들어 "고통받는 인간성의 스펙터클")는 그의 논설에 계속 등장한다. 1788년 브리소는 프랑스에서 노예제 철폐를 지향하는 최초의 단체인 '흑인의벗협회'를 창설했다. 그리하며 형법 개혁을 위한 운동은 보편적 인권의 수호와 더욱 긴밀히 연관되었다.[41]

브리소는 1780년대 프랑스의 유명 소송사건causes célèbres에서 변호사들이 쓰던 사건 요지문과 동일한 수사학적 전략을 구사했다. 그들은 잘못 기소된 자신의 의뢰인을 변호할 뿐만 아니라 나아가 법 체제 전체를 고발했다. 이들 사건 요지문은 대개 억울한 사연을 절실히 느끼게 하는 멜로드라마나 소설처럼 이야기를 풀어가기 위해 의뢰인의 일인칭 화법을 채택했다. 이 같은 수사학적 전략은 브리소의 통신원 중 한 사람인 샤를 마르그리트 뒤파티Charles-Marguerite Dupaty가 쓴 두 편의 사건 요지문에서 최고조에 이르렀다. 그는 파리에 거주하는 보르도 지방 치안판사로, 가중절도죄로 차형 판결을 받은 남성 3명의 변호를 맡았다. 1786년에 작성된 뒤파티의 첫번째 사건 요지문은 251쪽에 달했고 소송상의 잘못된 절차를 비판했을 뿐만 아니라 감옥에서 이루어진 세 사람과의 면담에 대해서도 자세히 기술했다. 여기서 뒤파티는 재치 있게도 일인칭 시점을 수형자 자신의 시점으로 이동시킨다. "그리고 저 말이죠, 브라디에(수형자 중 한 사람)는 말했다, 제 몸의 절반이 여섯 달 동안이나 통통 부어 있었습니다. 그리고 저는요, 라르두아즈(수형자 중 다른 한 사람)는 말했다, 하느님의 도우심으로 이겨낼 수 있었습니다(감옥에서의 전염병을). 하지만 제가 찬 쇠고랑의 압력이(나[즉 뒤파티]는 믿을 수 있었다. 30개월이나 쇠고랑을 차고 있었다는 것을!) 다리에 상처를 입혀 그만 탈저脫疽에 걸리고 말았습죠. 이들은 거의 다리를 잘라내야 했다." 이 장면은 뒤파티가 눈물을 흘리는 것으로 종결된다. 이러한 방식으로 변호사는 그의 동료 대부분이 수형자와 공감하게 만들었다.[42]

뒤파티는 다시금 시점을 변화시키는데, 이번에는 재판관을 직접 향한다. "쇼몽의 재판관님, 판사님, 범죄학자님들, 당신들은 듣습니까? [……] 여기에 이성, 진리, 정의 그리고 법의 부르짖음이 있습니다." 결국 뒤파티는 국왕에게 직접 개입하라고, 칼라스로부터 그가 맡은 3명의 절도 용의자들에 이르기까지 죄 없이 피 흘리는 소리를 들으라고 간청한다. "황송하옵게도 지고한 옥좌로부터, 황송하옵게도 폐하께서 제정하신 형법의 피비린내 나는 함정을 보시옵소서. 그곳에서 소인들은 죽어나갔고, 매일매일 백성들이 죽어가나이다." 그러고 나서 이 사건 요지문은 루이 16세에게 이성과 인간성에 맞추어 형법을 개혁할 것을 탄원하는 데 몇 쪽을 할애하는 것으로 끝맺는다.[43]

뒤파티의 사건 요지문은 피고인을 지지하고 법 체제에 반대하는 여론을 들끓게 했기에 파리 의회는 그것을 공개적으로 불태울 것을 의결했다. 법원 대변인은 그 사건 요지문의 소설적인 화법을 공공연히 비난했다. 뒤파티는 "그의 곁에서 인간성이 전율하고 그에게까지 미치는 것을, 망가진 조국이 그에게 상처를 보여주고, 전 민족이 그의 목소리를 흉내내며, 그에게 그들의 이름으로 말하라고 명령하는 것을 본다". 그러나 법원은 거센 여론의 파도를 억제할 힘이 없다는 것이 드러났다. 장 카리타Jean Caritat, 즉 콩도르세 후작은 임박한 프랑스혁명기에 인권을 가장 일관되고 힘있게 옹호한 인물로, 1786년 말에 뒤파티를 지지하는 2개의 팸플릿을 발간했다. 콩도르세는 법조인은 아니었으나 칼라스 사건과 그후의 여타 불공정한 판결에서 보이는, 법정의 '인간에 대한 경멸'과 계속되는 '자연법의 명백한 위반'을 공격했다.[44]

1788년까지는 프랑스 왕정 스스로 상당히 전향적인 태도를 보였다. 공범의 이름을 자백받기 위해 형 집행 이전에 시행되던 고문을 잠정 폐지하는 법령에서 루이 16세 정부는 "결백함을 인정해주기, [⋯⋯] 과도하게 혹독한 처벌을 없애기, [⋯⋯] (그리고) 인간성이 요구하는 모든 절제에 기반하여 악한을 처벌하기"에 대해 말했다. 프랑스 형법에 관한 1780년 논문에서 뮈야르는 고문을 통해 얻은 자백의 타당성을 변호하면서 강조했다. "나는 최근에 크게 신용을 얻은 체계와 싸워야 한다는 사실을 잘 알고 있다." 하지만 그는 경쟁자들이 단순한 논쟁가들에 지나지 않으며 자신에게는 전통의 힘이 있다고 주장하면서 논쟁에 말려들기를 거부했다. 프랑스에서 형법 개혁 운동은 매우 성공적이었기에, 1789년에 불만 목록에서 가장 빈번히 인용된 논제의 하나였던 형사 법전의 남용을 바로잡는 일은 다가오는 삼부회를 선취했다.[45]

열정과 인격체

일면적인 논쟁이 증가하는 와중에 신체에 부여된 새로운 의미가 더 명확해졌다. 칼라스의 깨져나간 신체 또는 뒤파티가 문제제기한, 탈저에 병든 도둑 라르두아즈의 다리조차 새로이 존엄성을 획득했다. 고문과 잔혹한 처벌이 앞뒤에서 공격을 받는 와중에, 존엄성은 이에 대한 사법적 공세에 부정적으로 반응하면서 등장했다. 그러나 뒤파티의 서한에서 분명해졌듯이 시간이 지나면서 그것은 공감이라는 긍정적 감정의 주제가 되었다. 18세기 말경이 돼서야 새로운 규범의 가정들이 명확해졌다. 1787년, 짧지만 알찬 18쪽 분량의 팸플릿에서 벤저민 러시 박사는 공적인 처벌의 맹점을 자율적이지만 동정심 있는 개인이라는 새로운 관념과 관련지어 파악했다. 러시는 내과의사로서 신체적 고통을 통한 처벌의 효용성을 일부 인정했다. 하지만 '노동, 경계, 고독, 그리고 침묵'을 분명히 선호했으며 이는 범죄자의 개성과 잠재적 유용성을 인정한 것이었다. 그의 관점으로는 공개 처벌이야말로 "우리 세계에서 신적인 자비심의 담당관"인 동정심을 없애버리는 경향 때문에 무엇보다 반대해야 할 사안이었다. 여기서 핵심 단어들이 등장한다. 동정—혹은 이제는 우리가 공감이라 부르는 것—은 인간 삶과 "우리의 세계에", 도덕성의 토대와 신성한 깨달음을 제공했다.

러시는 "감수성이란 도덕적 능력의 파수꾼이다"라고 확언했다. 그는 감수성을 '권리에 대한 불시의 지각', 즉 도덕적 선을 위한 학식 있는 성찰과 일치시켰다. 공개 처벌은 동정심을 앗아가버렸다. "범죄자가 겪는 고난이 항거할 수 없는 국법의 결과이기에, 관중의 동정심은 사라져버리고 그것을 일깨우던 가슴에는 공허가 돌아온다." 고로 공개 처벌은 보는 이를 점점 더 무심하게 함으로써 사회적 감성을 허물어뜨렸다. 관중은 '보편적 사랑'의 감정과 범죄자도 자신들처럼 신체와 영혼을 가졌다는 생각을 상

실해버리고 말았다.[46]

비록 러시는 자신을 선량한 기독교인이라 여겼지만, 인격체에 대한 그의 규범은 뮈야르 드 부글랑이 고문과 전통적인 체벌을 옹호하며 제시한 것과는 대부분 달랐다. 뮈야르에게 원죄는 인간이 자신의 열정을 통제할 능력이 없음을 말해준다. 사실 열정은 삶의 원동력을 제공하지만 그것이 본래 지닌 요동성, 반항성은 이성·공동체의 압력·교회에 의해 통제되어야 했다. 만약 이것들로도 부족할 때, 즉 범죄를 저지른 경우에는 국가가 나서야 했다. 뮈야르의 관점으로는 범죄(악)의 원천은 욕망과 공포라는 격정, 즉 "자신이 가지지 못한 것을 획득하려는 욕망, 그리고 자신이 가진 것을 잃을지도 모른다는 공포"였다. 이러한 열정들은 자연법에 의해 인간의 마음에 각인된 명예와 정의의 감정을 질식시킨다. 신적인 섭리는 왕에게 사람들의 삶을 좌지우지할 수 있는 최고의 권위를 부여했고, 왕은 사면권은 남겨둔 채 이를 재판관들에게 위임했다. 따라서 형법의 주된 목적은 덕에 대한 악의 승리를 미연에 방지하는 것이었다. 인간 본성에 내재한 악의 억제야말로 뮈야르 정의론의 모토였다.[47]

개혁가들은 이러한 규범이 전제하는 철학적이고 정치적인 가정을 역전시켜, 그 대신 교육과 경험을 통해 인간의 선한 본성을 고양시킬 것을 역설했다. 18세기 중엽까지는 일부 계몽주의 철학자들이 신경학자 안토니오 다마지오Antonio Damasio가 최근 제안한 것과 다르지 않은 열정에 관한 입장을 받아들였다. 다마지오는 감성이 추론과 의식에 결정적이며 이들과 갈등을 빚지 않는다고 주장한다. 비록 다마지오가 자신의 지적인 뿌리를 17세기 네덜란드 철학자 스피노자에게 두고 있기는 하지만, 유럽의 엘리트층은 18세기에야 비로소 감성—그들의 용어로는 열정—에 대한 긍정적인 평가를 일반적으로 받아들이게 되었다. '스피노자주의'는 유물론(영혼은 단지 물질이다. 그러므로 영혼이란 없다)과 무신론(신은 자연이다. 따라서 신이란 없다)으로 귀결된다는 나쁜 평판을 얻었다. 그럼에도 18세기 중엽까지 교양 전문직 종사자의 일부는 암묵적인, 또는 연성 유물론을 받아들였다. 이러한 유물론은 영혼에 신학적인 것을 요구하지는 않으나 물질이 사고하고 느낄 수 있다는 논지를 폈다. 이 같은 유물론은 평등주의적 입장으로 귀결되었다. 이에 따르면 모든 인간은 동일한 육체적·정신적 조직을 가지므로 출신보다는 경험과 교육이 그들의 차이를 설명해줄 수 있다.[48]

그들이 명시적으로 유물론 철학을 지지했건 그러지 않았건 간에—대부분의 사람들은 지지하지 않았다—교양 엘리트층에 속한 이들은 열정에 대해서 뮈야르와는 매우 다른 관점을 얻게 되었다. 감성과 이성은 이제 동반자로 여겨졌다. 스위스 생리학자 샤를 보네Charles Bonnet에 따르면, 열정은 "감각적·지성적 존재들의 유일한 동력이다". 열정은 선하며 교육을 통한 인간성의 개선에 동원될 수 있었다. 인간성은 이제 본래 악이라기보다는 개선되어 완성될 수 있는 것으로 간주되었다. 이러한 관점에 의거할 때, 범죄자는 잘못을 저지를 수 있으나 재교육될 수 있는 존재였다. 더욱이 생물학적인 데 바탕을 둔 열정은 도덕적 감수성의 자양분이 되었다. 정서는 신체적 감각에 대한 감성적 반응이고, 도덕성은 이러한 정서가 사회적 요소(감수성)를 갖도록 하는 교육이다. 제퍼슨이 가장 좋아한 소설가 스턴은 자기 시대의 새로운 신조를 『감상적 여행』이라는 의미심장한 제목이 붙은 작품에서 주인공 요릭의 입을 통해 드러냈다.

친애하는 감수성이여! 〔……〕 우리 감정의 영원한 원천이시여!—제가 그 대를 쫓아 여기까지 왔습니다—이것은 제 마음을 휘저어놓는 당신의 신 성함입니다. 〔……〕 저는 자신을 잊고서 벅찬 환희와 깊은 배려를 느낍니 다—모든 것이 위대한 당신으로부터 나옵니다—세상의 위대한 감각기관 SENSORIUM이시여! 우리의 머리카락 한 올이라도 땅바닥에 떨어지는 날이 면, 그것은 당신이 이룬 창조의 가장 외딴 사막에서 부르르 떱니다.

스턴은 이러한 감수성을 심지어는 "가장 무식한 농부"에게서도 발견 했다.[49]

손수건으로 코를 풀고, 음악을 듣고, 소설을 읽고, 초상화를 주문하는 일과 고문의 철폐와 잔혹한 형벌의 완화를 연관짓는 것은 억지일지도 모 른다. 그러나 법률적으로 인가된 고문이 종식된 것은 재판관이 그것을 포기했거나 계몽사상이 그것에 반대했기 때문이 아니다. 고문이 종식된 것은 고통과 인격에 대한 전통적 틀이 깨지고 한 단계 한 단계 새로운 틀 로 대체되었기 때문이다. 이 새로운 틀에서 개인은 자신의 신체를 소유하 고 신체의 분리와 불가침성의 권리를 갖는다. 또한 다른 사람들의 열정, 감성, 그리고 동정심 역시 인정해주었다. "사람들 또는 아마도 여자들", 훌 륭한 의사 러시의 말을 다시금 상기하자면, "즉, 우리가 그 인격을 혐오하 는 이들(유죄판결을 받은 죄수)은 우리 친구와 지인들과 똑같은 재료로 구 성된 영혼과 신체를 소유하고 있다". 우리가 그들의 불행을 "감성이나 동 정심 없이" 관조한다면 "동정심의 원리"는 "제대로 기능하지 못할 것이고 […] 곧 인간의 가슴에서 제자리를 잃고 말 것이다."[50]

3

그들은 훌륭한
모범 사례를 만들었다

권리를 선언하다

THEY HAVE

SET A GREAT

EXAMPLE

선언: 공개적·명시적·형식적으로 진술하고, 말하고, 밝히고, 고지하는 행위; 적극적 진술 혹은 주장; 강력하거나 격식을 갖추거나 법률적 용어로 된 주장, 고시, 선포. [……] 문서. 도구, 공적 행위를 통한 선포 혹은 공개적 진술. ─『옥스퍼드 영어사전』, 전자도서 개정 2판

왜 권리가 선언의 형태로 공포되어야 하는가? 왜 여러 나라와 시민들은 그러한 형식적 진술이 필요하다고 느끼는가? 고문과 잔혹한 형벌을 철폐하려는 운동이 답을 제시한다. 형식적·공개적 진술이야말로 저변의 태도 변화를 공고히 한다는 것이다. 하지만 1776년과 1789년의 권리 선언은 한발 더 나아갔다. 그것들은 일반적인 태도와 기대의 변화를 나타내는 신호로 머물지 않았다. 이들은 주권의 이전에 일조했다. 미국의 경우 조지 3세와 영국 의회로부터 새로운 공화국으로, 프랑스의 경우 최고

권한을 요구하는 군주정으로부터 국민과 그 대표자들에게 주권이 이전되었다. 1776년과 1789년의 선언은 전면적으로 새로운 정치적 전망을 열었다. 고문과 잔혹한 형벌에 반대하는 운동은 이때부터 모든 인권의 대의와 결합되었고 이들의 관련성은 선언 이후에야 비로소 드러났다.

'선언'이라는 용어의 역사에서 우선 주권의 변화를 이해할 수 있다. 영어 단어 '선언'은 불어의 'déclaration'에서 왔다. 불어에서 이 단어는 원래 봉건영주에게 충성을 서약하면 그 대가로 부여하던 토지의 명부를 지칭했다. 17세기가 지나면서 이 단어는 점차 왕의 공식 진술과 관련되었으니, 요컨대 주권과 연결되었다. 권력이 봉건영주로부터 프랑스 국왕에게로 옮겨감에 따라 선언을 행하는 권력도 이전되었다. 영국에서는 반대 현상도 나타났다. 신하들이 그들의 권리를 국왕에게 재확인받기를 원할 때 선언을 내걸었다. 예컨대, 1215년의 '마그나 카르타Magna Carta(대헌장)'는 영국 왕에 대한 영국 남작들의 권리를 정식화했다. 1628년의 「권리청원」은 "신민의 신성한 권리와 자유"를 천명했으며 1689년의 「권리장전」은 "이 왕국 인민의 진정한, 유서 깊은, 반박의 여지 없는 권리들과 자유들"을 확증했다.[1]

1776년과 1789년에는 '헌장charter', '청원petition', '장전bill' 같은 단어가 권리를 보장하는 과업에는 부적절한 것으로 여겨졌다(1948년에도 이와 같았을 것이다). '청원'과 '장전' 두 단어는 더 높은 권력에 요청·호소하는 것을 암시했고(장전은 본래 '주권자에 대한 청원'이었다) '헌장'은 흔히 옛 문서나 행위를 뜻했다. '선언'은 덜 무기력하고 덜 복종적이었다. 더욱이 '청원', '장전', 혹은 '헌장'과는 달리 '선언'은 주권 획득을 의미했다. 따라서 제퍼슨은 「독립 선언문」에서 우선 그 선포 필요성을 논한다. "인간사에서 한 인민people이 다른 인민과의 정치적 결합을 끊고 지상의 강국들 사이에서 자연법과 자연신의 법이 부여한 분리되고 평등한 지위를 확보해야 할 필요성이 생겼을 때, 인류의 신념에 대한 겸허한 존중에 따라 그들의 분리를 고취시킨 대의를 '선언'(인용자의 강조)해야 한다고 요구하게 된다." "겸허한 존중"이라는 표현은 핵심을 희석시킬 수 없다. 식민지들은 분리되고 스스로 동등한 국가를 선언하고 자신의 주권을 획득해가고 있었던 것이다(부록에 실린 전문을 보라—옮긴이).

대조적으로 1789년에 프랑스 국회의원들은 아직 왕의 주권을 분명히 반박할 준비가 되어 있지 않았다. 그럼에도 그에 준하는 정도를 성취했으니, 그들이 선포한 「인간과 시민의 권리 선언」에 왕에 대한 언급을 의도적으로 생략한 것이다. "국민의회를 구성한 프랑스 인민의 대표자들은 인간의 권리에 대한 무지, 소홀, 멸시야말로 공공의 불행과 정부의 부패를 낳는 유일한 원인이라고 생각함에 따라, 엄중한 '선언'(인용자의 강조)을 통해 자연적이고 양도할 수 없으며 신성한 인간의 권리를 밝히기로 결의하였다." 국회는 특수한 문제에 대해 연설하거나 법을 제정하는 이상의 일을 해야 했다. 후대를 위해 성문화해두어야 할 게 있었던 것이다. 즉 권리는 지배자와 시민들이 맺은 계약에서 솟아나는 것이 아니고, 지배자에 대한 청원이나 그가 인준한 헌장에서 생겨나는 것은 더더욱 아니며, 인간의 본성 그 자체에 근거를 둔다는 것이다.

이 같은 선언 행위는 후진적인 모습과 진취적인 모습을 동시에 갖고 있었다. 선언자들은 이미 존재하고 의문의 여지 없는 권리들을 공고히 할 것을 주장했다. 그러나 실행 과정에서 주권의 혁명을 초래했고 새로운 정부의 토대를 창출했다. 「독립 선언문」은 조지 3세가 식민지인들이 누리던 권리를 짓밟은 만큼, 그의 행동이 분리된 정부의 설립을 정당화한다고 역설했다. "어떠한 형태의 정부이건 이러한 목적(권리의 보호)을 파괴하려 들 때, 언제든 정부를 변화시키거나 폐지하여, [……] 새 정부를 조직하는 것이 바로 인민의 권리이다." 이와 유사하게 프랑스 국회의원들은 이러한 권리가 단지 무시되고 소홀히 다루어지거나 멸시되었다고 선언했다. 그들은 이 권리들을 창안했다고 주장하지 않았다. 그러나 선언은 제안했다. 과거에는 그렇지 않았더라도, "금후에는" 이러한 권리들이 정부의 토대가 된다. 의원들은 이 권리들이 이미 존재했고 자신들은 단지 그것을 변호할 뿐이라고 주장할 경우에도, 혁신적으로 새로운 것을 창조했다. 그것은 보편적 권리를 보장한다는 점에서 정당성을 갖는 정부였다.

미국에서 권리를 선언하다

미국인들은 뚜렷한 계획을 갖고 대영제국에서 떨어져나온 것이 아니었다. 1760년대에 권리들이 자신들을 새 영토로 이끌 것이라고 상상한 사람은 아무도 없었다. 감수성의 재형성으로 권리의 이념은 교양 계층에게—고문이나 잔혹한 형벌에 대한 논쟁의 예처럼—더 현실감 있게 다가왔다. 그러나 이 이념 또한 정치적 상황에 대한 반응 속에서 변화하였다. 18세기에는 두 가지 권리의 언어가 통용되었다. 특수론적 형태(특정한 인민이나 민족적 전통에 고유한 권리들)와 보편론적 형태(인간 일반의 권리)가 그것이다. 미국인들은 이중 하나를 사용하거나 상황에 따라 양자를 결합해서 사용했다. 일례로, 1760년대 인지조례Stamp Act 위기에 미국의 팸플릿 집필자들은 대영제국의 식민주의자로서의 권리를 강조했다. 이에 반해 1776년의 「독립 선언문」은 모든 사람의 보편적 권리를 분명히 부각시켰다. 미국인들은 그후 1787년의 헌법과 1791년 「권리장전」에 자신들 고유의 특수론적인 전통을 입안했다. 이와 대조적으로 프랑스인들은 거의 즉시 보편론적 형태를 받아들였다. 이는 보편론적 형태만이 군주제의 특수론적이고 역사적인 요구를 차단할 수 있었기 때문이기도 했다. 프랑스에서의 선언에 대한 논쟁에서 마티유 드 몽모랑시Mathieu de Montmorency 공작은 동료 의원들에게 촉구했다. "미합중국의 예를 따르라. 그들은 신천지에서 훌륭한 모범 사례를 만들었다. 우리도 세계에 하나의 사례를 제공하자."[2]

미국인들과 프랑스인들이 인간의 권리를 선언하기 전에 보편론의 선도자들은 열강의 주변부에 살았다. 아마도 바로 그 주변부적 성격이 소수의 네덜란드, 독일, 스위스 사상가들로 하여금 권리가 보편적이라는 주장을 선도할 수 있게 했을 것이다. 일찍이 1625년 네덜란드의 칼뱅주의 법률가 후고 그로티우스Hugo Grotius는 한 나라 또는 하나의 법률 전통이 아니라 모든 인류에게 적용할 수 있는 권리의 관념을 제시했다. 그는 '자연권'을 생래적이거나 신의 의지와는 분리되어 사고할 수 있는 것으로 정의했다. 또한 사람들이 자신의 권리―종교에 의해 도움을 받지 않는―를 사회적 삶을 위한 계약상의 토대를 수립하는 데 사용할 수 있다고 시사했다. 그의 독일인 지지자인 사무엘 푸펜도르프Samuel Pufendorf는 하이델베르크대학의 자연법 강좌 초대 교수였는데, 1678년 출판한 '자연법론의 일반사' 강의에서 그로티우스의 성과를 부각했다. 푸펜도르프는 그로티우스를 어떤 부분에서는 비판하기도 했으나, 권리 사상의 보편론적 흐

름의 원조로서 그로티우스의 명성을 굳히는 데 일조했다.[3]

스위스의 자연법 이론가들은 이러한 이념을 18세기 초에 정립했다. 그들 중 가장 영향력이 컸던 장 자크 뷔를라마키는 제네바에서 법을 가르쳤다. 그는 17세기의 다양한 자연법 저술들을 『자연법의 원리 *The Principles of Law*』(1747)에서 종합했다. 그의 선배들처럼 뷔를라마키는 보편적 자연권 관념에 특별한 법률적·정치적 내용을 제공하지는 않았다. 그의 주요 목적은 자연권의 존재와 그것이 이성과 인간 본성에서 파생되었음을 입증하는 것이었다. 그는 자연권 개념을 당대의 스코틀랜드 철학자들이 내면의 도덕감각이라고 부른 것(이 책 1장의 논지를 선취한 것이다)과 연관지음으로써 시대에 맞게 수정했다. 뷔를라마키의 저작은 즉시 영어와 네덜란드어로 번역되어 18세기 후반에 자연법 및 자연권 교과서로 활용되었다. 누구보다 루소는 뷔를라마키를 출발점으로 삼았다.[4]

뷔를라마키의 저작은 서유럽과 북아메리카 식민지를 넘어 자연법과 자연권 이론의 폭넓은 부활을 재촉했다. 다른 제네바의 신교도 장 바르베이락 Jean Barbeyrac은 1746년 그로티우스의 주요 저작을 불어로 새로이 번역했다. 그는 일찍이 푸펜도르프의 자연법 관련 저작 중 하나를 불역하기도 했다. 프랑스인 장 레베스크 드 뷔리니 Jean Lévesque de Burigny가 쓴 위인전풍의 그로티우스 전기가 1752년에 나왔고 1754년 영역되었다. 1754년 토머스 러더포스 Thomas Rutherforth는 케임브리지대학에서 행한 그로티우스와 자연법에 관한 자신의 강의들을 출간했다. 그로티우스, 푸펜도르프, 그리고 뷔를라마키는 법을 공부한 제퍼슨과 매디슨 같은 미국 혁명가들에게 모두 잘 알려져 있었다.[5]

영국은 17세기에 두 명의 주요한 보편주의 사상가를 배출했다. 토머스 홉스Thomas Hobbes와 존 로크John Locke가 그들이다. 그들의 저작은 영국령 아메리카 식민지들에 잘 알려져 있었고, 특히 로크는 영국인의 관점에 영향을 미쳤으나 미국의 정치사상을 형성하는 데 더욱더 기여했다. 홉스의 영향은 로크보다는 덜했는데, 이는 그가 자연권이 절대적 권위에 종속되어야 한다고 믿었기 때문이다. 홉스는 절대적 권위가—그렇지 않았으면 도래했을—"만인에 대한 만인의 투쟁"을 방지하기 위해 반드시 필요하다고 보았다. 그로티우스가 자연권을 삶, 신체, 자유, 그리고 명예(특히 노예제를 문제삼는 듯한)와 동등한 자리에 놓은 반면, 로크는 자연권을 "삶, 자유 그리고 영지"로 정의했다. 그는 재산—영지Estate—을 강조한 나머지 노예제에는 도전하지 않았다. 그는 정당한 전쟁에서 사로잡힌 포로들을 활용한다는 이유로 노예제를 정당화했다. 로크는 심지어 "캐롤라이나의 모든 자유인들이 흑인 노예에 대해 절대적 권력과 권위를 갖도록" 보장하는 입법을 제안하기까지 했다.[6]

홉스와 로크의 영향력에도 불구하고, 18세기 전반의 자연권에 관한 영국, 미국의 논의는 보편적으로 적용할 수 있는 권리가 아닌, 자유민으로 태어난 영국 남성의 권리라는 특수한 역사적 근거에 초점을 맞추었다. 1750년대 저술에서 윌리엄 블랙스톤은 왜 자기네 나라 사람들이 보편적 권리보다는 자신들의 특수한 권리에 초점을 맞추려 하는지를 설명했다. "그것들[자연적 자유]은 예전에는 원칙적으로 형식상 상속에 의해서든 매입에 의해서든, 전 인류의 권리였다. 그러나 대부분의 나라들이 타락하고 파괴되는 지금, 그것들은 특수하고 현저한 방식으로, 곧 영국 인민의 권리로만 남아 있는 듯하다." 이 고명한 법률가의 주장에 따르면, 비록 권리가 한때는 보편적이었으나 오로지 우월한 영국인들만이 그것을 보존해

올 수 있었다.[7]

그럼에도 1760년대부터는 권리의 보편론적 실타래가 영국령 북아메리카 식민지들의 특수론적 권리들과 얽히기 시작했다. 예를 들어 『영국령 식민지의 권리를 주장하고 입증하다The Rights of the British Colonies Asserted and Proved』(1764)에서 보스턴의 변호사 제임스 오티스James Otis는 식민지인들의 자연권("자연은 모두를 평등과 완전한 자유의 상태에 두었다")과 대영제국 시민으로서의 정치적·시민적 권리 양자를 모두 인정했다. "아메리카 대륙, 혹은 대영제국이 지배하는 여타 지역에서 출생한 모든 신민 동포들은 신과 자연법, 보통법, 그리고 의회법에 의해 [……] 자연적·본질적·생래적으로 불가분의 권리를 누릴 자격을 얻었다." 1764년에 오티스가 말한 "우리 신민 동포들의 권리들"로부터 1776년 제퍼슨이 주장한 "모든 인간"의 "양도할 수 없는 권리들"에 도달하려면 또다른 비약이 필요했다.[8]

권리의 보편론적 실타래는 1760년대에, 그리고 북아메리카 식민지들과 대영제국 간에 틈이 벌어지던 1770년대에는 특히 두터워졌다. 식민지인들이 분리된 새 나라를 세우길 바랐다면 단지 영국 자유민의 권리에만 의지하지는 않았을 것이다. 그렇게 바라지 않았다면 독립이 아니라 개혁을 추구했을 것이다. 보편적 권리는 더 나은 논리적 근거를 제공해주었고, 이에 따라 1760년대와 1770년대 미국의 선거 연설에서는 뷔를라마키의 이름이 '인류의 권리'를 변호하기 위해 거론되기 시작했다. 그로티우스, 푸펜도르프, 그리고 특별히 로크는 정치 저술에서 가장 빈번히 인용되는 저자였고, 뷔를라마키의 저작은 점점 더 많은 사립·공공 도서관에 소장되었다. 1774년 대영제국의 권위가 곤두박질치던 때, 식민지인들은 자신이 책에서 읽은 자연 상태에 놓여 있다고 생각했다. 뷔를라마키는 역설했다. "권리 이념, 그리고 더욱 이 자연법 이념은 인간의 본성과 분명히 관계가 있다. 따라서 우리는 인간의 본성 그 자체에서, 인간의 정체constitution와 조건에서 이러한 학문의 원리를 추론해야 한다." 뷔를라마키는 단지 인간 본성 일반에 대해 말했을 뿐 아메리카 식민지의 지위나 대영제국의 헌정을 말한 것은 아니었다. 그는 보편적 인류의 정치 조직과 조건을 말한 것이다. 그러한 보편주의적 사고는 식민지인들에게 전통과 대영제국의 주권에서의 이탈을 상상케 했다.[9]

　의회가 독립을 선언하기도 전에 이미 식민지인들은 영국 법을 대체할 국회를 요구했고, 대의원들을 통해 지침을 보냈으며, 「권리장전」에 수록될 내용 상당수를 포함하는 국법을 정초하기 시작했다. 1776년 6월 12일 「버지니아 권리 선언」은 선포했다. "모든 사람은 본래 동등하게, 자유롭고 독립적이며 타고난 권리를 지닌다." 이 권리는 "재산을 획득 및 소유하며 행복과 안전을 추구하고 확보할 수단을 지닌 삶과 자유의 향유"로 정의되었다. 더욱 중요한 것은 버지니아 선언문이 출판의 자유와 종교적 견해의 자유 같은 특수한 권리의 목록을 한껏 제시했다는 점이다. 그것은 「독립 선언문」뿐만 아니라 향후 미국 헌법의 「권리장전」을 위한 기본 틀을 구축하는 데도 일조했다. 1776년 봄까지 독립 선언—그리고 대영제국의 권리보다 보편적인 권리의 선언—은 정계에서 세를 모았다.[10]

　1774~76년의 사건은 저항하는 식민지들에서 권리에 관한 특수론적 사고와 보편론적 사고를 잠정 융합시켰다. 대영제국에 대한 반응으로, 식민지인들은 대영제국 신민으로서의 기존 권리를 인용하는 동시에, 평등한 인간으로서 자신들의 양도할 수 없는 권리를 보장해줄 정부를 구성할 보편적 권리를 주장한 것이다. 하지만 후자가 결과적으로 전자를 폐기해

버리자, 즉 미국인들이 더 결연히 독립을 향해 나아가자, 그들은 자신들의 권리를 자연 상태에서 시민정부로의 이행—혹은 조지 3세에 대한 종속 상태에서 새로운 공화정으로의 전진—의 일부로 선언할 필요성을 느꼈다. 아메리카 식민지들에서 보편론적 권리는 대영제국에 대한 저항으로 촉발된 혁명적 계기가 없었다면 결코 선언되지 못했을 것이다. 비록 모든 사람이 권리 선언의 중요성이나 선언될 권리의 내용에 동의하진 않았으나, 독립은 권리 선언의 포문을 열었다.[11]

대영제국에서마저도 1760년대 들어 더 보편론적인 권리 관념이 담론에 스며들기 시작했다. 권리에 대한 논의는 「권리장전」을 낳은 1688년 혁명 이후 사회 안정과 더불어 가라앉아 있었다. '권리들'에 대한 언급을 포함한 책 제목의 수는 영국에서 1700년대 초부터 1750년대까지 점차 줄어들었다. 자연법과 자연권에 대한 국제적 토론이 심화되자 그 수는 1760년대에 다시금 증가하기 시작했고 계속 늘어갔다. 스코틀랜드 교회 성직자를 귀족이 임명하는 것에 반대하는 1768년의 긴 팸플릿에서 저자는 '인류의 자연권'과 '영국 자유민들FREE BRITONS의 자연적·시민적 권리' 양자를 요구했다. 마찬가지로 영국 국교회 설교자 윌리엄 도드William Dodd는 로마 가톨릭 도당의 존재가 "사람MEN 일반의 그리고 특수하게는 영국인ENGLISHMEN의 자연권과 모순된다'고 주장했다. 하지만 야당 정치인 존 윌크스John Wilkes는 1760년대 그의 소송사건에서 변론할 때 항상 "영국인ENGLISHMEN으로서 당신의 생득권生得權"이라는 표현을 사용했다. 『주니어스의 편지The Letters of Junius』는 1760년대 말과 1770년대 초에 영국 정부에 대항하여 출간된 익명의 서신 모음집으로, 그 또한 '인민의 권리'라는 표현을 영국 전통과 법에 규정된 권리를 가리키는 데 사용했다.[12]

식민지인들과 영국 왕실의 전쟁으로 인해 영국 내에서도 보편론적 경향이 만연했다. 'M.D.'라는 필명으로 발표된 1776년의 논고는 식민지인들이 "영국 법률을 그들 자신의 상황에 가능한 만큼 적용할 수 있다"는 취지로 블랙스톤을 인용한다. 고로 행정적 "혁신"이 "(영국) 자유민으로서의 원초적 권리"를 위반한다면 "정부의 연쇄는 끊어져버리고" 식민지인들은 그들의 '자연권'을 발동시킬 것이다. 프라이스는 엄청난 영향력을 발휘한 1776년의 팸플릿 『시민적 자유의 본성, 정부의 원리, 그리고 아메리카와의 전쟁의 정의와 정책에 관한 고찰Observations on the Nature of Civil Liberty, the Principles of Government, and the Justice and Policy of the War with America』에서 보편주의에 매우 분명히 호소했다. 그것은 1776년 런던에서 15쇄나 찍혔고, 같은 해 더블린, 에든버러, 찰스턴, 뉴욕, 그리고 필라델피아에서 재출간되었다. 프라이스가 식민지인들에 대한 지지의 토대로 삼은 것은 "시민적 자유의 일반원리들", 즉 이미 공포된 법령이나 헌장들(과거 영국식 자유의 실행)이 아니라 "이성, 공정함, 그리고 인간성의 권리들이 제공하는 것"이었다. 프라이스의 팸플릿은 불어, 독어, 네덜란드어로 번역되었다. 네덜란드어판 번역자 요안 데르크 판 데르 카펠런 토트 덴 폴Joan Derk van der Capellen tot den Poll은 1777년 12월 프라이스에게 서한을 보내 미국의 대의를 지지하는 자신의 연설 내용을 상술했다. 이 연설은 이후 출판되어 널리 유통되었다. "나는 미국인들이 절제되고 경건하고 용감한 방식으로 인간으로서의 권리, 즉 영국의 입법 권력이 아니라 하느님이 부여한 권리를 변호하는 용기 있는 사람들이라고 생각합니다."[13]

프라이스의 팸플릿은 영국에서 맹렬한 논쟁을 불러일으켰다. 그 응답으로 30편가량의 팸플릿이 즉시 등장하여 프라이스를 그릇된 애국심, 인위성, 부모 살해, 무정부 상태, 폭동 교사, 그리고 심지어는 반역 등에 연루된 자로 몰아붙였다. 그러나 프라이스의 팸플릿은 '인류의 자연권', '인간 본성의 권리', 그리고 특별히 '인간 본성의 양도할 수 없는 권리'를 유럽의 의제로 설정했다. 어느 저술가가 분명히 인식했듯이, 결정적 문제는 다음과 같았다. "인간 본성에 타고난 권리가 포함돼 있는가 여부는 이처럼 의지와 관련되므로 그 같은 권리는 양도할 수 없다." 이 적수는 주장했다. "양도할 수 없는 인간 본성에 속하는 권리가 있다"는 주장은 단지 궤변일 뿐이다. 시민국가에 참여하려면 이 권리들을 포기해야 했다. 즉 "자신의 의지로 자아를 이끄는 행위를 그만두어야" 했다. 이는 자연권, 시민의 자유, 민주주의라는 주제가 영국 최고 정치사상가들의 논쟁에 침투했음을 보여준다.[14]

프라이스의 논적들이 제기한 자연적 자유와 시민적 자유의 구별은 자연권의 표명이 그에 대항하는 전통을 탄생시켰음을 상기시킨다. 이는 오늘날까지도 계속되고 있다. 폭정의 상징으로 간주되는 정부에 대항하여 성장한 자연권처럼, 대항 전통도 반항적이었다. 그것은 자연권이 날조되었다는 주장 혹은 자연권이 결코 양도할 수 없는 게 아니라는(따라서 비논리적이라는) 논지를 폈다. 이미 17세기 중반에 홉스는 질서 있는 시민사회를 형성하기 위해서는 자연권을 포기해야 한다고 주장했다. 가부장적 권위를 옹호하는 영국인 로버트 필머Robert Filmer는 1679년 그로티우스를 노골적으로 반박했고 "자연적 자유"의 원칙을 "얼토당토않은 소리"라고 일축했다. 『가부장Patriarcha』(1680)에서는 자연적 평등과 인류의 자유라는 관념을 다시금 반박했는데, 그에 따르면 모든 사람들은 부모에 종속된 자로 태어나며, 오직 제왕의 권력만이 천부적인 자연권을 지니고 있

다. 그것은 가부장적 권력이라는 근원적 모델에서 유래했으며, '십계명'의 승인을 받은 것이다.[15]

　장기적으로 더 큰 영향을 미친 것은 오로지 실정법만이 중요하다고 본 제러미 벤섬Jeremy Bentham의 시각이었다. 공리주의의 아버지로 명성을 떨치기 오래전인 1775년에 벤섬은 블랙스톤의 『영국법 주해Commentaries on the Laws of England』를 비평했는데, 거기서 자연법 개념을 거부하는 논지를 폈다. "어디에도 '계율' 같은 것은 없다. 소위 자연법의 요청을 받은 듯한 행위들을 하도록 '명령한' 것은 아무것도 없다. 누군가 무언가를 안다면 그에게 그것들을 만들도록 하라. 계율들을 만들 수 있다 하더라도 그것을 '발견하는' 과업을 이성의 도움으로 수행해야 할 필요는 없다. 우리의 저자(블랙스톤)가 우리가 그래야 한다고 말하자마자 말이다."

　벤섬은 자연법이 원래 주어진 것이어서 이성으로 이를 발견할 수 있다는 생각에 반대했다. 그래서 자연법 전통과 이에 결부된 자연권을 본질적으로 거부했다. 유용성의 원리(최대 다수의 최대 행복. 그가 베카리아에게서 빌려온 생각)는 옳은 것과 그릇된 것을 가리는 최상의 기준으로 작동했다. 이성에 기초한 판단이 아닌 사실에 기초한 계산만이 법의 토대가 될 수 있다. 이러한 입장을 고려한다면, 그가 나중에 프랑스의 「인간과 시민의 권리 선언」을 거부한 일은 그리 놀라울 것도 없다. 프랑스에서의 선언 각 조항을 논평한 소책자에서 그는 자연권의 존재를 완전히 부정했다. "자연권이란 그저 난센스일 뿐이다. 자연적이고 소멸될 수 없는 권리란 수사학적 난센스, 호언장담식 난센스인 것이다."[16]

　비판가들은 많았지만 권리에 대한 논의는 1760년대 이후 세를 모았다. '자연권'은 이제 '인류의 권리', '인간성의 권리', '인간의 권리'에 의해 보강,

통용되었다. 1760~70년대 아메리카 식민지의 갈등에 의해 정치적 잠재력이 커진 보편적 권리 논의는 대서양을 가로질러 대영제국, 네덜란드 공화국, 그리고 프랑스로 역수입되었다. 예컨대, 1768년 개혁 성향의 프랑스 경제학자 피에르 사무엘 뒤 퐁 드 네무르Pierre-Samuel du Pont de Nemours 는 개개인의 인권에 대한 정의를 제시했다. 그의 목록은 직업 선택의 자유, 자유무역, 공공 교육, 그리고 비례세제比例稅制를 포함했다. 1776년에 뒤 퐁은 자원하여 아메리카 식민지로 건너가 거기에서 일어난 사건들에 관해 프랑스 정부에 보고했다(그의 보고는 참작되지 않았다). 뒤 퐁은 나중에 제퍼슨의 절친한 벗이 되었고, 1789년 제3신분 대표의 일원으로 선출된다.[17]

물론 폴린 메이어Pauline Maier의 최근 주장처럼, 「독립 선언문」이 "거의 잊혀진" 것은 아니었겠지만, 권리에 대한 보편론적 어법은 1776년 이후 고향인 유럽으로 되돌아갔다. 신생 미합중국 정부는 1776년에 이미 개개의 권리장전들을 채택하기 시작했으나 1777년 식민지연맹 법안에는 아직 「권리장전」이 포함되지 않았고, 1787년 헌법도 그것 없이 비준되었다. 미합중국의 「권리장전」은 1791년 헌법에 첨가된 최초 10개조의 개정을 비준함으로써 비로소 존재하게 되었다. 이는 극히 특수론적인 문건으로 미국 시민을 연방 정부의 권리 침해로부터 보호했다. 이와 대조적으로 1776년의 「독립 선언문」과 「버지니아 권리 선언문」은 훨씬 더 보편론적인 요구를 담았다. 1780년대까지 미국은 신생 국가의 제도적 틀을 구축하는 데 주력하는 바람에 권리의 문제는 뒤로 밀쳐두었다. 그 결과 1789년 프랑스에서의 「인간과 시민의 권리 선언」은 사실상 미국의 「권리장전」을 앞질렀고 즉시 국제적 관심을 촉발시켰다.[18]

프랑스에서 권리를 선언하다

1780년대에 미국인들이 보편주의에서 멀어졌음에도, '인간의 권리'는 미국의 사례에서 힘을 얻었다. 사실 이것이 없었다면 인권은 덩굴 위에서 시들어버렸을 것이다. 1760년대 초 '인간의 권리'에 대한 광범위한 관심이 촉발된 후, 정작 루소 자신은 환멸감에 빠져들었다. 1769년 1월에 쓴, 자신의 종교적 신념을 다룬 장문의 서신에서 루소는 "'인간성'이라는 이 아름다운 단어"의 과용에 대해 투덜거렸다. 세속적으로 닳고 닳은 족속들, "사람들 중 가장 덜 인간적인 사람들"이 그 단어를 자주 환기함으로써, 그것은 "무미건조하고, 심지어 우스꽝스러워지기까지 했다". 인간성은 가슴 속에 각인되어야 하며 책장에 인쇄되는 것만으로는 곤란하다고 루소는 역설했다. '인간의 권리'라는 표현의 창조자인 그는 살아생전 미국 독립의 효과를 제대로 보지 못했다. 그는 1778년 사망했는데, 이 해에 프랑스는 대영제국에 맞서 미국 편에 섰다. 루소는 벤저민 프랭클린이 1776년 반항적 식민지들의 사절로 도착한 이래 프랑스에서 얻은 명성을 알았고, 언젠가는 자유를 지켜낼 미국인들의 권리를—비록 그것이 "모호하거나 헤아리기 힘들다"고 보면서도—변호하기도 했다. 하지만 그는 미국에서 일어난 일들에 별다른 관심을 표명하지 않았다.[19]

루소의 경멸에도 불구하고 인간성과 인간의 권리는 거듭 언급되었으나, 미국에서 벌어진 사건들이 그 말에 날을 세워주지 않았더라면 별 효과가 없었을 것이다. 1776~83년 사이에 9종의 다른 「독립 선언문」 불역본과 적어도 5종의 다양한 연방 주 법전과 「권리장전」 불역본이 나와 권리 원칙의 특수한 적용 사례들을 제공했다. 이것은 프랑스 정부도 새로운 지반 위에 수립될 수 있다는 생각을 굳히는 데 일조했다. 물론 일부 프랑스 개혁가들이 영국식 입헌군주제를 선호했으며 콩도르세도 신생 미합중국 헌법의 '귀족적 정신'에 실망감을 표시한 것이 사실이지만, 많은 이들은 과거의 무거운 부담에서 벗어나 자립 정부를 세우는 미국의 힘에 감탄했다.[20]

미국의 선례는 프랑스가 헌정상의 비상시국 상태로 진입하면서 점점 더 호소력을 지니게 되었다. 1788년, 미국 독립전쟁에 끼어든 프랑스가 국가부도 상태에 직면했을 때, 루이 16세는 1614년에 마지막으로 열린 삼부회를 소집하는 데 동의했다. 대표자가 선출되기 시작하자 벌써부터 '선언'의 기운이 감지되었다. 1789년 1월 제퍼슨의 친구 라파예트는 선언문의 초안을 준비했고, 이어지는 몇 주 동안 콩도르세는 은밀히 자신의 선언문을 작성해놓았다. 왕은 고위성직자(제1신분), 귀족(제2신분), 그리고 평민(제3신분)들에게 자신의 대표자들을 선출하고 불만사항 목록을 작성하라고 요구했다. 1789년 3~4월에 작성된 많은 목록들은 '인간의 양도할 수 없는 권리', '자유로운 사람들의 소멸될 수 없는 권리', '인간과 시민의 권리들과 존엄성' 또는 '계몽되고 자유로운 사람들의 권리'를 언급했으나 그중 가장 지배적인 것은 '인간의 권리'였다. 권리의 언어는 이제 고조되는 위기감 속에서 급속히 확산되었다.[21]

몇몇 불만사항 목록은—고위 성직자나 제3신분보다는 귀족들의 목록에서 더 빈번히—권리의 선언을 분명히 요구했다(보통은 새 헌법을 요구하는 목록들이었다). 남부 도시 베지에Béziers의 귀족층은 예컨대 "지방의회는 진정한 예비 과업으로 실태 조사, 초안 작성, 「인간과 시민의 권리 선언」을 받아들이라"고 요청했다. 파리 외곽에 사는 제3신분의 불만사항

목록은 2장의 제목을 '권리 선언'으로 달았고 이 권리들의 목록을 제시했다. 실제로 모든 목록들은 각기 이러저러한 형식으로 특수한 권리들을 요구했다. 언론의 자유, 몇몇 경우에는 종교의 자유, 평등한 과세, 법의 평등한 적용, 자의적인 체포로부터의 보호 등등.[22]

대표자들은 자신들의 불만사항 목록을 갖고 1789년 5월 5일 삼부회 공식 개회식에 참석했다. 절차를 둘러싼 쓸데없는 논쟁으로 몇 주를 보낸 후 제3신분의 대표자들은 6월 17일 만장일치로 자신들을 국민의회 의원으로 선포했다. 그들은 단지 자신의 '신분'이 아니라 전 국민을 대표한다고 주장했던 것이다. 다수의 성직자 의원들이 동참했고 머지않아 귀족들 또한 떠나거나 동참하는 것 말고는 선택의 여지가 없어졌다. 6월 19일, 투쟁이 고조되어 있던 와중에 한 의원이 신생 국회는 즉시 "권리 선언이라는 막중한 과업"에 착수하라고 요청했다. 그는 이 과업을 유권자로부터 위임받았다고 주장했다. 물론 보편적 요구와는 거리가 멀었지만 이러한 생각은 확실히 널리 퍼져 있었다. 헌법 제정을 위한 위원회가 7월 6일 설립되었고, 7월 9일에 위원회는 '자연적이고 소멸될 수 없는 인간의 권리들'로부터 출발할 것임을 국민의회에 공지했다. 이것은 회의 주제였던 '인간의 권리들의 선언'을 그대로 반복한 것이다.[23]

파리에 있던 제퍼슨은 7월 11일 영국에 있던 토머스 페인Thomas Paine 에게 사건 진행에 대해 숨가쁘게 묘사한 편지를 썼다. 페인은 미국 독립 운동의 유일하고 가장 강력한 팸플릿인 『상식Common Sense』(1776)의 저자였다. 제퍼슨에 따르면, 국민의회 의원들은 "구정부를 무너뜨리고 이제 새 정부의 기초를 다지기 시작했다". 제퍼슨은 그들이 "자연적이고 소멸될 수 없는 인간의 권리 선언"을 정초하는 일을 제일의 과업으로 삼고 있다고 보고했는데, 이는 헌법제정위원회가 쓰던 용어였다. 제퍼슨은 긴밀히 라파예트의 의견을 구했고 라파예트는 같은 날 자신이 작성한 선언 제안서를 의회에 읽어주었다. 비범한 의원들 몇몇은 이제 저돌적으로 자신들의 제안서를 인쇄하기 시작했다. 용어가 바뀌었다. '사회에서 인간의 권리들', '프랑스 시민의 권리들', 또는 간단히 '권리들', 또한 '인간의 권리들' 같은 용어가 제목에 많이 쓰였다.[24]

7월 14일 제퍼슨이 페인에게 편지를 쓴 지 3일 후에 파리의 군중은 무장한 채 바스티유감옥 및 군주제의 권위를 드러내는 상징물들을 공격했다. 국왕이 수천의 군대를 파리로 이동시키도록 명령하자 많은 의원들은 반혁명 쿠데타의 위협을 느꼈다. 왕이 군대를 철수시켰지만 선언의 문제는 미해결로 남았다. 7월 말과 8월 초에 의원들은 과연 선언이 필요한지, 그것이 헌법의 모두에 명기되어야 하는지, 시민의 의무도 함께 선언되어야 하는지에 대해 여전히 논쟁중이었다. 선언의 필요성에 관한 의견 분열은 혁명이 진행되면서 노정된 근본적인 불일치를 반영했다. 군주제가 단지 부분적으로만 개선되어야 한다면, '인간의 권리'에 대한 선언이 필수 사항은 아닐 것이다. 이와 대조적으로, 정부를 처음부터 다시 만들어야 한다는 제퍼슨의 진단에 동의하는 사람들에게 권리 선언은 본질적이었다.

국회는 결국 8월 4일, 의무 없는 권리의 선언을 성문화할 것을 의결했다. 그때 이후 그 누구도 어떻게 그런 선언문을 작성하는 방향으로 선회하게 되었는지를 적절히 설명하지 못했다. 그 이유는 의원들이 매일매일의 이슈를 감당하기에도 벅차 자신들이 내린 결정의 광범위한 의의를 파악하지 못했기 때문이다. 결과적으로, 그들이 나눈 서신과 훨씬 뒤에 나온 비망록을 보면 그들은 조변석개했을 뿐 아니라 안타까울 정도로 모호한 태도를 보였음을 알 수 있다. 우리는 의원 대다수가 전적으로 새로운 기초 작업이 절실하다고 믿게 되었음을 잘 알고 있다. 인간의 권리는 정부의 대안적 전망의 원리를 제공해주었다. 그들에 앞서 미국인들이 행했듯이, 프랑스인들은 권리들을 점점 심화되는 기존 정권과의 단절의 상징으로 선언했다. 생테티엔느 의원은 8월 18일 양국 상황을 등치시키는 발언을 했다. "미국인들처럼 우리는 우리 자신의 갱생을 원한다. 그러므로 권리 선언은 필수불가결하다."[25]

논쟁은 8월 중순 몇몇 의원들이 "형이상학적 토론"을 공공연히 비난하던 때에도 활기를 띠었다. 당황스러울 정도로 대안적인 논의들이 빗발치는 상황에 직면하여 국민의회는 대부분 익명인 40명으로 구성된 소위원회가 작성한 타협적 문서를 긍정적으로 검토했다. 미래에 대한 계속되는 불확실성과 불안 한가운데서 의원들은 소란스러운 논쟁에 꼬박 6일을 바쳤다(8월 20일~24일, 26일). 그들은 24개 발의안 중 17개조의 개정안에 의견일치를 보았다(미합중국에서는 개별 주들이 헌법 제정을 위해 발의된 최초의 12개조 개정안 중 오직 10개조만을 비준했다). 조항과 개정안에 대한 토론으로 지친 의원들은 8월 27일 새 헌법을 정초하기 전까지는 어떠한 토론도 연기하기로 의결했다. 그들은 다시는 문제를 제기하지 않았다. 이같이 다소 서투른 방식으로 「인간과 시민의 권리 선언」은 뚜렷한 형체를 띠게 되었다(부록의 전문을 보라―옮긴이).

프랑스의 의원들은 선언했다. 프랑스인만이 아니라 모든 인간이 "자유롭게, 그리고 권리에 있어 평등하게 태어나 존재한다"(제1조). "인간의 자연적이고 양도할 수 없으며 신성한 권리들"에 속하는 것은 자유, 소유, 안전, 그리고 억압에 대한 저항이다(제2조). 구체적으로 이것이 의미하는 바는 권리에 대한 어떠한 제한도 법에 규정되어야 한다는 것이다(제4조). "모든 시민"은 법의 제정에 참여할 권리를 갖는다. 이는 모든 사람에게 평등해야 한다(제6조). 그리고 과세에 동의할 권리를 갖는다(제14조). 이는 지불 능력에 따라 동등하게 할당되어야 한다(제13조). 부가적으로 선언은 "자의적인 명령"을 금지했으며(제7조) 불필요한 고문을 금지하고(제8조) 범죄에 대한 어떠한 법률적 추정도 금지했다(제9조). 또한 정부에 의한 불필요한 소유의 침탈도 금지했다(제17조). 다소 모호한 용어로 선언은 "누구도 자신의 의견을 표명하는 데, 심지어 종교적 의견일지라도, 방해받지 않아야 한다"고 주장했다(제10조). 언론의 자유에 대한 단언은 더 적극적이었다(제11조).

이처럼 프랑스 의원들은 문서 하나에 개인 권리의 법적 보호와 정부의 정당성을 위한 새로운 토대를 함축적으로 담으려 했다. 주권은 전적으로 국민에 의거했다(제3조). 그리고 "사회"는 모든 공무원이 책임을 지도록 할 권리를 지녔다(제15조). 국왕, 프랑스의 전통, 역사 또는 관습, 혹은 가톨릭교회에 대해서는 한마디도 언급하지 않았다. 권리들은 "지고의 존재 앞에서 그 가호 아래" 선언되었다. 그러나 그것들이 아무리 "신성한" 면모를 지녔더라도 초자연적 기원으로 거슬러올라가지는 않았다. 제퍼슨은 모든 사람이 권리들을 "창조주에 의해 부여받았다"고 단언할 필요성을 느낀 반면, 프랑스인들은 권리들을 자연, 이성, 사회라는 전적으로 세속적인 원천에서 도출해냈다. 논쟁이 지속되는 동안 마티유 드 몽모랑시는 "사회에서 인간의 권리들은 영원하다" 그리고 "그것들을 인정하기 위해 어떠한 재가도 필요 없다"고 주장했다. 유럽에서 구질서에 대한 도전이 이보다 더 솔직할 수는 없었을 것이다.[26]

선언의 조항들 중 어느 것도 특정 분파의 권리들을 세분화하지는 않았다. "인간들", "인간", "모든 시민", "사회", "어떠한 사회"는 "결코 어떠한 신체도", "결코 어떠한 개인도", "결코 어떠한 인간도"와 대조되었다. 그것은 말 그대로 전부 아니면 전무인 셈이었다. 계급, 종교, 성은 선언에서 전혀 언급되지 않았다. 비록 세부 항목의 결여가 곧 문제를 야기하지만 주장들의 일반성은 그리 놀랄 일이 아니었다. 헌법제정위원회는 본래 권리들에 대한 문서 4건의 준비에 착수했다. (1) 인간의 권리 선언 (2) 국민의 권리 선언 (3) 국왕의 권리 선언 (4) 프랑스 정부하의 시민의 권리 선언. 문서는 첫번째와 두번째, 그리고 시민의 자격에 대한 규정 없이 네번째 문서를 종합하여 채택했다. 세부 항목(국왕의 권리나 시민의 자격)으로 나아가기 전에 의원들은 모든 정부에 적용될 일반원리를 규정하고자 부심했다. 이러한 점에서 제2조는 전형적이다. "모든 정치적 결사의 목적은 인간의 자연적이고 소멸될 수 없는 권리들을 보전하는 것이다." 의원들은 모든 정치 조직—군주정도, 프랑스 정부도 아닌 모든 정치조직—의 토대를 세우고 싶어 했다. 그들은 곧 프랑스 정부쪽으로 향하게 된다.[27]

선언으로 모든 문제가 해결된 것은 아니었다. 사실상 몇몇 문제들—예컨대 무산자나 종교적 소수자의 권리—을 더 첨예하게 만들었고, 이전에는 정치적 지위를 전혀 갖지 못했던 노예나 여성을 둘러싼 새로운 문제를 낳았다(다음 장에서 검토할 것이다). 아마도 선언에 반대한 이들은 선언 자체가 문제를 증폭시키는 결과를 빚을 것이라고 감지한 듯하다. 선언은 헌법 조항들의 원리를 해명하는 이상의 일을 했다. 선언을 통해 의원들은 효과적으로 주권을 획득했다. 결과적으로 선언은 이전에는 상상할 수 없었던 정치적 토론의 공간을 열었다. 국민이 주권자라면, 왕의 역할은 무엇인가? 누가 국민을 가장 잘 대변할 수 있는가? 권리가 정당성의 토대라면, 무엇이 특정한 연령과 성, 인종, 종교 혹은 부를 지닌 사람들의 권리 획득에 제한을 두는 것을 정당화할 수 있는가?

인권과 연관된 언어는 개인의 자유와 신체의 완결성이라는 새로운 문화적 실천 속에서 얼마간 성장했으나 별안간 반란과 혁명의 시대로 돌입했다. 과연 누가 그 결과를 통제해야 하고, 통제할 것이며, 혹은 통제할 수 있을 것인가?

프랑스 밖에서도 권리 선언의 결과가 나왔다. 「인간과 시민의 권리 선언」은 하룻밤 사이에 모든 이의 언어를 바꿔놓았다. 이 변화는 특히 프라이스의 저술과 연설들에서 뚜렷이 드러난다. 영국의 이 반항적인 설교자는 1776년 아메리카 식민지인들을 지지하는 "인간성의 권리들"이라는 발언으로 논쟁에 불을 붙였다. 1784년의 팸플릿인 「미국혁명의 중요성에 대한 고찰」에서 그는 같은 논지를 전개했다. 이 글은 미국 독립운동을 기독교의 전래와 비교하며 그것이 "인간성의 원리의 일반적 확산을 야기"할 것이라고(그가 단호히 비난한 노예제에도 불구하고) 예견했다. 1789년 11월의 설교에서 프라이스는 새로운 불어 용어를 지지했다. "본인은 그 어느 때보다 더 잘 이해된 인간들의 권리와 자유를 열망하는 민족들을 보기 위해 살아왔습니다. 민족들은 자유의 이념을 잃어버린 듯했습니다. [……] 하나의 혁명(1688)에 감화된 이후 저는 다른 두 번의 혁명(미국과 프랑스), 둘 다 영광스러운 이들 혁명의 증인이 되고자 애써왔습니다."[28]

에드먼드 버크가 1790년에 프라이스에 대항하여 쓴 소책자 『프랑스 혁명에 관한 성찰』은 다양한 언어로 인간의 권리에 관한 열광적인 토론을 촉발시켰다. 버크는 "빛과 이성의 새로운 정복 제국"이 성공적인 정부를 위한 적절한 토대를 제공할 수는 없으며, 대신 성공적인 정부는 민족의 유구한 전통에 뿌리박아야 마땅하다고 주장했다. 프랑스의 새로운 원리를 고발하면서 버크는 특히 선언문에 저주를 퍼부었다. 토머스 페인은 이에 격분한 나머지 1791년에 쓴 『인간의 권리: 프랑스혁명에 대한 버크 씨의 공격에 대한 응답Rights of Man: Being an Answer to Mr. Burke's Attack on the French Revolution』에서 악명 높은 반박을 제시했다.

"버크 씨는 그의 전형적인 분노에 찬 어투로 「인간의 권리 선언」을 오용했다. [……] 그는 이것을 '인간의 권리들에 관한 보잘것없고 빛바랜 종잇장'이라고 부른다. 버크 씨는 사람이 권리를 갖는다는 것을 부정하려 하는가? 만약 그렇다면, 그는 권리 같은 것은 어디에도 없으며 자신도 그런 것을 전혀 갖고 있지 않다고 생각하는 것임에 틀림없다. 대체 사람 말고 세상에 누가 있기 때문이란 말인가?" 비록 울스턴크래프트의 반박문 『인간의 권리의 옹호, 에드먼드 버크 귀하께 보내는 편지: 프랑스혁명에 대한 그의 성찰에 답한다Vindication of the Rights of Men, in a Letter to the Right Honourable Edmund Burke; occasioned by his Réflexions on the Revolution in France』가 그보다 일찍 1790년에 출간되었지만, 페인의 『인간의 권리』가 훨씬 더 직접적이고 커다란 영향을 미쳤다. 이는 부분적으로 그가 영국 왕실을 포함한 모든 세습왕정에 반대할 기회를 잡았기 때문이다. 그의 작품은 출간된 그해에 여러 영어 판본이 나왔다.[29]

그 결과 권리와 관련된 용어의 사용은 1789년 이후 급증했다. 이는 '권리'라는 용어를 사용하는 영어책 제목의 수에서 잘 드러난다. 그것은 1790년대에는, 1780년대(95개)나 18세기의 이전 10년들과 비교할 때 4배 (418개)나 증가했다. 유사한 경향을 네덜란드에서도 찾을 수 있는데, '인간의 권리rechten van den mensch'라는 용어는 1791년 페인의 저작을 번역하면서 처음 사용되었고 1790년대에 많이 사용되었다. '인간의 권리 Rechten des menschen'는 곧 독일어권에서도 많이 쓰였다. 프랑스의 '인간의 권리'는 아이러니하게도 영어권 저자들 간의 논쟁으로 여러 나라 독자들에게 알려졌다. 그 영향은 1776년 이후보다 더 컸다. 왜냐하면 프랑스인들은 유럽 대부분의 민족들과 같은 성격의 왕실을 가졌으며, 보편주의의 언어를 절대 포기하지 않았기 때문이다. 프랑스혁명에 의해 고무된 저술들은 또한 미국에서 권리에 대한 토론에 불을 붙였다. 제퍼슨주의자들은 부단히 '인간의 권리'를 상기시켰으나 연방주의자들은 '민주주의의 과잉' 혹은 기존 체제에 대한 위협과 관련된 언어를 거부했다. 그러한 분쟁은 인권의 언어를 서구세계 전반에 퍼뜨리는 데 도움이 되었다.[30]

고문과 잔혹한 형벌의 폐지

「인간과 시민의 권리 선언」이 통과된 지 6주 후, 심지어 선거권 행사 자격이 결정되기 전에 프랑스 의원들은 형사소송의 임시변통적 개혁 조치의 하나로 모든 사법적 고문을 철폐했다. 1789년 9월 10일 파리 시의회 의원들은 "이성과 인간성"의 이름으로 국민의회에 즉각적인 사법 개혁을 요구하는 형식을 갖추어 청원했다. 이 개혁은 "결백한 자를 구하고" "범죄의 증거 확인 과정을 개선하는 한편, 유죄판결은 좀더 정확히 내리는" 것이 목표였다. 그들이 이러한 요구를 한 까닭은 파리에서 라파예트에 의해 창립된 신생 국민방위군이 7월 14일부터 봉기가 일어난 몇 주에 걸쳐 많은 사람들을 체포했기 때문이다. 사법 절차의 관습적인 비밀주의는 혁명의 적들에 의한 조종과 속임수를 조장하지 않을까? 이에 응수하여 국민의회는 가장 시급한 개혁을 발의하기 위한 7인위원회를 구성했다. 이는 파리만이 아니라 전국을 대상으로 한 것이었다. 10월 5일, 베르사유행 대규모 행진의 압력으로 결국 루이 16세는 「인간과 시민의 권리 선언」을 형식적으로 승인했다. 행진에 참여한 이들은 왕과 그의 가족들을 10월 6일 베르사유에서 파리로 이사하도록 겁박했다. 10월 8~9일, 이같은 새로운 선동의 와중에 국회는 산하 위원회가 제안한 법령을 통과시켰다. 이와 동시에 의원들은 파리의 왕과 제휴할 것을 의결했다.[31]

「인간과 시민의 권리 선언」은 오직 정의의 일반원리만을 제시했다. 그러니까 법은 모든 사람에게 동등해야 하며, "엄격하고 명백하게 필요한" 경우가 아닌 임의구금이나 처벌을 허용해서는 안 된다. 그리고 피고는 유죄판결이 날 때까지는 무죄로 간주되어야 한다. 1789년 10월 8~9일의 법령은 우선 다음과 같이 선언을 상기시킨다. "국민의회는 의회가 인정한 인간의 주요한 권리 중 하나가 즐거움의 권리라고 생각하여, 형사사건으로 고소된 경우 처벌을 요구하는 사회의 이익과 화합할 수 있는 변호를 위해 최대한의 자유와 안전을……". 법령은 절차를 계속 세분화하는데, 대부분 공중公衆에게 투명성을 보장하기 위해 마련된 것이다. 현직 판사에 대한 불신으로 촉발된 조치로, 법령은 증거와 증언의 수집을 감독하는 일을 포함하여, 모든 구역에 형사소송을 지원하기 위한 특별 치안판사를 선출할 것을 요구했다. 그리고 변호인으로 하여금 모든 정보에 접근할 수 있도록 했으며, 형사소송의 공공성을 보장함으로써 베카리아가 가장 소중히 여긴 원칙 중 하나를 실현했다.

법령에 포함된 28개 조항들 중 가장 간략한 제24조는 이 책의 취지에서는 가장 흥미롭다. 그것은 모든 고문을 철폐하고, 그 혹은 그녀에 대한 판결 전의 최종심문시에 모욕을 주기 위해 사용하는 나지막한 의자(셀레트sellette) 또한 추방했다. 이전에 루이 16세는 죄를 자백받기 위한 고문(준비 단계 심문)은 폐지시켰으나, 공범의 이름을 실토하게 하는 고문(예비심문)은 한시적으로만 금지시켰다. 국왕 치하의 정부는 1788년 5월 셀레트를 없앴다. 이 조치가 아주 최근의 것이라 의원들은 자신의 입장을 분명히 할 필요를 느꼈다. 셀레트는 모욕을 주는 도구로, 개인의 존엄성에 대한 공격을 대표했다. 의원들은 이제 이를 받아들일 수 없다고 여겼다. 위원회에 법령을 제출한 어느 의원은 이들 조치에 대한 토론을 보류했다. 그것들의 상징적 중요성을 강조하기 위함이었다. 그는 처음부터 동료들에게 주장했다. "현행 법전에 인간성에 반하는 오점을 남겨둘 수 없소. 그것이 즉각 없어지기를 바랍니다." 그는 고문이라는 주제에 이르렀을 때는 거의 눈물을 흘릴 지경이 되었다.

당신들이 최종 판단시 인간성에 기초할 것이라고 우리는 믿습니다. 국왕은 이미 〔……〕 피고에게 고문으로 자백을 받아내는 말도 안 되게 잔혹한 행위를 프랑스에서 금지시켰지요. 〔……〕 그러나 그분은 당신들께 이성과 정의라는 이 위대한 행위를 완성시키는 영광을 남겨두었소. 우리의 법전에는 여전히 예비 고문이 남아 있소. 〔……〕 〔가장 형언하기 힘든 잔혹성의 세련화가〕 여전히 공범을 실토하게 하기 위해 사용되고 있다는 말입니다. 당신들의 눈을 야만 행위의 잔재에 고정시켜보시오. 의원님들, 당신들의 가슴속에서 그것을 추방해야겠다는 생각이 솟아나지 않습니까? 그건 이 세상에 유익한 아름답고 감동적인 장면이 될 것입니다. 호혜적 사랑의 확고한 결속에 의해 통합된, 완전한 법을 향한 열망으로 경쟁하는, 정의, 자유 그리고 인간성을 기리는 기념비를 세우는 데 서로 앞장서고자 노력하는, 그러한 군주와 민족을 보는 일 말입니다.

권리 선언의 물결 속에서 고문은 완전히 철폐되었다. 고문의 폐지는 9월 10일 파리 시정부의 의사일정에 올라 있지 않았지만, 의원들은 형사법전의 최초 개정안의 골자로 이를 제출할 기회를 마다할 수 없었다.[32]

18개월 이상이 지나 형사법전의 첫번째 개정이 완료될 때에 이르자, 개혁안 제출 임무를 맡은 의원들은 고문과 잔혹한 처벌에 반대하는 운동을 전개하면서 친숙해진 관념들을 상기시켰다. 파리 의회 판사를 역임한 루이 미셸 르펠티에 드 생 파르조Louis-Michel Lepeletier de Saint-Fargeau는 1791년 5월 23일 연단에 올라 형법위원회(1789년 9월 임명된 7인위원회의 연장)의 원칙을 설명했다. 그는 "야만시대에나 상상했을 법하나 계몽의 시대에까지 남아 있는 잔인무도한 고문", 범죄와 처벌의 불균형(베카리아의 가장 핵심적인 비판점) 그리고 기존 법이 일반적으로 보여주는 "어처구니없는 광포함"을 비난했다. "인간성의 원리들"은 이제 미래에는 고통을 통한 희생적 징벌보다 노동을 통한 복권에 중점을 두게 될 형사법전을 창조할 터였다.[33]

고문과 잔혹한 처벌에 반대하는 운동은 매우 성공적이어서 위원회는 신新형법전에서 범죄 규정에 관한 장 앞에 처벌에 관한 장을 삽입했다. 모든 사회는 범죄를 경험하지만 처벌이야말로 정체政體의 본성을 반영한다. 위원회는 새로운 시민적 가치를 구현하기 위해 형법 체제의 철저한 검토를 제안했다. 즉 평등의 이름으로 모든 이는 동일한 법 아래 동일한 법정에서 재판받고 동일한 처벌을 감수해야 할 것이다. 자유의 박탈은 처벌의 신호탄이 될 것이다. 이는 갤리선에서 노를 젓게 하는 형벌 및 유형을 금고형과 강제노역으로 대체하는 것을 의미했다. 죄수를 단순히 어딘가로 보내는 한, 공적인 시각으로 볼 때 시민들은 처벌의 의미를 전혀 배우지 못할 것이다. 위원회는 심지어 국가에 대한 반역을 제외하고는 사형제의 폐지마저 옹호했다. 하지만 이 안이 국가에 대한 반역은 제외한다는 바로 그 문제로 인해 저항에 직면할 것임을 위원회는 알고 있었다. 의원들은 몇몇 범죄에 대해 사형의 재도입을 의결했으나 모든 종교적 범죄, 예컨대 이단, 신성모독, 혹은 마법 시행의 경우 제외했다(남색은 이전에는 사형 요건이었으나 더이상 범죄 목록에 오르지 않았다). 사형은 이제 참수형만으로 제한되었다. 참수는 이전에는 귀족에게만 시행되었다. 단두대는 가능한 한 고통을 주지 않고 참수하기 위해 발명된 기구로, 1792년 4월부터 사용되었다. 차형이나 화형처럼 "사형을 수반하는 고문들"은 사라져야 했다. "인간성과 공론이 이 같은 모든 합법적 참극을 혐오했다"고 르펠티에는 주장했다. "이러한 스펙터클은 공적인 도덕 수준을 낮추며 인도적이고 계몽된 세기에 합당치 않다."[34]

죄수를 복권시켜 사회에 복귀하도록 하는 것이 주요 목적이 되자, 신체를 불구로 만들거나 낙인을 찍는 일은 용인할 수 없게 되었다. 그럼에도 르펠티에는 낙인을 찍는 문제에 관해 망설인 적이 있었다. 어떻게 사회가 죄인임을 드러내는 영구적인 표시 없이 범죄에 찌든 가해자로부터 자신을 보호할 것인가? 그가 내린 결론에 따르면, 새로운 질서하에서는 부랑자나 죄수들이 공공연히 활보하는 것은 불가능할 것이다. 왜냐하면 당국이 모든 거주자의 이름이 포함된 정확한 목록을 확보하고 있을 것이기 때문이다. 신체에 영구적인 낙인을 찍어놓는다면, 그들은 사회에 복귀하지 못할 것이다. 고통의 문제를 다룰 때처럼 이 사안에서도 의원들은 섬세하게 판단해야 했다. 처벌은 억제력을 가지면서도 재활을 가능하게 해야 했다. 그것은 죄인이 사회에 재합류하는 것을 봉쇄할 정도로 품위를 손상시키지는 않을 터였다. 결국 형사법전은 가끔은 사슬에 묶은 채로 죄인을 노출하도록 규정하면서도, 위법의 정도에 따라 노출을 조심스럽게 제한(최대 3일)했다.

위원들은 처벌의 종교적 색채를 탈각하고자 했다. 그들은 죄수가 셔츠 한 장만을 걸친 채 목에 밧줄을 감고 손에는 횃불을 들고 교회 문 앞으로 가서 신, 국왕, 정의의 용서를 비는 형식적 참회행위amende honorable를 없앴다. 그 대신 권리에 토대를 둔 처벌, 이른바 '시민 지위 박탈'을 제안했다. 이는 그 자체로 단독적인 처벌이거나 금고형 집행시 추가될 벌이었다. 그 세부 절차는 르펠티에가 제시했다. 죄수는 특별한 공적 장소로 인도되며 여기에서 형사 법정의 서기가 다음과 같은 말을 큰 소리로 낭독한다. "조국은 너의 불명예스러운 행위에 대해 유죄를 판결한다. 법률과 법정은 너의 프랑스 시민 지위를 박탈한다." 그리고 나서 죄수는 2시간 동안 철제 칼라를 둘러쓴 채로 공중 앞에 노출된다. 그의 이름, 죄명, 판결 사항이 그의 머리 아래 놓인 플래카드에 기재된다. 그런데 여성, 외국인, 그리고 상습범의 존재가 문제를 야기했다. 그들에게 아예 권리가 전혀 없다면, 어떻게 투표권이나 공직 참여의 권리를 잃을 수 있겠는가? 특히 제32조는 다음을 명시하고 있다. 여성, 또는 상습범에 대한 시민 지위 박탈 판결시, 그들은 2시간 동안 철제 칼라를 씌우는 벌에 처해지며 남성들과 마찬가지로 플래카드를 둘러쓰게 된다. 그러나 서기가 시민 지위의 상실에 관한 구절을 낭독하지는 않는다.[35]

'시민 지위 박탈'은 형식적 어투로 들릴 수도 있지만, 형법뿐만 아니라 더 일반적인 정치체제의 변화를 나타내는 것이었다. 죄수는 이제 한 명의 시민이었고 종속된 존재가 아니었다. 따라서 그 또는 그녀(여성들은 '수동적' 시민이었다)는 고문과 불필요하게 잔혹한 처벌, 혹은 과도하게 굴욕적인 형벌을 감수하지 않아도 되었다. 르펠티에는 형법 개혁을 제시하면서 두 종류의 처벌을 구별했다. 그러니까 신체에 가하는 벌(감금, 사형)과 불명예를 주는 벌이다. 르펠티에가 단언했듯이, 어차피 모든 처벌이 창피나 치욕을 주는 차원을 포함하고 있었음에도 의원들은 불명예형의 집행을 제한하기를 원했다. 그들은 공적인 노출과 철제 칼라를 유지시켰지만, 고해 행위, 차꼬와 칼 틀의 사용, 사형 집행 후 사체를 수레 위에 얹어 끌고 다니는 일, 법정에서의 꾸짖음, 그리고 피고에 불리한 소송을 무기한 진행하는 일(따라서 유죄를 암시하는)은 하지 못하게 했다. 르펠티에는 말했다. "우리는 제안한다. 그 원리[불명예형의 원리]를 채택하라. 그러나 그 가짓수를 줄여라. 그러지 않으면 이 유익하면서 무시무시한 발상이 약화될 것이다. 사회와 법은 죄로 인해 자신을 더럽힌 자들에게 파문을 선고한다." 죄를 범한 자에게 창피를 주는 일은 사회와 법의 이름으로 행할 수 있었다. 그러나 종교나 국왕의 이름으로 행해서는 안 되었다.[36]

근본적인 재정립을 시사하는 또다른 조치에서 의원들은 불명예형의 새로운 방식을 죄수 개인에게만 적용할 뿐, 그 혹은 그녀의 가족에게는 적용하지 않기로 결정했다. 전통적으로 불명예형을 받은 죄수의 가족들도 고통을 겪었다. 그들 중 누구도 공직을 얻거나 유지할 수 없었고 경우에 따라서는 재산마저 몰수되었다. 이처럼 가족들은 죄수와 마찬가지로 공동체에 의해 치욕을 받은 것으로 간주되었다. 1784년 젊은 변호사 피에르 루이 라크르텔Pierre-Louis Lacretelle의 글이 메츠Metz 아카데미로부터 상을 받았다. 여기서 라크르텔은 불명예형이 주는 치욕이 가족 구성원들에게까지 미쳐서는 안 된다는 논지를 폈다. 두번째 상은 아라스Arras 출신의, 촉망받는 젊은 변호사 막시밀리앙 로베스피에르Maximilien Robespierre에게 주어졌다. 그도 마찬가지 입장을 견지했다.

불명예형에 대한 주목은 명예 관념의 미세하나 심상치 않은 변화를 반영한다. 인권 관념의 태동으로 인해 명예에 대한 전통적 이해는 타격을 입었다. 명예는 군주제에서 가장 중요한 인간적 자질이었다. 몽테스키외는 『법의 정신』(1748)에서 명예가 정부 형태로서의 왕정에 활력을 주는 원리라고 주장했다. 많은 이들은 명예야말로 귀족의 본령이라고 생각했다. 불명예형을 다룬 글에서 로베스피에르는 가족 모두에게 치욕을 주는 형벌이 명예라는 관념 자체의 결함에 기인한다고 논설했다.

누군가 명예의 본성을 숙고한다면, 즉 변덕으로 가득 차고 항상 지나치게 세심하며, 자주 사물을 내적 가치보다는 매력으로 평가하고, 사람을 개인적 자질이 아니라 그와는 별개인 장신구로 평가하는 본성을 숙고한다면, 그는 쉽게 깨달을 것이다. 그것(명예)이 사회에 의해 처벌받은 불한당을 가엾게 여기는 자들을 치욕에 몰아넣는다는 것을.

그러나 로베스피에르 또한 참수형을(더 명예롭다고 생각한) 귀족에게 국한하는 것에는 반대했다. 과연 그는 모든 사람들이 동등하게 명예로울 것을, 혹은 명예 그 자체를 포기하기를 원했던 걸까?[37]

그러나 1780년대 이전부터 명예는 변화를 겪었다. 프랑스 학술원에서 발간한 1762년판 사전에 따르면, '명예'는 '덕성, 청렴'을 지칭했다. 하지만 '여성의 경우' '명예란 순결, 겸손을 지칭한다'. 18세기 후반에 명예의 차별성은 귀족과 평민 사이보다 남성과 여성 사이에서 점점 더 커졌다. 남성들의 경우, 명예는 몽테스키외가 공화정과 관련지었던 자질인 덕성과 관련되었다. 모든 시민은 덕성을 갖춘 경우에 명예롭다. 새로운 체제에서 명예는 행위와 관련되었다. 남성과 여성의 구분은 명예의 문제에서 시민 지위와 처벌 형태의 문제에 이르기까지 관철되었다. 여성의 명예(그리고 덕성)는 사적이고 가정의 영역에 머문 반면, 남성의 명예는 공적 성격을 띠었다. 남성과 여성은 모두 처벌을 받을 때 치욕을 당할 수 있었지만, 오로지 남성만이 명예를 상실할 권리를 갖고 있었다. 권리에서와 마찬가지로 처벌에서도 귀족과 평민은 이제 동등해졌지만, 남성과 여성은 그렇지 못했다.[38]

명예 관념의 희석화가 감지되었다. 1794년 프랑스 학술원 정회원 세바스티앙 로크 니콜라 샹포르Sébastien-Roch Nicholas Chamfort는 그 변화를 다음과 같이 풍자했다.

우리 세기에 그 자리를 말이 차지했다는 것은 다 인정하는 사실이다. 스콜라적, 변증론적, 그리고 형이상학적 애매함을 떨쳐버리면, 그것은 물리학·도덕학·정치학의 단순하고 참된 진리로 되돌아온다. 도덕학의 경우에 국한해서 말하자면, 명예라는 말이 얼마나 복잡하고 형이상학적 관념들에 심하게 연루되어 있는지를 감지하게 된다. 우리는 이들의 결함을 느껴, 말의 남용을 막고자 모든 것을 단순화함으로써 전과자가 아니라면 누구나 명예를 지킬 수 있도록 했다. 과거에는 명예라는 말이 얼버무림과 언쟁의 원천이었으나 작금에는 이만큼 분명한 말도 없을 것이다. 어떤 사람이 철제 칼라를 차본 적이 있는가, 없는가? 이것이 질문 사항이다. 그것은 재판소 서기의 속기록을 찾아보면 쉽게 대답할 수 있는 단순한 사실의 문제이다. 철제 칼라를 차본 적이 없는 사람은 정부 부처의 관직 등 무엇이라도 요구할 수 있는 명예로운 사람이다. 그는 전문기관에, 학술원에, 궁정에 취직한다. 명확함과 정밀함이 우리를 말씨름과 토론에서 얼마나 많이 구제해주는지, 세상살이가 얼마나 편리하고 용이해졌는지를 우리는 깨닫는다.

샹포르는 명예를 진지하게 고려한, 자신만의 근거를 갖고 있었다. 부모를 모르는 버려진 아이였던 샹포르는 어느 정도 명성을 얻어 루이 16세 누이의 개인비서가 되었다. 그는 위의 글을 쓴 지 얼마 안 되어, 절정에 이른 공포정치의 와중에 자결했다. 그는 혁명이 진행되는 동안 먼저 특권을 누리는 프랑스 학술원을 공격했는데, 1781년 이 기관의 정회원으로 선출된 바 있었다. 그는 자신의 행동을 후회하고 학술원을 변호했다. 학술원 회원이란 군주제 아래 저술가가 부여받을 수 있는 최고의 영예였다. 학술원은 1793년 폐지되었고 나폴레옹 통치기에 부활했다. 샹포르는 명예 관념 변화의 중대성만이 아니라—성급히 평등화되는 세계에서 사회적 차별성을 유지하는 어려움—그것과 신생 형사법전의 관계도 파악했다. 철제 칼라는 명예의 상실을 나타내는 가장 저급한 공통 표식이 되었다.[39]

신생 형사법전은 「인간과 시민의 권리 선언」이 낳은 수많은 결과 중 하나에 불과했다. "훌륭한 모범 사례를 만들라"는 몽모랑시 공작의 촉구에 의원들은 권리 선언문의 작성으로 응답했고, 몇 주가 지나지 않아 그처럼 모범 사례를 만든 결과가 얼마나 예측 불가능한지를 깨달았다. "공개적·명시적·형식적으로 진술하고, 말하고, 밝히고, 고지하는 행위"가 선언에 내포되어 있으며, 이는 각기 고유한 논리를 갖는다. 일단 천명된 권리는 새로운 물음을 제기했다. 이전에는 묻지 않았고 물을 수도 없던 질문이었다. 선언은 우리 시대까지 계속되고 있는 의미심장한 과정의 첫 단계에 불과했음이 분명해졌다.

4

◇◇◇◇◇

그것은
끝이 없을 것이다

선언의 결과

THERE

WILL BE NO

END OF IT

1789년 성탄절 직전에 프랑스 국민의회 의원들은 특별한 논쟁에 휩싸였다. 그 논쟁은 12월 21일에 시작되었다. 이날 한 의원이 비非구교도의 참정권 문제를 제기했다. "당신들은 모든 사람이 자유롭게, 그리고 권리에 있어 평등하게 태어나 존재한다고 선언했소." 그는 동료 의원들에게 상기시켰다. "당신들은 그 누구도 종교적 견해로 권리를 침해받아서는 안 된다고 선언했소." 그의 관점에 따르면, 많은 개신교도들이 의원직을 갖고 있기에 국회는 비구교도가 "다른 시민들과 마찬가지로" 선거와 공직 참여 자격이 있고 민간이나 군부의 직책을 기대해도 된다는 법령을 즉시 포고해야 한다.

'비구교도'에는 기묘한 범주 하나가 포함되어 있다. 피에르 브뤼네 드 라튀크Pierre Brunet de Latuque는 자신이 발의한 법안에서 이 용어를 사용하며 명백히 개신교도를 지칭했다. 그러나 거기에는 유대인도 포함되어 있지 않았는가? 프랑스에는 1789년 당시 4만여 명의 유대인이 살고 있었고 개신교도는 10~20만 명가량이었다(구교도가 인구의 99%를 차지했다). 브뤼네 드 라튀크가 처음 문제를 제기한 지 이틀 후 콩트 스타니슬라 드 클레르몽 토네르Comte Stanislas de Clermont-Tonnerre 백작은 권리를 덤불 속으로 밀어넣을 결심을 했다. "중도 노선은 가능하지 않다"고 그는 주장했다. 국가의 공식 종교를 세우든지, 모든 종교의 신도에게 선거와 공직 수여를 허용하라. 클레르몽 토네르는 종교적 신념을 이유로 정치적 권리를 배제해서는 안 되며, 따라서 유대인 또한 평등한 권리를 가져야 한다고 주장했다. 그러나 이것이 전부가 아니었다. 직종 또한 배제의 이유가 되어서는 안 된다고 그는 역설했다. 사형집행인과 배우는 과거에는 정치적 권리가 없었으나 이제는 그들 또한 권리를 획득해야 한다. 클레르몽 토네르는 일관성을 신봉했다. "우리는 연극을 아예 금지하거나, 아니면 연기를 불명예와 연루시키는 관행을 없애야 한다."[1]

그리하여 권리의 문제는 폭포수 같은 흐름이 되었다. 의원들이 개신교도의 지위를, 권리를 박탈당한 종교적 소수자의 문제로 고려하자 유대인이 모습을 드러내지 않을 수 없었다. 종교적 배제의 문제가 의사일정에 오르자마자 직종의 배제 문제도 곧 뒤따랐다. 이미 1776년에 존 애덤스는 매사추세츠에서 진행된 훨씬 더 급진적인 경과에 대해 염려했다. 그는 제임스 설리번James Sullivan에게 이렇게 썼다.

그것에 의거해서 말입니다, 설리번 선생. 그처럼 풍요로운 논의와 언쟁의 원천을 열어놓는 것은 위험합니다. 유권자의 자격 조건을 변경하려는 시도로 인해 그 원천이 열릴 것 같군요. 그것은 끝이 없을 것입니다. 새로운 요구들이 등장할 겁니다. 여성들은 선거권을 요구하겠지요. 12세부터 21세까지의 소년들은 자신들의 권리가 충분히 고려되지 않았다고 생각할 것이며, 동전 한푼 없는 남자들 모두 제반 국가적 사안에서 다른 이들과 동등한 발언권을 요구할 겁니다.

애덤스는 여성이나 아동들이 선거권을 요구할 거라는 점까지는 심각하게 고려하지 못했으나 선거권을 무산자 남성에게로 확대할 경우 발생할 결과를 두려워했다. 사회적 서열의 밑바닥에 있는 자들의 훨씬 더 몰상식한 요구를 지적하며 "동전 한푼 없는 남자들 모두"에 반대하는 논지를 펴는 것은 쉬운 일이었다.[2]

미국과 프랑스 양국에서 권리 선언은 정치적 지위의 차이는 밝히지 않은 채 '인간', '시민', '인민', 그리고 '사회'를 언급했다. 하지만 프랑스의 인권 선언문이 정초되기 이전에 이미 명민한 헌법 이론가 시에예스 신부는 공민의 자연적이고 시민적인 권리와 정치적 권리를 구분할 것을 주장했다. 여성, 아동, 외국인, 그리고 세금을 내지 않는 자들은 그저 '수동적' 시민일 수밖에 없다. "공적 체제의 수립에 기여하는 이들만이 이를테면 큰 사회적 사업의 진정한 주주株主와 같다. 그들만이 진정한 능동적 시민이다."[3]

동일한 원리가 대서양 맞은편에서도 관철되었다. 식민지의 13개 주들은 여성, 흑인, 아메리카 원주민, 그리고 무산자의 선거권을 부정했다. 예컨대 델라웨어주에서는 참정권이 백인 성인 남성, 그것도 50에이커의 땅을 소유하고 델라웨어에 2년은 거주했고 본토박이거나 귀화했으며 로마 가톨릭교회의 권위를 부정하고 구약 및 신약 성서의 신성함을 인정하는 이들로 국한되었다. 독립을 쟁취한 이후 몇몇 주는 더욱 자유주의적인 법안을 발효했다. 예를 들어 펜실베이니아주는 많든 적든 세금을 내는 모든 남성에게로 선거권을 확대했고, 뉴저지주는 유산 계층 여성에게 선거권을 잠시 허용했다. 하지만 대부분의 주들은 계속해서 재산에 따라 자격을 구분했으며, 많은 주들이 종교상의 심의를 적어도 얼마간은 유지했다. 애덤스는 당시의 지배적인 견해를 정식화했다. "재산이 전혀 없는, 얼마 안 되는 사람들로 하여금 자기 자신의 일을 판단하도록 하는 것은 인간의 마음이 유약하기 때문이다."[4]

권리 확대의 기초적인 연대기는 프랑스의 경우에 더 쉽게 추적할 수 있다. 미국에서는 개별 주들이 정치적 권리를 좌지우지한 데 반해, 프랑스에서는 이를 국법으로 정했다. 1789년 10월 20일에서 27일 사이에 국회의원들은 선거 자격 조건을 명시한 일련의 법령을 통과시켰다. (1) 프랑스인이거나 귀화해서 프랑스인이 된 경우 (2) 25세로 확정된 성년에 이른 경우 (3) 프랑스령領 내에 최소 1년은 거주한 경우 (4) 해당 지역 기준 3일간 노동의 가치에 준하는 세율의 직접세를 납부한 경우(공직 자격을 얻기 위해서는 더 높은 세율이 요청되었다) (5) 가정의 종복이 아닌 경우. 의원들은 이러한 요구사항들을 확정하면서도 종교, 인종, 성에 대해서는 한마디도 언급하지 않았다. 물론 여성과 노예가 배제되었음은 확실히 감지할 수 있다.

몇 달, 몇 해에 걸쳐 이 집단에서 저 집단으로 옮겨가며 저마다 특수한 논쟁을 벌였고 그들 중 대부분은 결국 평등한 정치적 권리를 얻어냈다. 신교도 남성들은 1789년 12월 24일 모든 직종들과 더불어 권리를 획득했다. 유대인 남성도 1791년 9월 27일 결국 권리를 얻었다. 몇몇 해방된 흑인 남성들은 1791년 5월 15일 정치적 권리를 얻었다. 이들은 9월 24일 권리를 상실했다가 다시 획득하여 1792년 4월 4일에 이르러 더욱 널리 적용받게 되었다. 1792년 8월 10일, 선거권은 종복과 실업자를 제외한 모든 남성에게 확대(프랑스 본국에서)되었다. 1794년 2월 4일 노예제가 폐지되었고, 적어도 원칙적으로는 동등한 권리가 노예에게도 주어졌다. 이처럼 이전에 시민권을 박탈당한 집단의 경우에도 정치적 권리가 상상하기 힘들 만큼 확대되었으나 여성은 그 선을 넘을 수 없었다. 여성은 혁명기에 결코 평등한 정치적 권리를 얻지 못했다. 그럼에도 동등한 상속권과 이혼의 권리를 획득했다.

권리의 논리: 종교적 소수자들

프랑스혁명은 인권이 내적 논리를 갖고 있음을 여타 사건보다 잘 드러내주었다. 의원들이 그들의 고귀한 이상을 특정 법안으로 구체화해야 할 필요성을 절감했을 때, 그들은 부지불식간에 상상 가능성 혹은 사고 가능성의 등급을 발전시켰다. 어떤 집단이 언제 토론에 불을 붙일지, 또는 그들의 지위 문제에 대한 해결책은 무엇일지 그 누구도 미리 알지 못했다. 그러나 얼마 후, 몇몇 집단(예컨대 개신교도)에 권리를 부여하는 것이 여타 집단(여성)에 부여하는 것보다 쉽다는 점이 분명해졌다. 상상 가능성이 높은 집단이 토론에 불을 붙이자마자(유산 계층 남성, 개신교도), 같은 범주에 속하지만 상상 가능성이 더 낮은 집단이 불가피하게 의사일정에 오르게 된다. 우여곡절이 있었지만 결국은 그런 경향으로 이어졌다. 예를 들면, 유대인의 권리를 반대하는 이들은 유대인의 권리 문제를 토의하는 의원들을 납득시키기 위해 개신교도의 경우를 이용했다(유대인과 달리, 그들은 적어도 기독교인이었다). 하지만 채 2년도 되기 전에 유대인은 평등한 권리를 획득했다. 이는 부분적으로 그들의 권리에 대한 명료한 토의가 유대인에 대한 권리 부여를 좀더 상상할 수 있는 것으로 만들었기 때문이다.

이런 논리가 작동되는 데 있어 「인간과 시민의 권리 선언」에 깃든 것으로 추정되는 형이상학적 본성은 매우 긍정적인 자산임이 드러났다. 세부 항목에 대한 질문을 아예 제쳐놓았다는 바로 그 이유로 1789년 7, 8월에 행해진 일반원리에 대한 토론에서 결국 필요한 세부 항목을 더 급진적으로 해석할 수 있게 되었다. 선언은 인간성의 보편적 권리와 프랑스 국민 및 시민의 일반적인 정치적 권리를 제시하도록 설계되었다. 정부기관은 이 운동이 일반론으로부터 특수론으로 나아갈 것을 요구했다. 그러니까 선거가 제도화되자마자 투표와 공직 수여 자격에 대한 규정이 절실해졌다. 일반론으로부터 시작하는 이점은 일단 특수가 문제가 되자 분명해졌다.

개신교도들은 고려해야 할 첫번째 정체성 집단이었고, 그들에 대한 논의에서는 곧이은 분쟁에 지속적으로 나타나는 특징이 드러났다. 한 집단을 따로 분리해서 고려할 수는 없었다. 개신교도는 유대인 문제를 제기하지 않고는 등장할 수 없었다. 마찬가지로 배우의 권리는 사형집행인의 망령을 드러내지 않고는, 해방된 흑인의 권리는 노예에 주목하지 않고는 문제 삼을 수 없었다. 팸플릿 저자가 여성의 권리에 대해 쓸 때, 그들은 불가피하게 자신을 무산자 남성 및 노예와 비교했다. 성년의 시점(그것은 1792년에 이르러 25세에서 21세로 낮아졌다)에 대한 토론조차 토론자들과 아동 간의 비교에 의존했다. 개신교도, 유대인, 자유 신분의 흑인, 혹은 여성의 지위와 권리는 대체로 정체政體를 구성하는 더 큰 집단 연결망에서의 위상에 따라 규정되었다.

개신교도와 유대인은 이미 선언문 정초를 둘러싼 논의에서 함께 문제시되었다. 귀족 출신의 젊은 의원 카스텔란Castellane 백작은 개신교도와 유대인들이 "권리들 중 가장 신성한, 종교 자유의 권리"를 향유할 수 있어야 하지만, 어떠한 특정 종교도 선언문에 언급되어서는 곤란하다고 주장했다. 생테티엔느는 칼뱅주의자들이 많이 살던 랑그독 지방의 칼뱅주의 목사로, 비구교도의 종교적 자유를 위해 스스로 작성한 지역 불만 목록을 들고나왔다. 생테티엔느는 비구교도에 유대인을 포함시켰으나 토론에 참여한 다른 사람들과 마찬가지로 종교의 자유를 주장했지, 소수자의 정치적 권리를 주장한 것은 아니었다. 한참 격론을 벌인 후 의원들은 8월에 정치적 권리에 대한 언급이 없는 타협적 조항 하나를 채택했다(선언의 10조). "어느 누구도 자신의 의견을 표명할 때, 심지어 종교적 의견일지라도, 법이 정한 공공질서를 저해하지 않는 한 침해를 받지 않는다." 이 조항은 일부러 모호하게 작성되었고, 종교의 자유를 열렬히 반대해온 이들 중 일부는 심지어 보수파의 승리로 해석하기까지 했다. 과연 개신교도들의 공적인 예배가 "공공질서를 저해하지" 않을 것인가?⁵

그럼에도 불구하고 그 조항을 채택한 지 6개월도 안 되는 12월까지는 의원들 대부분이 종교의 자유를 당연시하게 되었다. 그러나 종교의 자유가 종교적 소수자에게도 평등한 정치적 권리를 부여하는 것을 의미했던가? 1789년 12월 14일 시정 선거 규정안을 정초한 지 단 1주 만에 브뤼네 드 라튀크는 개신교도의 정치적 권리 문제를 제기했다. 그는 동료들에게 비구교도들이 규정안에 거론되지 않았다는 이유로 투표인 명부에서 제외되었다고 알렸다. "당신들은 분명히 원치 않을 것입니다, 의원님들." 그는 희망적으로 말했다. "종교적 소신이 일부 시민을 배제하고 다른 이들은 인정하는 공식 근거가 되도록 획책하는 일을 말입니다." 브뤼네의 말은 효과가 있었다. 의원들은 이전 행동들을 현재 시각에서 해석해야 했다. 개신교도에 반대하는 이들은 국회가 개신교도의 투표 참여를 허용하는 법령을 의결하지 않았으므로 개신교도에게는 그런 권리가 없다고 주장하고 싶어했다. 실로 개신교도들은 1685년 「낭트 칙령」의 폐지 이래 법률이 보장하는 정치적 직책에서 줄곧 배제되었으며, 차후 어떠한 법령도 그들의 정치적 지위를 형식상 변경하지 않았던 것이다. 브뤼네와 그의 지지자들은 「인간과 시민의 권리 선언」에 표명된 일반원리는 어떠한 배제도 불허하기에, 적정한 경제적 조건을 갖춘 성년이라면 누구나 자동적으로 자격을 얻게 되므로 개신교도에 대한 이전의 탄핵은 더이상 유효하지 않다고 주장했다.[6]

달리 말하자면, 선언의 추상적 보편주의는 이제 제자리로 돌아왔다. 브뤼네를 비롯한 어느 누구도 여성 권리의 문제에는 초점을 두지 않았다. 자동으로 자격을 얻는 문제에서 성적 차이는 분명 고려사항이 아니었다. 그러나 개신교도의 하찮은 지위가 이 같은 방식으로 문제 제기되자 이내 수문이 열렸다. 일부 의원들은 이에 경고를 보내며 반대했다. 클레르몽 토네르는 개신교도로부터 모든 종교와 직종으로 문호를 확대할 것을 제안해 격론을 불러일으켰다. 비록 개신교도의 권리 문제가 토론의 출발점이 되기는 했지만 이제는 거의 모든 사람이 신교도 역시 구교도와 동일한 권리를 향유한다는 것을 당연하게 받아들였다. 권리를 사형집행인과 배우들에게로 확대하는 일은 단지 산발적이고 시시한 반대를 낳았을 뿐이지만, 유대인에게 정치적 권리를 부여하자는 제안은 성난 저항을 불러일으켰다. 언젠가 실현될지 모를 유대인 해방에 마음을 열어놓고 있던 의원조차도 다음과 같이 주장했다. "그들의 게으름, 눈치 없음 등은 그들이 처한 법률과 여러 굴욕적 조건의 필연적 결과로서 이 모든 것이 더해져 그들을 추악하게 만들고 있다." 그가 볼 때, 유대인에게 권리를 주는 것은 대중들의 역공세를 낳을 뿐이었다(실제로 반反유대인 폭동이 이미 동부 프랑스에서 발생했다). 1789년 12월 24일 크리스마스이브에 국회는 평등한 정치적 권리를 '비구교도'와 전 직종으로 확대할 것을 의결했다. 이때 유대인의 정치적 권리 문제는 묵살되었다. 개신교도의 정치적 권리를 승인하는 표수는 투표 참여 의원의 성향에 부응하여 상당했으며, 한 의원은 자신의 간행물에 "법령이 통과된 순간의 환희"에 대해 쓰기도 했다.[7]

개신교도에 대한 의견이 급변한 것은 놀랍기 그지없다. 1787년 「관용에 관한 칙령」이 발효되기 전까지 개신교도는 종교, 혼인, 혹은 유산 상속에서 법적 자격을 갖지 못했다. 1787년 이후에야 혼인, 종교 행사를 지역 공무원 앞에서 떳떳이 치르고 자식의 출생을 등록할 수 있었다. 하지만 그들은 그저 시민권을 얻었을 뿐 동등한 정치참여의 권리를 얻지는 못했다. 그들은 여전히 공적인 종교 의례의 권리를 누리지 못했는데, 그것은 오로지 구교도에게만 주어졌다. 일부 고등법원은 1788년과 1789년에 이르기까지 칙령이 인가한 권리의 적용에 계속 저항했다. 1789년 8월, 대부분의 의원들이 진정으로 종교의 자유를 지지했는지는 분명치 않지만, 12월 말까지 그들은 개신교도에게 평등한 권리를 인가했다.

이 같은 사고의 변화를 어떻게 설명할 것인가? 생테티엔느는 태도상의 변화를 개신교도 의원들이 시정상의 책임성을 보여준 덕으로 돌렸다. 그 자신을 포함해 24명의 개신교도가 1789년 의원으로 선출되었다. 심지어 개신교도들이 공적인 파문을 불사하며 공직을 얻기 전에도, 그리고 1789년 초의 불안정 속에서도 많은 개신교도들은 삼부회 선거에 참여했다. 국민의회를 연구한 선구적 역사가인 티모시 태킷Timothy Tackett은 개신교도에 대한 여론의 변화가 의회 내 정치투쟁에 기인한다고 설명했다. 우파의 방해공작에 점점 더 역겨워진 중도파가 개신교도 권리 증대를 지지하는 좌파쪽에 서게 된 것이다. 그러나 태킷이 방해공작을 엿볼 수 있는 최상의 사례로 든, 골치 아픈 성직자 의원 장 모리Jean Maury 신부는 개신교도의 권리를 주장했다. 모리의 입장은 이 과정에 대한 실마리를 제공한다. 왜냐하면 그는 개신교도의 정치적 권리에 대한 지지를 유대인의 정치적 권리에 대한 거부와 연결시켰기 때문이다. "개신교도는 우리와 같은 종교와 법을 갖습니다. [……] 그들은 이미 같은 권리를 누리고 있습니다." 모리는 이 같은 방식으로 개신교도와 유대인을 차별화하려고 노력했다. 그러나 남프랑스에 거주하는 스페인과 포르투갈 출신 유대인들은 즉각 국민의회에 제출할 청원서를 준비하기 시작했는데, 그들의 주장에 따르면 그들 또한 이미 지역 차원에서 정치적 권리를 행사하고 있다는 것이었다. 하나의 종교적 소수파를 격상시키고 여타 소수파를 깎아내리려는 시도란 문 사이 틈을 벌리는 일에 지나지 않았다.[8] 개신교도의 지위는 이론과 실천 모두에 의해 변경되었다. 즉 종교적 자유의 일반원리에 대해 토의함으로써, 그리고 지역적·전국적 사안에 개신교도가 실질적으로 참여하여 변경된 것이다. 브뤼네 드 라튀크는 "종교적 소신이 일부 시민을 배제하고 다른 이들은 인정하는 공식 근거가 되는 것"을 의원들이 원했을 리 만무하다고 주장하면서 종교적 자유의 일반원리를 상기시켰다. 모리는 일반적 논점은 인정하고 싶지 않았지만 실제 논점은 받아들였다. 개신교도는 이미 구교도와 같은 권리를 행사했다. 8월에 행해진 대토론회는 의도적으로 사안을 미해결로 남겨두었다. 이는 재해석의 가능성을 열어두고, 더 중요하게는 지역적 사안에 참여할 가능성을 남겨놓으려는 것이었다. 개신교도는 물론 일부 유대인들조차 기왕에 마련된 새로운 기회를 최대한 살리고자 몰려들었다.

1787년 「관용에 관한 칙령」이 발효되기 이전의 개신교도들과는 달리, 프랑스의 유대인들은 공개적으로 자신의 종교를 밝혀도 처벌받지 않았다. 하지만 그들은 시민적 권리를 그다지 향유하지 못했고 정치적 권리는 전혀 갖지 못했다. 사실상 유대인이 프랑스인일 수 있는지가 적잖이 문제시되었다. 칼뱅주의자들이 이교를 받아들여 잘못된 길로 들어선 프랑스인이라면, 유대인은 본래 프랑스 안에 분리된 민족을 이룬 외국인이었다. 따라서 알자스 지방의 유대인은 공공연히 '알자스의 유대 민족'으로 알려져 있었다. 그러나 당시에 '민족'은 이후 19세기나 20세기보다 민족주의적인 의미를 덜 지녔다. 프랑스에 거주하는 대부분의 유대인들과 마찬가지로, 알자스의 유대인도 왕의 특별 서한에 그 권리와 의무가 규정된 유대인 공동체에서 살 때만 한 민족을 이루었다. 그들은 일부 자신의 일에 대한 자결권과 더불어 자신들의 법정에서 재판할 권리를 지녔으나, 상거래 종목, 주거 장소, 취업 직종이 제한되는 고통을 겪었다.[9]

계몽주의 작가들은 유대인에게 항상 긍정적인 입장을 보이진 않았지만 이들에 대해 자주 거론했다. 1787년 개신교도에게 시민권이 부여된 이후 관심의 초점은 유대인의 상황을 개선하는 문제로 옮아갔다. 루이

16세는 1788년 이 문제를 연구하기 위한 위원회를 꾸리도록 명했다. 물론 혁명 전에 행동을 취하기에는 너무 늦은 조치였다. 유대인의 정치적 권리가 개신교도보다 서열상 낮았음에도, 유대인들은 주목받았다는 것만으로도 이득을 얻었다. 하지만 토론이 곧바로 권리로 이어진 것은 아니었다. 1789년 봄에 작성된 307개의 불만사항 목록에 분명 유대인 문제가 언급되었으나 여기에 제시된 의견들은 제각각이었다. 17%는 프랑스 거주가 허가되는 유대인의 수에 제한을 두라고 촉구했고, 9%는 그들을 축출하자는 주장을 옹호한 반면, 오로지 9~10%만이 유대인의 조건을 향상시킬 것을 촉구했다. 수천 개의 불만사항 목록 가운데 오로지 8개만이 유대인에게 동등한 권리를 부여할 것을 주장했다. 동등한 권리를 여성에게도 부여하자는 주장은 여전히 더 적었다.[10]

유대인의 권리는 권리 문제를 처음 제기했을 때 종종 기대에 어긋난 결과를 낳는 일반원칙에 부합하는 듯하다. 불만사항 목록이 보여주는 대체적으로 부정적인 입장은 1789년 12월에 의원들이 유대인에 대한 정치적 권리 부여를 거부한 사태를 예고한 것이었다. 그렇지만 그후 스무 달이 넘도록 권리의 논리가 토의를 진전시켰다. 유대인의 권리에 대한 논의가 본격적으로 의사일정에 오른 지 고작 한 달이 지났을 때, 남프랑스의 스페인 및 포르투갈 출신 유대인들은, 자신들도 개신교도들처럼 보르도 같은 몇몇 남프랑스 도시에서 정치에 참여하고 있다고 주장하는 청원서를 국회에 제출했다. 헌법위원회의 연설 석상에서 자유주의 성향의 가톨릭 주교 샤를 모리스 드 탈레랑 페리고르Charles-Maurice de Talleyrand-Périgord는 그들의 지위를 본질적으로 인정했다. 유대인들은 새로운 시민권을 요구하지 않는다며 이렇게 주장했다. 그들은 "그러한 권리를 계속해서 누릴 것"을 주장하고 있을 뿐이다. 그들도 개신교도들처럼 이미 권리를 행사하고 있기 때문이다. 따라서 국회는 유대인 전체의 지위를 변경시키지 않고도 일부 유대인에게 권리를 부여할 수 있다. 이 같은 방식으로, 실제 상황을 밝히는 논리가 엄중한 차별을 원하는 이들에 대한 반대 논리로 변모할 수 있었다.[11]

탈레랑의 연설로 소란이 빚어졌고, 특히 유대인 인구가 가장 많던 알자스 로렌 출신 의원들 사이에서 그러했다. 동부 프랑스의 유대인들은 이디시어를 구사하는 아시케나지Ashkenazim였다. 이들은 보르도의 세파르디Sephardim와는 달리 남성은 턱수염을 길렀는데, 프랑스 법규는 그들에게 주로 고리대금업과 행상만을 직업으로 허용해주었다. 그들과 그들에게 빚진 농민 사이에는 잃어버릴 애정 따위는 아예 있지도 않았다. 이 지역에서 온 의원들은 탈레랑식 처방의 불가피한 결과를 지적하는 데 주저함이 없었다. "보르도의 유대인들(주로 세파르디)을 예외로 치면 곧 왕국 내의 여타 유대인들도 마찬가지 예외일 것이다." 맹렬한 반대의견이 표명되었지만 그럼에도 의원들은 374대 224로 다음을 표결했다. "포르투갈, 스페인, 아비뇽의 유대인으로 알려진 모든 유대인은 지금까지 그들이 행사해온 권리를 계속해서 행사한다." 따라서 "그들은 [능동적 시민에 대한] 국민의회의 법령이 정한 요구사항을 충족시키는 한 능동적 시민의 권리를 행사한다".[12]

일부 유대인에게는 유리한 표결이 장기적으로 볼 때 여타 유대인들에게는 불리한 결과를 낳았다. 1791년 9월 27일 의회는 유대인과 관련된 이전의 모든 보류와 예외조항을 무효화하고, 이에 따라 그들 모두에게 평등한 권리를 부여했다. 의회는 또한 유대인에게, 예전에 왕정이 타협하여 부여한 개개 특권과 예외조항을 거부한다는 시민 서약을 하도록 요구했다. 클레르몽 토네르는 "우리는 한 민족으로서의 유대인에 대해서는 모든 것을 거부해야 하고 개인으로서의 유대인에게는 모든 것을 허가해야 한다"고 말했다. 자신의 법정과 법률을 포기하는 대가로 그들은 다른 이들과 같은 프랑스 시민 개인이 될 것이다. 또다시 실천과 이론이 역동적으로 상호작용했다. 이론, 즉 선언에 표명된 원리가 없었다면, 이러한 권리를 이미 행사하고 있는 일부 유대인에 대한 언급은 그다지 영향력을 발휘할 수 없었을 것이다. 실천에 호소하지 않았다면, 이 이론은 단지 글자로 남았을 공산이 크다(여성에 대해 명백히 그러했듯이).[13]

그럼에도 불구하고 입법부가 곧바로 권리를 부여한 것은 아니었다. 권리에 대한 논쟁이 소수파 공동체들로 하여금 스스로를 대변하고 동등하게 인정받기를 요구하도록 고무했다. 개신교도는 이미 국회의원으로 선출된 자신의 대표들을 통해 발언할 수 있었기에 권리에 좀더 접근할 수 있었다. 그렇지만 법인체가 되지 못하고 수적으로도 기껏해야 수백 명에 지나지 않던 파리의 유대인들은 1789년 8월에야 처음으로 국민의회에 청원서를 제출했다. 그들은 이미 의원들에게 "시민으로서 우리의 자격과 권리를 확정해줄 것"을 요구하고 있었다. 한 주가 지난 후 알자스와 로렌의 더 광범위한 유대인 공동체 대표자들 또한 시민권을 요구하는 공개서한을 내놓았다. 의원들이 1790년 1월 남부 유대인의 권리를 인정했을 때, 파리, 알자스와 로렌의 유대인들은 연합 청원서를 제출하기 위해 단결했다. 일부 의원들이 유대인이 과연 진정으로 프랑스 시민이 되기를 원하는지 의구심을 표하자 청원서를 발의한 의원들은 자신들의 입장을 분명히 밝혔다. "그들은 자신들이 겪고 있는 모욕적인 차별이 폐지되고 시민으로 공인받기를 요구한다." 발의에 동참한 의원들은 어느 단추를 눌러야 하는지를 잘 알고 있었다. 유대인에 대한 오래된 편견을 신중히 검토한 뒤, 그들은 역사적 불가피성에 호소하는 결론을 내렸다. "모든 것은 변화한다. 많은 유대인들이 동시에 변해야 한다. 그러면 사람들은 이러한 특수한 변화보다 매일 주변에서 접하는 이들 때문에 더 놀라게 될 것이다. [……] 많은 유대인의 발전을 혁명과 관련짓자. 그러니까 이러한 부분적 혁명을 전체 혁명에 융합시키자." 그들은 팸플릿 작성 날짜를 의회가 남부 유대인들에게 예외조항을 허용할 것을 의결한 바로 그날로 기입해놓았다.[14]

그리하여 두 해 안에 종교적 소수파는 프랑스에서 평등한 권리를 얻었다. 편견은 확실히 사라졌으며, 특히 유대인에 대해서 그러했다. 하지만 그토록 단기간에 나타난 변화에 대해 혐오감도 없지 않았다. 대영제국에서 구교도는 1793년 처음으로 군대와 대학, 사법부에 들어갈 자격을 얻었다. 영국의 유대인은 동일한 권리를 얻어내기 위해 1845년까지 기다려야 했다. 구교도는 1829년 이후에 비로소 영국 의회의 구성원으로 선출되었다. 유대인은 1858년 이후에야 가능했다. 신생 미합중국의 경우는 조금 나았다. 영국령 북아메리카 식민지에 거주하던 유대인은 기껏해야 2,500명 남짓이었는데, 이들은 정치적 평등을 누리지 못했다. 독립 이후 신생 미합중국 연방 주 대부분은 공직 수여 대상을 여전히 개신교도로 제한했다(일부 주에서는 그렇게 의결했다). 1789년 9월 초안이 마련되고 1791년 비준된 미합중국 최초의 개헌은 종교의 자유를 보장했고 이후 연방 주들은 점차 종교 검증을 폐지해나갔다. 이 과정은 영국에서 그랬던 것처럼 대개 2단계로 진행되었다. 처음에는 구교도, 다음에는 유대인이 완전한 정치적 권리를 획득했다. 일례로, 매사추세츠주는 1789년 "기독교인이면" 누구에게나 공직을 수여할 수 있도록 했다. 물론 이 같은 추세가 모든 종교로 확대되기 위해서는 1833년까지 기다려야 했다. 제퍼슨이 선도한 바에 따라 버지니아주는 좀더 신속히 움직여 1780년에 평등한 권리를 인가했고, 1790년 사우스캐롤라이나와 펜실베이니아가 뒤를 따랐다. 로드아일랜드는 1842년이 되어서야 비로소 결정을 내렸다.[15]

자유 신분의 흑인, 노예 그리고 인종

권리라는 혁명적 논리가 뿜어내는 불도저 같은 힘은 자유 신분의 흑인과 노예에 대한 프랑스의 판결에서 좀더 선명하게 드러난다. 이를 이해하는 데는 역시 비교가 효과적이다. 프랑스는 자유 신분의 흑인에게 평등한 정치적 권리를 부여했고(1792), 노예를 소유한 다른 어떤 민족보다 먼저 노예를 해방했다(1794). 비록 신생 미합중국이 사촌뻘인 영국에 훨씬 앞서 종교적 소수파에 권리를 부여하긴 했지만 이것이 노예 문제에까지 적용되는 데는 꽤 많은 시간이 걸렸다. 노예무역 폐지를 위한 퀘이커교도협회가 선두에 서서 수년간의 청원운동을 벌인 후, 영국 의회는 1807년에 노예무역 행위를 종식시킬 것을 의결했고, 1833년에는 영국령 식민지에서 노예제 폐지를 결정했다. 미국의 기록은 더 나쁜데, 1787년의 제헌의회가 연방정부의 노예제 통제를 인가하지 않았기 때문이다. 비록 의회도 1807년에 이르러 노예 수입 금지를 의결하기는 했으나, 미합중국은 13개조 개헌안이 비준되는 1865년까지는 노예제를 공식적으로 폐지하지 않왔다. 더욱이 자유 신분 흑인의 지위는 1776년 이후 많은 주에서 사실상 하락했고, 1857년의 악명 높은 드레드 스콧Dred Scott 소송(드레드 스콧[1799~1858]은 미국의 흑인 노예로, 1857년 자유를 쟁취하기 위해 소송을 제기했다. 미 연방 대법원은 이 소송을 기각하고 아프리카 혈통의 경우 그 누구도 미국 시민권을 얻을 수 없다고 천명했다. 이 소송은 노예제가 유지되는 주에서 구매한 노예가 노예제를 폐지한 주에서 살 때 과연 자유를 얻을 수 있는지에 관한 논쟁을 야기했다 — 옮긴이) 때 맨 밑바닥까지 추락했다. 이때 미합중국 대법원은 노예든 자유 신분이든 흑인은 시민이 아니라고 천명했다. 스콧 소송 결과는 1868년 14개조의 개헌안이 비준되었을 때 비로소 뒤집혔다. 이들 개헌안은 다음을 보장했다. "미합중국에서 태어나거나 귀화하였고 그 관할권에 속하는 모든 개인은 미합중국과 그들이 거주하는 연방 주의 시민이다."[16]

프랑스의 노예제 폐지론자들은 영국의 선구적 예를 따랐는데, 노예무역 폐지를 위한 영국 협회를 모델로 삼아 1788년 자매협회를 설립했다. 폭넓은 후원을 얻지 못했던 프랑스 흑인의벗협회는, 만약 1789년의 사건이 발생하지 않아 큰 주목을 받지 못했더라면 붕괴되어버렸을 것이다. 흑인의벗협회에는 여타 분야의 인권운동으로 잘 알려진 브리소, 콩도르세, 라파예트, 그리고 밥티스트 앙리 그레구아Baptiste-Henri Grégoire 신부 같은 명망가들이 참여하고 있었으므로 협회의 의견은 무시될 수 없었다. 이미 1789년 이전부터 로렌 출신의 가톨릭 성직자 그레구아는 동부 프랑스에 존속하던 유대인에 대한 제한 조항을 완화할 것을 주장했다. 1789년 그는 피부색에 상관없이 자유민의 평등한 권리를 옹호하는 팸플릿을 발간했다. 그는 백인 식민주의자의 인종주의가 급성장하고 있음에 주목했다. "백인은 권세를 휘두르며 부당하게도 피부색이 어두운 사람은 사회적 불이익을 당하는 것이 마땅하다고 천명해왔다."[17]

하지만 자유 신분의 흑인과 혼혈인에게 권리를 부여하고 노예제를 철폐하는 일은 여간해서는 환호받기 힘들었다. 신생 국민의회에서는 노예제와 그로 인한 엄청난 부에 집착하는 자들이 노예제 폐지론자들보다 더 많았다. 백인 농장주들과 대서양 연안 항구도시의 상인들은 흑인의 벗협회에 대해 노예 반란을 사주하기 위해 광분한 족속으로 묘사했다. 1790년 3월 8일 의원들은 식민지의 경우 헌법에, 따라서 「인간과 시민의 권리 선언」에 저촉되지 않는다고 의결했다. 식민지 위원회의 대변인 앙투안 바르나브Antoine Barnave는 다음과 같이 설명했다. "일반원리의 엄격하고 보편적인 적용은 (식민지의 경우) 적합하지 않을 수 있다. [⋯⋯] 장소, 관습, 기후, 그리고 생산물의 차이는 우리에게 법률상의 차이를 요구하는 듯했다." 법령 또한 식민지에서 분란을 조장하는 행위를 범죄로 규정했다.[18]

이러한 거부에도 불구하고, 권리에 대한 토론은 결국 식민지에서 사회적 척도를 관철하는 결과를 낳았다. 이 같은 추세는 가장 크고 부유한 식민지였던 생도맹그Saint Domingue(현재 아이티Haiti)의 백인 농장주들에 의해 촉발되었다. 1788년 중엽 이들은 식민지 무역의 개혁, 그리고 개최를 앞두고 있던 삼부회의 대표자 자격의 개혁을 요구하고 나섰다. 그리고 국민 정부가 노예제에 간섭하려 든다면 북아메리카처럼 독립을 감행할 것이라고 협박했다. 다른 한편, 하위계층 백인들은 프랑스혁명으로 인해 한낱 장인이나 소매상과는 정치적 권력을 나눌 생각이 전혀 없던 부유한 백인들과 자신들이 평등해질 것으로 기대해 마지않았다.

기성 질서의 유지를 더 위협했던 것은 자유 신분의 흑인과 혼혈인의 증대되는 요구였다. 국왕의 칙령에 의해 대부분의 직종에서 배제되거나 심지어는 백인 친척의 이름조차 차용할 수 없었음에도 유색인종 자유민들은 상당한 재산을 소유했다. 예컨대 생도맹그 농장의 3분의 1, 노예의 4분의 1이 그들 소유였다. 그들은 심지어 노예제 유지에서도 백인과 동등하게 대우받고 싶어했다. 파리를 방문한 그들의 사절 중 한 사람인 뱅상 오제Vincent Ogé는 농장소유자라는 공동의 이익을 강조함으로써 백인 농장주들을 자기편으로 끌어들이려 애썼다. "우리는 유혈이 낭자하고 우리의 영지가 침략당하고 우리의 일터가 유린되고 우리의 집이 불타는 것을 볼 것입니다. [……] 노예는 반란의 수위를 높일 것입니다." 그가 제시한 해결책은 자신 같은 유색인종 자유민에게 평등한 권리를 부여하는 것이었다. 이들은 최소한 당분간은 노예 보유를 도울 터였다. 백인 농장주들에 대한 호소가 받아들여지지 않고 흑인의벗협회의 지지도 소용없음이 드러나자 오제는 생도맹그로 돌아가 1790년 가을, 유색인종 자유민의 봉기를 주도했다. 봉기는 실패로 끝나고 그는 차형에 처해졌다.[19]

그럼에도 유색인종 자유민의 권리에 대한 지지는 중단되지 않았다. 흑인의벗협회 회원들은 파리로 돌아가 선전을 계속했다. 그리하여 1791년 5월, 자유민 부모에게서 태어난 모든 유색인종 자유민에게 정치적 권리를 부여한다는 법령을 쟁취해냈다. 생도맹그의 노예들이 1791년 8월 반란을 일으킨 후에 의원들은 이처럼 지극히 조심스러운 법령마저 폐기하고, 1792년 4월 비로소 더 관용적인 법령을 통과시켰다. 혼란스러웠던 의원들의 행태는 식민지의 현실 상황이 갈피를 잡기 힘들었음을 고려할 때 그다지 놀랍지 않다. 1791년 8월 중순에 시작된 노예 반란에 같은 달 말까지 1만여 명이 가담했고, 그 수는 계속 급증했다. 무장한 노예 반군은 백인들을 학살하고 사탕수수밭과 농장 저택들을 불태웠다. 농장주들은 즉각 흑인의벗협회와 "인간의 권리에 관한 진부한 논설"의 확대를 비난하고 나섰다.[20]

유색인종 자유민은 이 투쟁에서 어떠한 위상을 지녔던가? 그들은 민병대에서 탈주 노예를 생포하는 일을 맡았고 가끔은 노예를 소유하기까지 했다. 1789년 흑인의벗협회는 스스로 노예 봉기를 차단하는 방어막이자 다가오는 노예제 폐지안의 중재자로 자리매김했다. 마침내 노예들이 봉기했다. 처음에는 흑인의벗협회의 관점을 거부했지만 1792년 초, 점점 더 많은 파리의 의원들이 필사적으로 그 관점을 옹호하기 시작했다. 그들은 유색인종 자유민들이 프랑스 군부와 동맹하고 하위계층 백인들이 농장주와 노예들에 맞서리라 기대했다. 왕년의 귀족 해군장교이자 농장주인 한 의원이 다음과 같은 주장을 펼쳤다. "이 계급(빈곤층 백인)은 유산층 자유 유색인에 의해 힘을 얻는다. 이것이 이 섬나라가 표방하는 국민의회 당파이다. [……] 식민주의자들(백인 농장주들)의 염려는 우리 혁명이 그들의 노예들에게 영향을 끼치리라 염려할 만한 모든 것들을 그들이 지니고 있다는 점에서 볼 때 충분히 근거가 있다. 인간의 권리는 그들의 부富의 토대인 체제를 전복한다. [……] 오로지 자신의 원칙을 변화시킴으로써만 [식민주의자들은] 자신의 삶과 재산을 지켜낼 것이다." 아르망 기 케르생Armand-Guy Kersaint 의원은 노예제 자체의 점진적 폐지를 계속 주장했다. 사실상 자유 흑인과 물라토mulatto는 노예 봉기 시에 줄곧 애매한 역할을 수행했다. 가끔은 노예에 반대하여 백인과 동맹했고, 때로는 백인에 반대하여 노예와 동맹하기도 했다.[21]

다시 한번 이론(권리 선언)과 실제(이 경우에는 공공연한 폭동과 반란)의 강력한 결합이 입법부를 움직였다. 케르생의 주장이 보여주듯, 인간의 권리는 피할 수 없는 논제였으며 심지어 식민지에는 그것을 적용할 수 없다고 선언한 의회에서도 그러했다. 제반 사건이 의원들로 하여금 인간의 권리의 적용 가능성을 여러 장소에, 그리고 의원들이 본래 배제하길 바랐던 집단들에도 인정하도록 촉구했다. 유색인종 자유민에게 권리를 부여하는 데 반대하는 자들은 그것을 지지하는 이들과 하나의 중심 논점에서는 일치했다. 유색인종 자유민의 권리는 노예제 자체에 대한 고려와 분리될 수 없었다. 일단 그러한 권리가 인정된다면, 다음 조치는 더욱더 불가피해질 참이었다.

1793년 여름까지, 프랑스 식민지들은 총체적 격변에 휘말렸다. 프랑스에서 하나의 공화국이 선언되었고 이제 카리브해 지역에서 영국과 스페인에 대항한 새로운 공화국 설립의 발판이 마련되었다. 백인 농장주들은 대영제국과의 동맹을 추진하였다. 생도맹그의 반란 노예들 일부는 자유를 약속받고는 섬의 동쪽 절반, 즉 산토도밍고Santo Domino를 통제하던 스페인과 연합했다. 그러나 스페인은 노예제를 폐지할 생각이 전혀 없었다. 1793년 8월 프랑스 식민당국의 전면적인 붕괴에 직면하여 프랑스에서 파견된 2명의 위원이 프랑스혁명을 위해 싸우는 노예 및 그들의 가족들을 해방시키겠다고 제안하기 시작했다. 이에 더하여 토지의 양도뿐 아니라 그달 말까지 전 지역에 자유를 선사하겠다고 나섰다. 북부의 노예를 해방시킨다는 법령은 「인간과 시민의 권리 선언」 제1조와 더불어 시작되었다. "인간은 자유롭게, 그리고 권리에 있어 평등하게 태어나 존재한다." 비록 처음에는 노예해방이 프랑스의 국력을 약화시키려는 영국의 음모라고 경계했지만, 파리에 돌아온 의원들은 1794년 2월 모든 식민지에서 노예제를 폐지할 것을 결의했다. 그들은 생도맹그에서 파견된 3명의 남성—백인, 물라토, 그리고 자유를 얻은 노예—에게 노예해방의 필요성을 보고 받고는 즉각 행동에 나섰다. "모든 식민지에서 흑인 노예제의 폐지"와 더불어 의원들은 "피부색의 구별 없이 식민지에 거주하는 모든 사람은 프랑스 시민이며 헌법이 보장한 모든 권리를 향유한다"고 포고했다.[22]

노예제 폐지는 순수한 계몽주의적 이타주의의 발로였을까? 그런 것 같지는 않다. 생도맹그에서 노예들의 폭동이 계속되고 여러 곳에서 그것이 전쟁과 결부됨에 따라 이제 파리로 돌아온 의원들에게는 선택의 여지가 남아 있지 않았다. 그들이 이 식민지 섬의 한 부분이라도 유지하기를 원했다면 말이다. 하지만 영국과 스페인의 행태가 드러내듯이, 노예제를 유지하기 위해 책략을 꾸밀 여지는 아직 많이 남아 있었다. 그들은 노예제의 전반적 폐지를 제안하지 않고서도 자기편으로 넘어오는 자들을 점차 해방시키겠다고 약속할 수 있었다. 그러나 '인간의 권리'라는 선전은 노예제 유지를 훨씬 더 힘들게 만들어버렸다. 권리에 대한 토론이 프랑스에서 확산됨에 따라 식민지를 헌법의 틀 밖에 묶어두려는 입법부의 시도는 싹이 잘려버렸다. 그것은 심지어 유색인종 자유민과 노예 스스로 새로운 요구를 하고 자기 자신을 위해 불같이 일어나는 사태를 피할 수 없게 만들었다. 처음부터 농장주와 그 동맹자들은 위협을 감지했다. 파리의 식민지 지역구 의원들은 고향에 은밀히 편지를 보내 "사람과 동태를 계속해서 감시하라. 수상한 자는 체포하라. '자유'라는 단어가 표명된 문서는 무엇이든 압수하라"고 친구들에게 권고했다. 노예들이 인간의 권리라는 원칙의 모든 세세한 논점을 파악하지는 못했겠지만, 그 말 자체는 부적 같은 효과를 낳았음을 부인하기 힘들다. 노예 출신으로 반란의 주역인 투생 루베르튀르Toussaint-Louverture는 1793년 8월 다음과 같이 천명했다. "나는 생도맹그에서 자유와 평등이 지배하기를 원한다. 나는 그것을 실현하기 위해 일한다. 우리에게 동참하라. 형제들(반란에 가담한 동지들)이여, 같은 뜻을 위해 우리와 함께 싸우자." 애당초 인권 선언이 없었다면 1794년의 노예제 폐지란 상상하기 힘들었을 것이다.[23]

1802년 나폴레옹은 프랑스에서 대규모 원정군을 보내 투생 루베르튀르를 생포하고 프랑스 식민지에서 노예제를 재구축하도록 했다. 프랑스로 이송된 투생 루베르튀르는 차디찬 감옥에서 사망했다. 윌리엄 워즈워스William Wordsworth가 그를 찬미했고, 모든 노예제 폐지론자들이 기렸다. 워즈워스는 자유에 대한 투생의 열망을 받들었다.

비록 추락하여 다시는 일어나지 못했으나
살아나서 위로로 삼으시구려. 그대는 남겨놓았네
그대를 위해 일할 세력을: 대기, 대지, 그리고 천공;
그대를 잊어버릴 만큼 비속한 바람을 호흡하는 일은 없기에;
그대는 대단한 동맹 세력을 지니고 있다네
그대의 벗들은 환희, 고통,
그리고 사랑, 또한 인간의 정복될 수 없는 정신이라네.

나폴레옹은 제2공화정이 등장하는 1848년까지 프랑스 식민지에서 노예제의 최종 폐지를 지연시켰다. 그러나 시계를 계속 거꾸로 돌려놓을 수는 없었다. 생도맹그의 노예들은 자신의 운명을 받아들이기를 거부했고, 프랑스인들이 철수할 때까지 성공적으로 나폴레옹의 군대에 맞섰다. 그 결과 해방 노예가 이끄는 최초의 국가, 즉 독립국 아이티가 탄생했다. 6만 명의 프랑스, 스위스, 독일, 폴란드 군인들이 섬으로 보내졌으나 단 몇천 명만이 대양을 건너 귀환했다. 다른 이들은 잔인한 전투, 또는 원정군 총 사령관을 포함해 수천 명의 생을 앗아간 황열병으로 쓰러졌다. 심지어는 노예제가 성공적으로 복구되었던 식민지들에서도 자유의 감각은 잊히지 않았다. 프랑스의 1830년 혁명이 초超보수적인 군주정을 몰아낸 이후, 한 노예제 폐지론자는 과들루프Guadeloupe를 방문하여 그가 가져온 3색기에 노예들이 보인 반응에 관해 보고했다. 3색기는 공화국이 1794년에 채택한 바 있다. "우리 해방의 영광스러운 기호여, 우리가 인사드립니다!"라고 15~16명의 노예가 외쳤다. "안녕하시오, 자애로운 깃발이여, 바다 건너편에서 우리 벗들의 승리와 구원의 시간을 알리려 오셨구려."[24]

여성의 권리를 선언하다

비록 의원들이 권리 선언을 "피부색 구별 없이 모든 사람"에게 적용하는 데 동의—압박 속에서—했지만, 그중 극소수만이 여성에게도 적용하자고 말했다. 그럼에도 여성의 권리는 토론의 주제가 되었고, 의원들은 여성의 시민적 권리를 중대하고도 새로운 방향으로 확대했다. 소녀들은 남자 형제들과 평등한 상속권을 얻었고, 아내들은 남편과 동일한 근거로 이혼의 권리를 획득했다. 이혼은 프랑스 법률에서 1792년의 법제정 이전에는 허용되지 않았다. 복고 왕정은 1816년 이혼을 금했고 이혼은 1884년까지 다시 공인되지 못했다. 심지어 이혼 관련 제한 사항이 1792년 법보다 더 많았다. 여성이 18세기에, 그리고 인류 역사상 대부분의 기간에 정치적 권리에서 배제되었다면—여성은 국민투표에 참여할 권리를 19세기 말 이전에는 세계 어느 곳에서도 얻지 못했다—여성의 권리가 공공 차원에서 논의되었다는 것 자체가 외려 더 놀랄 만하다.

여성의 권리는 여타 집단보다 '상상 가능성' 등급이 확실히 더 낮았다. '여성 문제'는 유럽에서 17~18세기에 주기적으로, 특히 여성의 교육 혹은 교육의 결여와 관련하여 거론되었다. 그러나 여성의 권리는 미국혁명이나 프랑스혁명에 이르는 수년 동안 지속된 토론의 초점은 아니었다. 프랑스 개신교도, 유대인, 심지어 노예와는 대조적으로 여성의 지위는 팸플릿 전쟁, 공개적인 에세이 논쟁, 정부 위원회, 특히 흑인의벗협회 같은 조직화된 변호인 단체의 주제가 아니었다. 이는 여성이 박해받은 소수가 아니었다는 사실에 기인한다. 그들은 우리의 규범 때문에, 그리고 성性 때문에 박해받았으나 그럼에도 소수가 아니었고, 개신교도나 유대인처럼 자신의 정체성을 변화시키도록 그들을 고무하려 애쓴 사람은 아무도 없었다. 누군가 여성의 운명을 노예제에 비유한다면, 은유의 영역을 넘는 유사성을 갖기는 힘들 것이다. 법은 확실히 여성의 권리를 제한했지만 여성은 노예와는 달리 일부 권리를 지니고 있었다. 여성은 지적이지는 않더라도 도덕적이라 간주되었고, 아버지나 남편에 의존하지만 자율성이 결여돼 있다고 간주되지도 않았다. 자율성을 추구하는 그들의 기질상 모든 권위에 늘 경계심을 품게 마련이었다. 그들은 결코 침묵하지 않았고, 심지어는 정치적 사건에 대해서도 그러했다. 프랑스혁명 기간과 그 이전에 빵값을 둘

러싼 데모와 소동이 이를 여러 차례 입증했다.[25]

여성은 혁명 이전에는 명확히 분리되고 구별 가능한 정치적 범주를 형성하지 않았다. 콩도르세는 혁명 기간 중 가장 선명하게 여성의 정치적 권리를 옹호한 눈부신 예이다. 그는 이미 1781년에 노예제 폐지를 촉구하는 팸플릿을 발간했다. 농민, 개신교도, 형법체제, 자유무역의 확립과 천연두 접종에 대한 개혁안을 담고 있는 목록에서 여성은 거론되지 않았다. 혁명이 시작된 지 1년이 다 지나서야 비로소 이 인권의 선도자는 여성을 주제로 삼았다.[26]

비록 삼부회를 위한 선거에서 몇몇 여성이 대리인 자격으로 투표했고 몇 안 되는 의원들이 여성, 적어도 유산有産 과부는 미래에 선거권을 얻게 되리라고 생각했지만, 잠재적인 권리 범주로서 여성 그 자체는 1789년과 1791년 사이에 국민의회의 토론에서 거론되지 못했다. 막대한 의회기록집Archives parlementaires의 알파벳 목차는 '여성들'을 딱 두 번 언급했는데, 하나는 시민 서약을 촉구하는 브르통Breton 지역의 여성 집단이었고, 다른 하나는 주소를 보내온 파리 여성 집단이었다. 이와는 대조적으로 유대인들은 의회 토론석상에서 최소 17차례 직접 거론되었다. 1789년 말까지는 무시할 수 없는 수의 의원들이 배우, 사형집행인, 개신교도, 유대인, 자유 신분의 흑인, 그리고 빈민마저도 시민으로 상상할 수 있었다. 이처럼 상상 가능성 등급을 계속 조정했음에도 여성의 평등한 권리는 남녀 할 것 없이 거의 모든 이들에게 상상할 수 없는 상태로 남았다.[27]

하지만 여기서조차도 권리의 논리는 가히 놀랄 만큼 앞으로 나아갔다. 1790년 7월 콩도르세는 놀랄 만한 신문 사설로 독자들을 경악시켰다. "인간의 권리는 그들이 감정을 가진 존재이고 도덕적 이념을 획득하고 그러한 이념을 논증할 수 있다는 사실에 근거할 뿐이다." 여성은 동일한 특징을 갖지 않는가? 그는 주장했다. "여성이 동일한 기질을 갖는 한, 그들은 필연적으로 평등한 권리를 갖는다." 콩도르세는 그의 혁명가 동지들이 스스로 판단하는 데 큰 곤란을 겪고 있다는 논리적 결론을 내렸다. "인류의 어떤 개인도 진정한 권리를 갖지 못하거나, 모두가 동일한 권리를 갖는다. 그리고 다른 사람의 권리에 반대표를 던지는 사람은 누구든, 그의 종교, 피부색, 혹은 성별에 상관없이 그 순간부터 자신의 권리를 포기한 것이다."

여기서 근대의 인권 철학이 순수한 형태로 확실히 표명되었다. 인간의 특정한 측면들(아직 스스로 사고하지 못하는 아동들처럼, 아마도 연령과는 다른)은 균형을, 심지어는 정치적 권리의 균형을 잡지 못했다. 콩도르세는 왜 그토록 많은 여성들과 남성들이 정당화하기 힘든 여성의 굴종을 의심할 바 없다는 식으로 받아들이는지를 설명했다. "사람들은 습관으로 인해 스스로의 자연권을 위반하는 데 익숙해질 수 있다. 자연권을 잃은 사람들 가운데 누구도 그것을 되찾으려 들지 않으며, 자신이 불의에 시달리고 있다고 믿지 않는다." 그는 과감하게도, 여성이 항상 권리를 누려왔으며 사회적 관습이 그들을 이러한 근본 진리에 눈감게 했다는 점을 독자들이 인식하도록 했다.[28]

1791년 9월, 노예제에 반대하는 극작가 올램프 드 구즈Olympe de Gouges는 「인간과 시민의 권리 선언」을 뒤집었다. 그녀는 「여성의 권리 선언」에서 주장했다. "여성은 자유롭게, 그리고 권리에 있어 남성과 평등하게 태어나 존재한다."(제1조) "그것의[법의] 시각으로, 평등한 모든 여성 시민과 시민은 그들의 능력에 따라 모든 공공의 고위직, 관청, 그리고 취업에 평등하게 참여할 수 있어야 하며, 덕과 재능 이외에는 여타의 어떠한 차별도 없어야 한다."(제6조) 1789년의 공식 선언의 언어를 뒤집은 행위는 당시로서는 분명 놀라운 것이었다. 영국에서 울스톤크래프트는 프랑스의 맞수만큼 절대적으로 평등한 여성의 권리를 요구하지는 않았다. 하지만 더 장황하게, 타오르는 열정으로 교육과 전통이 여성의 정신을 저해해온 방식에 대해서 썼다. 1792년 출간된 『여성 권리의 옹호_Vindication of the Rights of Woman_』에서 그녀는 여성해방을 모든 사회적 서열을 철폐하는 일과 연관시켰다. 드 구즈처럼 울스톤크래프트는 자신의 대담성에 대한 공개적 비방을 감수해야 했다. 드 구즈의 운명은 훨씬 더 비참했다. 그녀는 "염치없는" 반혁명적·비자연적 존재("여성이자 남성")라는 판결을 받아 단두대로 보내졌다.[29]

일단 기세가 오르자 여성의 권리는 몇몇 선구적 개인의 저술에 국한되지 않았다. 1791~93년에 여성은 적어도 50개의 지방 마을과 도시, 그리고 파리에서 정치 클럽을 만들었다. 여성의 권리는 클럽에서, 신문지상에서, 그리고 팸플릿에서 토론 의제가 되었다. 1793년 4월, 공화국 신생 헌법안의 시민 자격을 규정하는 논의에서 한 의원이 여성의 평등한 정치적 권리를 옹호하는 주장을 장황하게 펼쳤다. 그의 개입은 그러한 발상이 일부 지지자를 얻고 있었음을 말해준다. "의심할 여지 없이 차이는 있소." 그는 인정했다. "성별의 차이 말이오. […] 그러나 나는 성별 차이가 어떻게 권리의 평등의 차이를 만드는지를 알지 못하오. […] 성별에 대한 편견으로부터 좀 벗어나봅시다. 흑인의 피부색에 대한 편견에서 벗어나듯이 말이오." 의원들은 동조하지 않았다.[30]

그 대신 1793년 10월, 의원들은 여성 클럽에 반대하는 움직임을 보였다. 혁명 표지의 착용을 두고 여성들 사이에서 벌어진 거리투쟁에 대한 반응으로, 의회는 여성들의 모든 정치 클럽을 탄압할 것을 의결했다. 의결의 근거는 그러한 클럽이 여성에게 합당한 가정의 의무를 저버리게 한다는 것이었다. 법안을 발의한 의원에 따르면, 여성은 통치 행위에 필요한 지식, 근면성, 헌신, 혹은 자기 포기의 정신을 지니지 못했다. 그들은 "여성이 그 본성상 운명지어진 사적私的 기능"에 머물러야 했다. 이 원칙은 별로 새롭게 들리지 않는다. 새로운 것이 있다면, 사안을 드러내는 것과 여성이 정치 클럽을 만들고 참여하는 것을 금할 필요성이었다. 여성은 최소한으로, 그리고 마지막으로 등장한 것인지도 모른다. 하지만 그들의 권리는 결국 의사일정에 올랐으며 1790년대에 그들에 관한 언급은—특히 권리의 옹호는—오늘날까지도 영향력을 행사하고 있다.[31]

권리의 논리는 여성의 권리조차도 관습이라는 몽롱한 안개로부터 끌어냈다. 적어도 프랑스와 영국에서는 그러했다. 미국에서는 여성 권리의 등한시 문제가 1792년 이전에는 공적 토론석상에 상대적으로 덜 올랐으며, 혁명기 미국에 등장한 어떠한 저술도 콩도르세, 드 구즈, 혹은 울스톤크래프트의 저술과 비견할 만한 것은 없었다. 1792년 울스톤크래프트의 『여성 권리의 옹호』가 출간되기 전에는, 사실상 여성의 권리라는 개념이 영국이나 미국에서는 전혀 거론되지 않았다. 울스톤크래프트는 이 주제에 대한 자신의 영향력 있는 사상을 프랑스혁명에 직접 반응하는 와중에 발전시켰다. 권리에 대한 자신의 최초 저술인 『인간 권리의 옹호Vindication of the Rights of Men』(1790)에서 그녀는 프랑스식 인권에 대한 버크의 비난에 응수했다. 그녀는 이를 계기로 여성의 권리를 숙고하게 된다.[32]

우리가 남성 정치인의 공적 선언과 법령 포고를 넘어서 관찰한다면, 여성의 권리에 대한 기대의 변화는 더욱 인상적이다. 예를 들면, 울스톤크래프트의 『여성 권리의 옹호』가 페인의 『인간의 권리Rights of Man』보다 공화국 초기의 미국 사립 도서관들에서 더 많이 발견된다는 점은 놀랍다. 페인 자신은 여성의 권리에 전혀 주목하지 않았지만 다른 이들은 주목했다. 19세기에 미국의 토론 모임, 졸업 연설, 그리고 대중잡지는 줄곧 남성 참정권 다음으로 젠더gender 관념을 피력했다. 프랑스에서는 여성이 이전보다 더 많은 책과 팸플릿을 쓸 수 있도록 언론의 자유가 보장하는 바에 따라 출판사 창립을 주도했다. 여성의 동등한 상속권은 여성으로 하여금 정당한 몫을 주장하도록 함으로써 무수한 소송을 촉발시켰다. 권리란 모 아니면 도 식의 명제는 결국 아니었다. 새로운 권리는, 비록 그것이 정치적 권리는 아니었더라도, 여성을 위한 새로운 기회의 장을 열었고 여성들은 즉각 이 기회를 잡았다. 개신교도, 유대인, 자유 신분 유색인이 행동으로 이미 보여주었듯이, 시민성이란 그저 당국이 부여해주는 무언가가 아니었다. 그것은 자신의 소관사항으로 인식되는 어떤 것이었다. 도덕적 자율성의 한 가지 기준은 논지를 펼치고 주장하는 능력, 그리고 일부에게는 싸우는 능력이었다.[33]

1793년 이후 여성은 공적인 프랑스 정계에서 더 위축되어갔다. 하지만 권리의 약속은 완전히 잊히지 않았다. 샤를 테르맹Charles Théremin의 『공화국에서 여성의 조건에 관하여De la condition des femmes dans une république』에 대한 장문의 비평(1800년 출간)에서 시인이자 극작가인 콩스탕스 피플레Constance Pipelet(이후 콩스탕스 드 살므Constance de Salm로 알려짐)는 여성들이 혁명 초기에 처음 개진되었던 목표를 잊지 않았음을 보여주었다.

누구든 이해할 수 있다. (구체제 아래에서는) 인류의 절반에게 인간성에 귀속된 권리의 절반을 보장하는 일이 필요하다고 믿기지 않았음을. 그러나 지난 10년 동안 여성의(권리를) 인정하는 일을 전적으로 등한시할 수 있었음을 이해하기란 더 힘들 것 같다. 이 기간은 평등과 자유라는 용어가 모든 곳에서 계속 들려오고, 경험의 도움을 받은 철학이 인간으로 하여금 끊임없이 자신의 진정한 권리를 깨치게 한 때였다.

그녀는 여성의 권리에 대한 등한시를 남성 대중이 여성의 권력을 제한하거나 심지어 제거해버림으로써 남성의 권력이 증대될 것이라고 쉽사리 믿은 탓으로 돌렸다. 피플레는 자신의 비평문에서 여성의 권리에 대한 울스톤크래프트의 저술을 인용했으나 여성의 선거권이나 공직 수여권을 요구하지는 않았다.[34]

피플레는 권리라는 혁명적 논리와 관습의 지속적인 속박 간의 긴장을 세심하게 이해했다. "그것은 특히 혁명 기간 중에 일어난 일이었다. [……] 여성은 남성의 예를 따라 자신의 진정한 본질을 사유하고 그 결과에 따라 행동했다." 여성의 권리라는 주제에 애매모호함이 남아 있다면(그리고 피플레는 여러 구절에서 매우 잠정적인 논조를 보였다), 그것은 계몽이 충분히 진전되지 못했기 때문이다. 보통 사람들, 특히 평범한 여성들은 교육받지 못한 상태였다. 여성이 교육을 받으면, 불가피하게 자신의 재능을 펼쳐 보이게 되는바, 우수성에는 성의 구분이 없기 때문이라고 피플레는 언명했다. 그녀는 여성이 학교 교사가 될 수 있어야 하며 법정에서 자신의 "자연적이고 양도할 수 없는 권리"를 변호할 수 있어야 한다는 점에서 테르맹과 의견을 같이했다.

피플레 자신이 전면적인 여성의 정치적 권리를 옹호하지 못한 채 멈추어 섰다면 그녀는 자신이 당대에 가능하다고 본 것—상상 가능한, 논쟁의 여지가 있는—에 응답했을 뿐이어서였다. 그러나 다른 많은 이들처럼 그녀도 자연권 철학이 불굴의 논리를 갖는다고 보았다. 비록 인류의 절반인 여성의 경우에는 그 자체가 아직 실행되기 어려웠지만 말이다. '인간의 권리'라는 관념은, 혁명 그 자체처럼 토론과 갈등 그리고 변화를 위한 예측할 수 없는 공간을 열었다. 그러한 권리의 약속은 부정되고 탄압받거나, 혹은 충족되지 못한 채로 남을 수 있었으나 결코 사그라지지 않았다.

5
◇◇◇◇◇

인간성이라는
연성 권력

왜 인권은 후일의 성공을 기약한 채 실패했는가?

T H E

SOFT POWER

OF HUMANITY

철학자 벤섬이 주장했던 것처럼, 인권은 단순히 "수사학적인 난센스, 호언장담의 난센스"였던가? 미국혁명과 프랑스혁명에서 최초로 정식화된 이후 1948년 유엔의 「세계 인권 선언」에 이르기까지, 인권의 역사에 나타나는 긴 간극을 접하면 누구든 잠시 숨을 돌릴 수밖에 없다. 권리는 생각과 행동에서 사라지지 않았으나, 토론과 법 제정은 거의 배타적으로 특정한 민족적 틀 안에서 이루어졌다. 헌법이 보장하는 다양한 권리라는 관념—예를 들어 노동자, 종교적 소수자, 여성의 정치적 권리—은 19세기와 20세기에 계속해서 지반을 다져갔으나, 보편적으로 적용할 수 있는 자연권에 대한 논의는 잠잠해졌다. 노동자들은, 예컨대 영국, 프랑스, 독일 혹은 미국 노동자로서 권리를 얻었다. 19세기의 이탈리아 민족주의자 주세페 마치니Giuseppe Mazzini는 수사학적 성격이 짙은 질문을 던지며 민족에 대해 새롭게 초점을 맞추었다: "국가란 무엇인가, [……] 우리 개인의 권리가 가장 잘 보장되는 장소 말이다." 민족에 대한 이 같은 확신을 무너뜨린 것은 두 차례의 치명적인 세계대전이었다.[1]

인간의 권리가 지닌 맹점

민족주의는 나폴레옹이 몰락하고 혁명이 잦아든 1815년 이후, 점차 권리를 위한 지배적인 틀로 자리잡았다. 1789년과 1815년 사이에는 권위에 대한 두 가지 상이한 관념이 서로 갈등을 빚었다. 인간의 권리가 한쪽이었고, 전통적 서열사회가 다른 한쪽이었다. 양쪽 다 민족을 내세웠다. 물론 어느 쪽도 정체성을 결정할 종족성에 대한 주장은 펼치지 않았다. 원론적으로 보면 '인간'의 권리는 권리가 민족성에 근거한다는 어떠한 생각도 거부했다. 이와 달리 버크는 서열사회와 민족에 대한 특정한 관념을 연관시키려 부심했다. 이에 따르면 자유란 민족사에 뿌리를 둔 정부에 의해 비로소 보장될 수 있다. 버크는 이처럼 역사를 강조했다. 권리란 유서 깊은 전통과 관행에서 비롯되어야만 제대로 기능한다는 것이다.

인간의 권리를 지지하는 이들은 전통과 역사의 중요성을 부정했다. 버크의 주장에 따르면, 프랑스에서의 선언은 다름 아닌 "형이상학적 추상"에 의존하고 있기 때문에 복종을 이끌어낼 만한 감성적 힘을 충분히 갖지 못했다. 그러한 "보잘것없는 변색된 종잇조각 나부랭이들"을 신에 대한 사랑, 국왕에 대한 외경심, 고관대작에 대한 의무, 사제에 대한 존경, 그리고 윗사람에 대한 복종심과 비교할 수 있는가? 혁명가들이 권력을 유지하기 위해서는 폭력을 행사해야 할 것이라고 버크는 이미 1790년에 결론

내렸다. 프랑스 공화주의자들이 국왕을 처형하고, 정부 제도로 공인받은 테러를 자행할 때 버크의 예단은 적중한 듯했다. 1791년 헌법과 더불어 무기한 유예된 「인간과 시민의 권리 선언」은 저항 세력의 탄압과 적으로 간주된 자들에 대한 무더기 처형을 막지 못했다.

버크의 비난에도 불구하고, 유럽과 미국의 많은 저술가와 정치인들은 1789년의 권리 선언을 열광적으로 환영했다. 그러나 프랑스혁명이 더욱 급진적으로 나아가자 여론이 분열되기 시작했다. 특히 왕실은 공화국의 선포와 국왕의 처형에 강하게 반발했다. 1792년 12월 페인은 프랑스 망명길에 오르게 되었다. 그가 『인간의 권리』제2장에서 세습군주제를 공격했다는 이유로 영국 법정이 반란교사죄 판결을 내린 것이다. 영국 정부는 프랑스식 이념의 지지자를 괴롭히고 박해하자는 체계적인 캠페인을 끈질기게 밀고 나갔다. 1798년, 모든 인간의 평등한 권리의 선언이 나온 지 겨우 22년 후, 미 연방의회는 정부 비판을 억누르기 위해 외국인 및 반란교사죄에 대한 법령을 통과시켰다. 시대의 새로운 정신을 1797년 존 로빈슨John Robinson의 언사에서 읽어낼 수 있다. 그는 에든버러대학의 자연철학 담당 교수였다. 그가 통렬히 비판한 것은 "현재 우리의 정신을 가득 채워 우리의 권리를 계속 생각하게 하고 사방팔방에서 그것을 열렬히 요구하는 저주스러운 원리"였다. 권리에 대한 이 같은 강박적 집착은 "삶의 가장 해로운 독"이었다. 로빈슨은 이를 스코틀랜드에서도 진행중이던 정치적 격변, 그리고 당시 전 유럽을 삼켜버릴 듯 위협하던 전쟁, 즉 프랑스와 주변국들 간의 전쟁을 낳은 근본 원인으로 보았다.[2]

권리에 대한 로빈슨의 염려는 대륙의 반혁명적 왕당파들이 발사한 공격 미사일에 비하면 아무것도 아니었다. 노골적인 보수주의자 루이 드 보날Louis de Bonald에 따르면, "혁명은 인간의 권리에 대한 선언으로 시작되었고, 신의 권리가 선언될 때 비로소 종결될 것이었다". 그는, 권리 선언은 계몽주의 철학의 악영향과 더불어 모두 한통속인 무신론, 개신교, 프리메이슨을 대변했다고 주장했다. 선언은 사람들로 하여금 의무를 소홀히 하고 오로지 자신의 개인적 욕구만을 생각하도록 부추겼다. 게다가 그러한 격정을 막을 수 없었기 때문에 프랑스를 무정부 상태, 테러, 그리고 사회적 분열로 몰아갔다. 정통성을 가진 복고 왕정의 보호하에 부흥하는 가톨릭교회만이 진정한 도덕적 원리를 설득시킬 수 있을 터였다. 1815년에 재기한 부르봉 왕실 치하에서 보날은 이혼에 관한 혁명기의 법규를 폐기하고 엄격한 출판 전 검열 제도를 재도입하는 데 앞장섰다.[3]

부르봉 왕이 복귀하기 전, 프랑스 공화주의자들 그리고 후에 나폴레옹이 군사적 정복을 통해 프랑스혁명의 메시지를 퍼뜨렸을 때, 인간의 권리는 제국주의적 공세와 연루되었다. 프랑스의 영향으로 스위스와 네덜란드에서 1798년 고문이 철폐되었다. 스페인은 나폴레옹의 형제가 왕으로 군림하던 1808년에 이를 뒤따랐다. 그러나 나폴레옹이 몰락한 이후 스위스는 고문을 재도입했고, 스페인 왕은 자백을 받아내기 위해 고문을 자행하는 종교재판을 재확립했다. 프랑스인들은 그들의 군대가 휩쓸고 지나가는 곳마다 유대인의 해방도 고무했다. 비록 이탈리아와 독일의 주들에서 복귀한 지배자들이 새롭게 획득한 권리의 일부를 앗아가버렸지만, 네덜란드에서는 유대인이 완전히 해방되었다. 유대인 해방은 프랑스적인 것으로 간주되었기에, 프랑스 군대를 괴롭히던 무장반군 세력은 새로이 점령한 지역에서 유대인도 자주 공격했다.[4]

나폴레옹의 모순적인 개입은 권리를 단일한 묶음으로 볼 필요는 없음을 알려준다. 그는 자신이 통치하는 지역 어디에서든 종교적 관용과 종교적 소수자의 평등한 시민적·정치적 권리를 도입했다. 하지만 정작 프랑스 본국에서는 표현의 자유를 심각하게 제한하고 언론의 자유를 원천적으로 봉쇄했다. 이 프랑스 황제는 다음과 같이 믿었다. "사람은 자유롭게 태어나지 않는다. [……] 자유란 대중보다 훨씬 고결한 정신을 타고난 소수 계급만이 그 필요성을 느끼는 것이다. 고로 그것은 형벌 없이 억압되어야 한다. 평등은 이와는 달리 대중을 만족시킨다." 그가 보기에 프랑스인들은 진정한 자유를 바라지 않는다. 그들은 단지 사회의 정상에 오르기를 꿈꿀 뿐이다. 그들은 법적 평등을 보장받기 위해서라면 자신의 정치적 권리를 기꺼이 희생할 것이었다.[5]

노예제에 대해 나폴레옹은 전적으로 일관된 모습을 보여주었다. 1802년 유럽에서 전쟁이 잠시 소강상태에 머물던 동안 그는 카리브해 지역 식민지들에 군대를 파병했다. 그는 자유를 얻은 노예들의 대규모 봉기를 자극하지 않기 위해서였는지 처음에는 자신의 의도를 모호하게 내비쳤지만, 사령관 중 한 명이던 매제에게 내린 지시사항은 그의 목표를 분명히 보여준다. 도착하는 대로 군대는 요충지를 점령하고 지형을 파악하라. 그러고 나서 "반란 무리를 무자비하게 진압한다". 모든 흑인을 무장해제하고 주모자를 체포하며 프랑스로 송환한다. 그럼으로써 노예제 복원을 위한 길을 연다. 나폴레옹은 "흑인 공화국이 설 수 있다는 전망이 스페인, 영국, 미국 측에도 똑같이 곤혹스러운 사안임"을 확실하게 감지했다. 그의 계획은 아이티로 독립한 생도맹그에서는 실패로 끝났지만 여타 프랑스 식민지에서는 성공적이었다. 15만 명에 달하는 사람들이 생도맹그에서 벌어진 전투중에 사망했다. 과들루프 인구의 10분의 1이 죽거나

유형에 처해졌다.[6]

나폴레옹은 인간의 권리와 전통적 서열사회 사이에서 혼성물을 창조하고자 애썼다. 그러나 종국에는 양측 모두 혼종을 거부했다. 나폴레옹은 전통주의자들을 만족시키기에는 종교적 관용, 봉건제 폐지, 법 앞에서의 평등을 너무 강조했고, 반대편에 호소하기에는 정치적 자유를 너무 많이 축소시켰다. 그는 가톨릭교회와 평화를 유지했으나 전통주의자들의 눈에는 결코 정통성을 가진 지배자로 보이지 않았다. 권리를 수호하는 측이 보기에는 나폴레옹이 아무리 법 앞의 평등을 주장하더라도 귀족층의 부활과 세습 제국의 창건으로 빛이 바랬다. 프랑스제국이 몰락할 때까지 그는 전통주의자와 권리의 수호자 양측으로부터 전제군주, 폭군, 권력 찬탈자로 비난받았다. 나폴레옹을 가장 지속적으로 비판했던 사람 중 하나인 제르멘 드 스탈Germaine de Staël은 여타 좌우파 비판가들과 다름없이, 폐위된 황제를 오로지 그의 성姓인 보나파르트Bonaparte로 불렀을 뿐, 제국 1인자로서의 나폴레옹Napoleon이라는 호칭을 결코 사용하지 않았다.[7]

민족주의가 쇄도하다

긴 안목으로 보면 질서의 힘의 승리는 일시적임이 드러났다. 이는 복수의 여신 같은 나폴레옹이 불러일으킨 흐름에 상당히 기인하는 것이었다. 19세기를 거치며 민족주의가 혁명적 논쟁에 참여한 양편을 사로잡았다. 권리에 대한 토론 양상이 변하고 새로운 서열이 창조되었는데, 이는 궁극적으로 전통 질서를 위협하는 것이었다. 벼락출세한 코르시카 풍운아의 제국주의적 모험으로 부지불식간에 바르샤바에서 리마까지 민족주의를 촉발했다. 그는 가는 곳마다 새로이 독립 정체를 창출했고(바르샤바 공국, 이탈리아 왕국, 라인 연방) 새로운 기회를 제공했으며, 민족적 열망이 깃든 새로운 적대감을 야기했다. 그의 바르샤바 공국은 폴란드인들에게 프로이센, 오스트리아, 러시아가 침입하기 전 하나의 폴란드가 있었음을 상기시켰다. 비록 이탈리아와 독일의 신생 정부들이 나폴레옹의 몰락 이후에는 사라져버렸지만, 그들은 민족통일이 고려해볼 만하다는 점을 보여주었다. 프랑스 황제는 스페인 국왕을 폐위함으로써 1810년대와 1820년대에 남아메리카 독립운동의 포문을 열었다. 시몬 볼리바르Simon Bolivar는 볼리비아, 파나마, 콜롬비아, 에콰도르, 페루의 해방자로, 유럽의 적수들과 동일한 초기 민족주의의 언어를 구사했다. 그는 감격에 차서 말했다. "우리 고향의 토양은 부드러운 감정과 즐거운 기억을 불러일으킨다. [……] 사랑과 헌신에 대한 어떠한 요구가 이보다 더 위대할 수 있으랴?" 민족주의적 감정은 버크가 조롱한 "보잘것없는 변색된 종잇조각 나부랭이들"이 결여했던 감성적 힘을 제공했다.[8]

프랑스 제국주의에 대한 반응으로 일부 독일 저술가들은 모든 프랑스적인 것—인간의 권리를 포함하여—를 거부했고 민족에 대한 새로운 감각, 즉 명백히 종족성에 기반한 감각을 발전시켰다. 독일의 민족주의자들은 단일한 국민국가 구조를 결여한 대신 원초민족Volk 혹은 "민초folk"의 신비주의, 즉 다른 민족과는 구별되는 독일인의 내면적 특성을 강조했다. 19세기 초 독일 민족주의자 프리드리히 얀Friedrich Jahn이 표명한 관점에서 미래에 다가올 문제의 첫번째 징후가 이미 드러난다. 그는 "인민은 순수할수록 더 낫다"고 썼다. 그의 주장에 따르면, 인종과 민족의 혼합은 자연법칙에 위배된다. '신성한 권리'는 독일 인민의 것이라고 보았던 얀은 프랑스의 영향력에 격분한 나머지 동료들로 하여금 프랑스어 사용을 중단할 것을 권고했다. 이후의 모든 민족주의자들처럼 얀도 애국주의적 역사를 서술하고 연구할 것을 촉구했다. 기념비, 공적 추모식, 그리고 대중 축제는 보편적 이상이 아니라 오로지 독일적인 것에 초점을 맞추어야 했다. 유럽인들이 나폴레옹의 제국주의적 야심에 맞서 단말마의 싸움을 전개하던 바로 그 순간, 얀은 새 독일의 놀라울 만큼 넓은 영토를 제안하고 나섰다. 독일 영토는 스위스와 네덜란드 주변, 덴마크, 프로이센, 오스트리아를 포함해야 하고 새 수도는 토이토니아Teutonia로 불리던 곳에 세워져야 했다.[9]

얀처럼 초기 민족주의자들은 민주정부를 선호했는데, 그것이 민족적 소속감을 극대화할 것이기 때문이었다. 그 결과 전통주의자들은 인간의 권리에 대해 그러했듯이, 우선 민족주의와 독일 및 이탈리아의 통일에 반발했다. 초기 민족주의자들은 메시아적인 보편주의의 색채를 띤 혁명의 언어를 구사했으나, 그들에게는 권리보다는 민족이 보편주의를 향한 도약대로 기능했다. 볼리바르는 콜롬비아가 보편적인 자유와 정의로 나아가는 길을 비추어줄 것이라 믿었다. 마치니는 청년 이탈리아 민족주의자협회의 창시자로, 이탈리아인들이 피억압 민족의 자유를 향한 범세계적 십자군을 이끌 것이라고 천명했다. 시인 아담 미츠키에비치Adam Mickiewicz는 폴란드인들이 세계 해방의 길을 보여주리라고 생각했다. 인권은 이제 민족자결에 근거를 두게 되어, 필연적으로 우선순위가 뒤바뀌게 되었다.

1848년 이후 전통주의자들은 민족주의적 요구를 함께 내걸기 시작했고, 민족주의는 좌익에서 우익으로 그 정치적 스펙트럼이 이동했다. 1848년 민족주의 및 입헌주의 혁명이 독일, 이탈리아, 헝가리에서 좌절되자 이러한 변화의 길이 열렸다. 다른 종족 집단의 권리를 거부하는 신생 민족들 내부에서 권리를 보장하는 문제에 민족주의자들은 관심을 가졌다. 프랑크푸르트에 집결한 독일인들은 새로운 독일 국법을 정초하면서도, 자신들이 제안한 독일 영토 안에서 덴마크인, 폴란드인, 혹은 체코인의 자결권을 전혀 인정하지 않았다. 헝가리인들은 오스트리아로부터 독립을 요구하면서도 헝가리 인구의 절반 이상을 차지하는 로마족, 슬로바키아인, 크로아티아인, 슬로베니아인의 이해관계를 무시했다. 종족 간의 경쟁은 1848년 혁명과 더불어 권리와 민족자결의 결합에 악영향을 끼쳤다. 독일과 이탈리아의 민족통일은 1850~60년대를 거치며 전쟁과 외교를 통해 달성되었고, 개인의 권리를 보장하는 일은 뒷전으로 밀려났다.

민족자결 기운이 확산되면서 권리의 보장에 대한 열망이 터져나오자 민족주의는 점점 폐쇄적이고 방어적으로 변해갔다. 이러한 변화는 민족을 창출해내는 과업의 지난함을 반영했다. 유럽이 상대적으로 균질적인 종족성과 문화를 지닌 민족국가로 깔끔하게 나뉠 수 있다는 발상은 언어 지도에 비추어 터무니없음이 드러난다. 19세기의 모든 민족국가는 언어적·문화적 소수파들을 받아들였고, 이는 영국과 프랑스 같은 오래된 민족국가의 경우에도 예외가 아니었다. 1870년 프랑스에서 공화국이 선포되었을 때, 국민의 반만 프랑스어를 사용했다. 나머지 반은 방언이나 브르통어, 프랑스령 프로방스어, 바스크어, 알자스어, 카탈로니아어, 코르시카어, 옥크어, 또는 식민지에서는 크레올어를 사용했다. 이 모든 이들을 민족으로 통합하기 위해서는 대규모 교육운동을 벌여야 했다. 웅비하는 민족들은 더 큰 인종적 이질성으로 인해 더더욱 큰 압력에 직면했다. 신생 이탈리아 왕국의 재상 카밀로 디 카부르Camillo di Cavour 백작의 모어는 피에몬테 방언이었고 이탈리아 국민 중 3%만이 표준어를 사용했다. 상이한 종족들이 얼굴을 맞대고 사는 동유럽에서는 상황이 좀더 혼란스러웠다. 예를 들어 폴란드는 국권회복시에 만만치 않은 세력을 가진 유대인 공동체는 물론이고 리투아니아인, 우크라이나인, 독일인, 벨로루시인을 그들의 언어 및 전통과 함께 받아들여야 할 판이었다.

인종적 균질성을 창조하고 유지하는 어려움은 세계적 규모의 이주 행렬에 큰 관심을 갖게 하였다. 1860년대 이전에는 소수만이 이주를 받아들이는 데 반대했으나, 1880~90년대에는 이주 대상국에서 반대가 빗발쳤다. 오스트레일리아는 아시아인의 유입을 막기 위해 영국 및 아일랜드적인 특성을 유지할 필요가 있었다. 미합중국은 1882년 중국인 이민을 금지했는데, 1917년에는 이 조치를 모든 아시아 이주민에게로 확대했으며, 1924년 당시의 미국 인종 구성에 기초하여 여타 모든 이주민에게 적용되는 이주할당제를 수립했다. 영국 정부는 "달갑지 않은 이들"의 이주를 막기 위해 1905년 외국인법을 통과시켰는데, 많은 이들에게 이는 동유럽 유대인을 겨냥한 조치로 해석되었다. 이들 나라에서 노동자와 하인들까지 평등한 정치적 권리를 얻기 시작했을 때조차도 종족적 기원을 공유하지 않는 자들을 봉쇄하는 장벽이 있었다.

이 같은 새로운 자국민 보호의 기운 속에서 민족주의는 더욱더 외국인 혐오 및 인종주의적 성향을 띠었다. 외국인 혐오증이라는 칼날이 어떤 외국인 집단이든 가리지 않았다 해도(미국에서는 중국인, 프랑스에서는 이탈리아인, 독일에서는 폴란드인), 19세기의 마지막 몇 십 년 동안에는 특히 반유대주의가 경고할 만한 수준에 이르렀다. 독일, 오스트리아, 그리고 프랑스에서는 우익 정치인들이 진정한 민족의 적으로서 유대인에 대한 적개심을 부채질하기 위해 신문, 정치 클럽, 그리고 경우에 따라 정당을 이용했다. 우익 신문을 통한 반유대주의 선동이 나타난 지 20여 년이 지나 독일 보수주의 정당은 1892년 반유대주의를 공식 정강으로 채택했다. 이와 거의 동시에 드레퓌스 사건이 프랑스 정계에 폭풍을 일으켜, 드레퓌스의 지지자와 반대자 간의 지속적인 갈등과 분열을 낳았다. 이 사건은 1894년 알프레드 드레퓌스Alfred Dreyfus라는 유대인 장교가 독일 스파이 혐의로 부당하게 기소되면서 시작되었다. 그의 결백을 입증하는 수많은 증거들에도 불구하고 유죄판결이 내려졌을 때, 유명한 소설가 에밀 졸라Emile Zola는 제1면 신문 사설을 통해 프랑스 군부와 정부가 드레퓌스를 모함하려는 시도를 은폐하고 있다고 비난했다. 드레퓌스에게 유리한 여론이 비등한 데 대한 반응으로 새로 형성된 프랑스 반유대주의연맹은 크고 작은 도시들에서 폭동을 교사했고, 수천 명의 시위대가 유대인의 재산을 공격하는 일이 발생했다. 연맹은 많은 사람을 동원할 수 있었는데, 이는 몇몇 도시에 주기적으로 반유대주의적 비방문을 싣는 신문이 있었기에 가능한 일이었다. 정부는 1899년 드레퓌스에게 사과의 말을 전했고, 1906년 결국 그를 사면했다. 그러나 반유대주의는 도처에서 더욱 독기를 품고 성장했다. 1895년 카를 뤼거Karl Lueger는 반유대주의 프로그램을 내세워 빈 시장으로 선출되었다. 그는 히틀러의 영웅 중 한 명이 된다.

배제에 대한 생물학적 설명

민족주의와 종족성의 관계가 더 긴밀해지자, 차이에 대한 생물학적 설명이 점점 더 강조되었다. 인간의 권리를 옹호하는 주장은 인간성이 문화와 계급을 넘어 동질적이라는 가정에 근거했다. 프랑스혁명 후, 엄연한 차이들을 전통, 관습 혹은 역사를 근거로 단순히 재론하기란 점점 더 어려워졌다. 남성이 여성에 대해, 백인이 흑인에 대해, 또는 기독교인이 유대인에 대해 우월성을 주장하려면 차이들의 토대가 더욱 굳건해야 했다. 간단히 말해 권리가 보편적이거나 평등하지 않고 자연적이지도 않다고 주장하려면 그럴 만한 근거를 제시해야 했다. 그 결과 19세기는 차이에 대한 생물학적 설명이 폭발적인 힘을 보여준 시기였다.

아이러니하게도 인권이라는 바로 그 관념이 부지불식간에 더욱 악의적인 성차별주의, 인종주의, 그리고 반유대주의의 포문을 열었다. 전 인류의 자연적 평등에 대한 포괄적인 요구는 동시에 자연적 차이에 대한 전 세계적인 논란을 불러일으켜, 전통주의적인 반대자들보다 더 강력하고 극악한 인권 반대자들을 양산했다. 새로운 형태의 인종주의, 반유대주의, 성차별주의는 인간의 차이의 자연성에 대한 생물학적 설명을 제공했다. 새로운 인종주의에서 유대인은 단지 그리스도 살해자만은 아니었다. 그들의 타고난 열등성은 백인의 순수성을 통혼을 통해 오염시킬 위험성이 있다. 흑인은 어차피 노예이기 때문에 더이상 열등하지 않다. 노예제 폐지가 전 세계적으로 확산되었음에도 인종주의는 약화되기는커녕 더욱 독기를 품었다. 여성은 단지 남성보다 교육을 덜 받았기 때문에 덜 합리적인 것이 아니었다. 타고난 생물학적 특성이 그들을 사적이고 가정적인 삶에 결박했고 정치, 사업, 전문직에 전적으로 부적합하게 만들었다는 것이다. 이같은 새로운 생물학적 교의에 따르면 교육이나 환경에서의 변화는 결코 인간 본성에 내재한 서열구조를 바꿀 수 없다.

성차별주의sexism는 신新생물학 교의 중에서 정치적으로 가장 덜 조직화되고, 지적으로 가장 덜 체계적이었으며, 감정적으로 가장 덜 부정적이었다. 결국 어떠한 민족도 모성 없이는 스스로를 재생산할 수 없으므로, 미국 흑인 노예가 아프리카로 돌려보내져야 한다거나 유대인은 특정 구역에 거주하는 것을 금지해야 한다는 주장은 가능할지라도 여성 전체를 배제하기란 불가능했다. 따라서 그들은 사적인 영역에서는 중요할 법한 긍정적인 특성들을 용인받을 수 있었다. 더욱이 여성과 남성은 분명 생물학적인 차이가 있기 때문에 인종에 관한 생물학적 주장보다 훨씬 유구한, 성별 차이에 관한 생물학적 주장 자체를 배척하는 사람은 드물었다. 그러나 프랑스혁명은 심지어 성별 차이조차도(혹은 적어도 그것의 정치적 연관성이) 의문시될 수 있음을 보여주었다. 여성의 정치적 평등을 옹호하는 주장이 등장하자 여성의 열등성에 대한 생물학적 주장은 변모했다. 동일한 생물학적 사다리에서 암컷은 더이상 수컷보다 낮은 단계에 위치하지 않았고, 비록 열등하다 할지라도 생물학적으로 수컷과 유사한 존재였다. 암컷은 이제 생물학적으로 전혀 다른 존재로 점점 더 배척되었다. 그들은 '반대 성opposite sex'이 되었다.[10]

여성에 대한 사고에 나타난 이 같은 변화의 적절한 시점과 성격은 단정하기 쉽지 않지만, 이와 관련해 프랑스혁명기는 매우 중대한 시기로 보인다. 1793년 여성들이 정치 클럽에 모이는 것을 금지한 프랑스 혁명가들은 주로 여성의 차이에 대한 전통적인 주장을 내세웠다. "일반적으로 여성은 고양된 사고와 진지한 명상을 할 수 없다"고 정부 대변인은 천명했다. 이어지는 몇 년 동안 프랑스의 의료인들은 이러한 모호한 관념에 생물학적 토대를 제공하기 위해 부심했다.

1790년대와 1800년대 초 프랑스의 선도적인 생리학자 피에르 카바니Pierre Cabanis는 주장했다. 여성은 연약한 근육질과 좀더 섬세한 대뇌를 갖고 있기에 정치적 경력을 쌓는 데는 적합하지 않다. 그러나 이에 따른 예민한 감수성은 아내, 어머니, 그리고 간호사의 역할에 적합하다. 이런 생각은 여성이 가정이나 분리된 여성적 영역에서 자신을 실현하도록 예정되어 있다고 보는 새 전통을 확립하는 데 기여했다.[11]

영국 철학자 존 스튜어트 밀John Stuart Mill은 영향력 있는 논저 『여성의 종속』(1869)에서 바로 이러한 생물학적 차이를 의문시했다. 그의 주장에 따르면, 우리는 남성과 여성을 현재의 사회적 역할에서 볼 뿐이므로, 그들의 본성에 차이가 있는지는 알 도리가 없다. 밀은 "지금 여성의 본성이라고 불리는 것은, 참으로 인위적인 것이다"라고 주장했다. 그리고 여성지위의 개혁을 전반적인 사회적·경제적 진보와 연관시켰다. 그의 생각으로는 여성의 법적 종속은 "그 자체가 틀린 일"이며 "어떠한 권력이나 특권도, 어떠한 무능도 용납할 수 없을뿐더러 그것들은 완전한 평등의 원리로 대체되어야 한다". 그러나 생물학적 논지를 강하게 펴나가기 위해 반유대주의연맹이나 정당 같은 것은 전혀 필요치 않았다. 1908년 미연방대법원의 획기적인 소송에서 루이스 브랜다이스Louis Brandeis 판사는 성이 왜 분류를 위한 법적 토대일 수 있는지를 설명하며 낡고 빤한 언사를 늘어놓았다. "여성의 신체 조직", 그녀의 모성 기능, 자녀 양육, 가정의 유지야말로 여성을 분리된 다른 범주로 자리매김한다. '페미니즘'은 1890년대에 일반 용어로 정착되었고, 그것이 내건 요구사항들에 대한 저항은 거 셌다. 여성은 참정권을 오스트레일리아에서 1902년, 미연방에서 1920년, 대영제국에서 1928년, 그리고 프랑스에서는 1944년에 획득했다.[12]

성차별주의처럼 인종주의와 반유대주의도 프랑스혁명 후 새로운 형태를 띠었다. 인권의 옹호자들은 유대인과 흑인에 대해서는 적잖이 부정적인 편견을 갖고 있었음에도, 실제하는 편견을 더이상 논거로 삼지는 않았다. 프랑스에서 유대인의 권리가 항상 제한되었다는 점은 그저 관습과 관행이 큰 힘을 발휘했다는 뜻일 뿐, 그러한 제한이 이성에 의해 보증된다는 말은 아니었다. 마찬가지로 노예제 폐지론자의 입장에서는 노예제가 아프리카 흑인의 열등성을 증명하기보다 그저 백인 노예주나 농장주들의 탐욕을 드러낼 뿐이었다. 따라서 유대인과 흑인의 평등한 권리라는 관념을 거부하는 자들은 그들의 입장을 뒷받침하는 논리—설득력 있게 논증된 사례—가 필요했다. 더구나 유대인이 권리를 획득하고 노예제가 1833년과 1848년에 영국과 프랑스 식민지들에서 각각 폐지된 이후에는 더더욱 그러했다. 19세기를 거치면서 유대인과 흑인의 권리를 반대하는 이들은 적절한 논리를 찾기 위해 점점 더 과학이나 과학으로 인정된 것으로 향했다.

인종학은 전 세계인을 분류하려 노력했던 18세기 말로 거슬러올라갈 수 있다. 18세기에 형성된 두 흐름은 19세기에 이르러 결합했다. 첫째는, 역사란 문명을 향한 사람들의 지속적인 발전이며 그들 중 가장 앞선 것은 백인이라는 주장이며, 둘째는 영구적인 유전형질이 사람을 인종으로 구분한다는 관념이다. 인종주의는 체계적인 교의로, 이 두 가지가 접목된 것이다. 18세기 사상가들은 전 인류가 종국에는 문명을 성취할 것이라고 본 반면, 19세기 인종 이론가들은 생물학적 유전형질로 말미암아 오로지 특정한 인종만이 그럴 수 있다고 보았다. 이러한 결합 요소들은 19세기 초의 과학자들, 예컨대 프랑스 자연학자 조르주 퀴비에Georges Cuvier 같은 이에게서 발견할 수 있다. 1817년에 그는 "어떤 내생적인 원인"이 황인종 과 흑인종의 발전을 구속한다고 썼다. 19세기 중반 이후에야 비로소 이러 한 관념은 충분히 체계화된 형태로 등장했다.[13]

이 같은 장르의 요체는 아르튀 드 고비노Arthur de Gobineau의 『인종 불 평등에 관한 에세이Essai sur l'inésalité des races humaines』(1853~55)에서 발견 할 수 있다. 프랑스 외교관이자 문필가였던 그는 고고학, 민속학, 언어학, 그리고 역사학의 학설들을 아무렇게나 차용하여 생물학에 바탕을 둔 인 종의 서열이 인류 역사를 결정한다고 주장했다. 맨 밑바닥에는 동물적이 고 지성이 결여돼 있으며 지나치게 감각적인 흑인종이 놓여 있고, 그 위 로는 무덤덤하고 평범하나 한편으로는 실용적인 황인종이 있고, 맨 위에 는 불굴의 의지를 지니고 지적 활기로 충만하며 모험심이 강한 백인종이 자리잡는다. 백인종은 '질서에 대한 범상치 않은 본능'과 '자유에 대한 확 고한 기호嗜好' 사이에서 균형을 유지한다. 백인종 내에서는 아리안Aryan 족이 최고였다. "인간이 지상에서 이룩해낸 위업들, 과학·예술·문명에서 위대하고, 고귀하고, 풍요로운 모든 것"은 아리안족에게서 나온 것이라고 고비노는 결론 내렸다. 그들의 발원지인 중앙아시아에서 이주한 아리안 족은 인도, 이집트, 중국, 로마, 유럽, 심지어는 식민화를 통해 아스텍과 잉카에까지 문명의 원천을 제공했다.[14]

고비노는 인종 간의 통혼이 문명의 흥망을 모두 설명할 수 있다고 보 았다. 그리하여 "인종의 문제가 역사의 다른 모든 문제를 지배하며 그 열쇠를 쥐고 있다"고 썼다. 그러나 이후의 일부 추종자들과는 달리 고비노는 아리안족이 이미 통혼을 통해 장점을 상실해버렸으며, 비록 원하는 바는 아니지만, 종국에는 평등주의와 민주주의가 승리할 것이라고 생각했다. 고비노의 어처구니없는 관념은 프랑스에서는 인기를 얻지 못했지만, 독일 황제 빌헬름Wilhelm 1세(재위 1861~88년)는 고비노의 생각에 동조한 나머지 이 프랑스 남성에게 명예시민의 지위를 부여했다. 고비노의 생각은 독일 작곡가 리하르트 바그너Richard Wagner가 받아들였고, 곧 그의 양아들인 영국의 저술가이자 독일 예찬론자 휴스턴 스튜어트 체임벌린Houston Stewart Chamberlain에게도 영향을 끼쳤다. 체임벌린의 영향력을 통해 고비노의 아리안족은 히틀러의 인종 이데올로기의 중심 요소가 되었다.[15]

고비노는 서구세계에서 상당히 회자되고 있던 관념에 세속적이고 일견 체계적으로 보이는 특색을 부여했다. 예를 들어 1850년 스코틀랜드의 해부학자 로버트 녹스Robert Knox는 『인종 *The Races of Men*』이라는 저서를 출간했는데, 여기서 "인종, 또는 유전적 혈통이 모든 것이다. 그것이 인간을 특징짓는다"라고 주장했다. 이듬해 필라델피아 조판공조합의 수장 존 캠벨John Campbell은 『흑인광, 잘못 가정된 인종의 평등을 검토하다*Negro Mania, Being an Examination of the Falsely Assumed Equality of the Races of Mankind*』를 발간했다. 인종주의는 미국 남부에 국한되지 않았다. 캠벨은 여러 사람 중에서 퀴비에와 녹스를 인용하여 흑인의 흉포함과 야만성을 주장하고 흑백 평등에 철저한 반대 의사를 표명했다. 하지만 고비노가 미국에서 흑인을 노예 취급하는 것에 비판적이었기 때문에, 1856년 그의 저작이 영어로 출간될 때 번역자는 노예제에 찬성하는 남부인들의 구미에 맞추기 위해 해당 부분을 삭제해야 했다. 노예제 폐지의 전망은(미연방에서는 1865년에 비로소 공론화되었는데) 인종학에 대한 관심을 고조시켰을 뿐이다.[16]

고비노와 캠벨의 책 제목이 입증해주듯이, 대부분의 인종주의의 공통점은 평등 관념에 대한 독기 서린 반발이었다. 고비노는 토크빌에게 1848년 프랑스혁명에 참여한 "더러운 핫바지꾼들(노동자들)"이 불러일으킨 역겨움을 고백한 적이 있다. 그의 입장에 선 캠벨은 정치 강령을 유색인들과 공유하는 것에 대해 반발심을 느꼈다. 일찍이 근대사회―열등한 질서와 섞여야 하는―에 대한 귀족적 거부였던 관념이 이제는 인종론적 의미를 띠게 되었다. 19세기 후반 대중 정치의 등장은 계급적 차이의 감수성을 점차 무디게 만들었지만(또는 그렇게 보였지만), 그렇다고 차이가 전적으로 사라지지는 않았다. 차이는 계급의 지표에서 인종과 성의 지표로 전이되었다. 보편적인 남성 참정권의 확립은 노예제의 폐지 및 대규모 이주와 결합되어 평등을 더욱더 구체적이고 위협적으로 만들었다.[17]

제국주의는 이러한 사태를 더 악화시켰다. 유럽이 농장형 식민지들에서 노예제를 폐지할 때조차도 그들은 아프리카와 아시아에서 지배권을 확장했다. 프랑스는 1830년 알제리를 침공해 결국 프랑스에 복속시켰다. 영국은 1819년에 싱가포르를, 1840년에는 뉴질랜드를 병합했고, 인도에 대한 통제를 무자비하게 강화했다. 1914년까지 아프리카는 프랑스, 대영제국, 독일, 이탈리아, 포르투갈, 벨기에, 그리고 스페인에 의해 분할되었다. 상처 없이 탄생한 아프리카 국가는 없다. 일부 경우에는 외국인의 지배로 제국주의 중심부에서의 수출이 급증해 지역 산업이 파괴됨으로써 사실상 이 나라들은 더 '후진적으로' 퇴보했지만, 유럽인들은 이러한 사태에서 오직 한 가지 교훈만을 이끌어냈다. 그들은 더 후진적이고 야만적인 피지배 지역을 '문명화할' 권리를—그리고 의무를—갖는다.

이러한 제국주의의 모든 지지자들이 명시적으로 인종주의를 확산시킨 것은 아니다. 존 스튜어트 밀은, 1858년까지 인도 지배의 효과적인 집행기관이었던 동인도회사에서 수년간 일했지만 차이에 대한 생물학적 설명은 거부했다. 그러나 그조차도 인도의 토착적 상태는 "법이 거의, 혹은 전혀 없는" "야만"이고 인도인들은 "최고등 동물보다 약간 상위의" 상태로 살아간다고 믿었다. 밀 같은 예외가 있었음에도 유럽 제국주의와 인종학은 공생관계를 발전시켰다. "정복자 인종들"의 제국주의는 인종적 요구를 좀더 신용할 수 있게 만들었고, 인종학은 제국주의의 정당화에 일조했다. 1861년 영국 탐험가 리처드 버턴Richard Burton은 기준선을 설정했다. 그는 말했다. 아프리카인은 "대개 하등 동방 유형의 최악의 특징들을 보인다. 그러니까 정신적 침체, 육체적 게으름, 도덕적 해이, 미신, 그리고 유치한 열정" 등이다. 1870년대 이후 이러한 태도는 저비용으로 제작된 신문, 삽화를 실은 주간지와 민속학 관련 전시를 통해 지지층을 얻었다. 1848년 이후 프랑스의 일부로 인정받게 된 알제리에서조차도 원주민들은 오랜 시간이 흐른 후에 겨우 권리를 획득했다. 1865년 정부의 칙령은 그들을 시민이 아닌 신민臣民으로 선언했으나, 1870년에 이르러서야 프랑스 정부는 알제리의 유대인을 귀화 시민으로 인정했다. 이슬람교도 남성은 1947년에야 평등한 정치적 권리를 얻었다. '문명화 사명'은 단기 프로젝트가 아니었던 셈이다.[18]

고비노는 유대인을 인종학 연구의 특별 사례로 간주하지 않았으나 그의 추종자들은 그렇게 했다. 1899년 독일에서 출간된 『19세기의 토대*Foundations of the Nineteenth Century*』에서 체임벌린은 인종에 관한 고비노의 이념과 원초민족Volk에 관한 독일의 신비주의를 유대인에 대한 격렬한 공세와 연결하여 "이 외지인들"이 "우리의 정부, 우리의 법, 우리의 과학, 우리의 경제, 우리의 문학, 우리의 예술을 노예로 만들고 있다"고 주장했다. 체임벌린은 기껏해야 새로운 논지 한 가지를 첨가했을 뿐이지만 그것은 히틀러에게 직접 영향을 끼쳤다. 모든 민족 중 아리안인과 유대인만이 자신의 인종적 순수성을 유지해왔다. 이것이 의미하는 바는 이제 그들이 서로 목숨을 건 투쟁을 벌여야 한다는 것이다. 다른 측면에서 보면, 체임벌린은 점점 증가하는 여러 통념들을 하나로 묶어놓은 셈이었다.[19]

비록 근대 반유대주의란 수 세기에 걸쳐 만연한 유대인에 대한 기독교의 부정적인 고정관념에 기반을 둔 것이지만 1870년대 이후 교의에 새로운 특성이 덧붙었다. 흑인과 달리 유대인은—예컨대 그들이 18세기에 그러했던 것처럼—더이상 역사 발전의 저급한 단계를 나타내지 않았으며 대신 근대성 자체의 위협을 대변했다. 과도한 물질주의, 소수 집단의 해방과 정치 참여, 그리고 도시생활의 "타락한", "뿌리 없는" 세계시민주의 말이다. 신문 만화는 유대인을 탐욕스럽고 표리부동하며 음탕한 자로 묘사했다. 저널리스트와 팸플릿 제작자들은 유대인이 세계자본을 좌지우지하고 있으며 의회정당들을 조종하며 음모를 꾸미고 있다고 썼다.(도판 11) 1894년 한 미국 신문만화는 상당수의 유럽 만화들에 비하면 덜 악의적으로, 세계 각 대륙이 영국에 앉아 있는 문어의 촉수로 둘러싸인 장면을 묘사했다. 그 문어는 부유하고 권세가 막강한 유대인 가문의 이름을 따 로스차일드Rothschild라는 이름표가 붙어 있다. 이러한 근대적인 중상모

도판 11. 프랑스 혁명: 과거와 오늘. 카랑 다슈Caran d'Ache, 〈저 잠깐……!〉*Psst……!*, 1898.
카랑 다슈는 엠마뉘엘 푸아레Emmanuel Poiré의 가명으로, 프랑스에서 드레퓌스 사건이 진행되는 동안 반유
대주의적인 캐리커처들을 출간한 프랑스 정치만화가였다. 그중 하나는 1789년 프랑스 혁명기에 유래한 잘 알
려진 이미지를 차용하여, 한 귀족의 무게에 눌린 농부의 모습을 보여준다(귀족층은 일부 세금을 면제받았기 때
문이다). 근대에 와서 농민은 더욱더 많은 짐을 짊어져야 한다. 한 공화주의 정치인, 그 위에는 프리메이슨 단
원이 그의 등을 타고 있고, 맨 위에는 유대인 재정가가 올라 있다. 카랑 다슈는 졸라를 조롱하는 몇몇 이미지
들도 출간했다(〈저 잠깐……!〉 제37호, 1898년 10월 15일).

략은 『시온 의정서』로부터 더욱 힘을 얻었다. 이 기만적인 문서는 전 세계를 지배할 초超정부를 설립하려는 유대인의 음모를 폭로한다고 선전했다. 1903년 러시아에서 초판이 출간되었으나 1921년에는 위조문서임이 밝혀졌다. 하지만 이 의정서는 독일에서 나치에 의해 계속 발간되었고, 오늘날까지도 일부 아랍 국가들의 학교에서는 사실이라고 가르친다. 이처럼 새로운 반유대주의는 전통적이고 근대적인 요소들을 결합시켰다. 유대인은 권리에서, 심지어 국가에서도 배제되었는데, 이는 그들이 너무 다르면서도 너무 강력했기 때문이다.

사회주의와 공산주의

민족주의는 19세기에 나타난 유일한 대중운동이 아니었다. 사회주의와 공산주의도 헌법적 차원의 개인의 권리라는 개념의 한계를 깨닫고 이에 반대하는 가운데 형성되었다. 초기 민족주의자들이 이미 국가를 세운 민족만이 아니라 모든 민족의 권리를 원한 데 비해, 사회주의자와 공산주의자들은 하층계급이 단지 정치적 권리의 평등보다 사회적·경제적 평등을 향유할 수 있기를 바랐다. 그러나 사회주의 및 공산주의 조직들은 인간 권리의 지지자들에게 기만당했던 권리들에 주목할 때조차 부득이하게 권리라는 목표의 중요성을 감소시켰다. 마르크스Marx의 관점은 분명했다. 정치적 해방은 법적 평등을 통해 부르주아 사회에서 달성될 수 있지만, 진정한 인간해방은 부르주아 사회와 사적 소유의 철폐를 요구한다. 사회주의자와 공산주의자들은 그럼에도 권리에 관한 두 가지 질문을 지속적으로 제기했다. 정치적 권리란 과연 충분한 것인가? 그리고 사적 소유의 권리는 불운한 이들의 복리를 진작하려는 사회적 요구와 양립할 수 있는가?

19세기에 민족주의가 자기 결정에 대한 초기 열광에서 종족 정체성을 지키려는 좀더 방어적인 보호주의로 나아갔듯이, 사회주의도 시간을 거치며 진화했다. 초기에 평화롭고 비정치적인 수단으로 사회를 재구축하는 데 주안점을 두었던 데서 의회정치를 선호하는 이들과 정부의 폭력적 전복을 주장하는 이들이 확실히 분리되는 단계로 이동했다. 19세기 초반 대부분의 나라에서 노동조합은 불법이고 노동자들은 참정권을 갖지 못했을 때, 사회주의자들은 산업화가 빚어낸 새로운 사회관계를 혁명화하는 데 주력했다. 노동자들이 투표할 수 없는 한 선거에서 이길 가망은 없었다. 적어도 1870년대까지는 그러했다. 대신 사회주의의 선구자들은 모범적인 공장, 생산자 및 소비자 연대, 그리고 실험적인 공동체를 만들어 사회집단들 간의 갈등과 소외를 극복하고자 했다. 그들이 소망한 바는 노동자와 빈민이 새로운 산업질서의 수혜자가 되는 것, 산업을 '사회화'하고 경쟁을 연대로 대체하는 것이었다.

이들 초기 사회주의자 상당수는 '인간의 권리'를 불신했다. 1820~30년대 프랑스의 선도적 사회주의자 샤를 푸리에Charles Fourier는 헌법, 그리고 양도할 수 없는 권리에 대한 논의가 기만적이라고 주장했다. 가난한 사람이 "일할 자유도 없고" 고용을 청원할 당국도 없다면 "시민의 소멸될 수 없는 권리" 따위가 과연 무슨 의미란 말인가? 그는 일할 권리가 모든 권리 중에서도 으뜸이라고 보았다. 푸리에처럼 초기 사회주의자 상당수는 여성에 대한 권리 부여의 실패를 권리에 대한 옛 교의의 파산 신호로 거론했다. 여성이 과연 사적 소유와 가부장제를 수호하는 법체제의 철폐 없이도 자유를 쟁취할 수 있겠는가?[20]

두 가지 요소가 19세기 후반부에 사회주의의 궤도를 변경시켰다. 남성의 보통선거권과 공산주의의 출현('공산주의'라는 용어는 1840년에 처음 등장했다)이다. 사회주의자들과 공산주의자들은 정당을 만들어 공직을 얻는 의회주의 정치운동의 확립을 목표로 하는 이들과, 러시아 볼셰비키처럼 오로지 프롤레타리아트 독재와 전면적 혁명만이 사회적 조건을 변혁할 수 있다고 주장하는 이들로 분열되었다. 전자는 점차 모든 사람이 투표할 수 있게 됨으로써 노동자가 의회정치의 틀 안에서 자신들의 목표를 달성할 수 있는 전망이 열릴 것이라 믿었다. 예컨대 영국 노동당은 노동자의 이해관계와 참정권을 증진시키고자 각종 노동조합, 정당, 클럽 들의 힘을 모아 1900년에 결성되었다. 다른 한편, 1917년 러시아혁명은 만국의 공산주의자들에게 전면적인 사회적·경제적 변혁이 눈앞에 있으며, 의회정치 참여는 다른 종류의 투쟁에 필요한 힘을 소진시킬 뿐이라는 믿음을 고취했다.

이 두 분파는 권리에 대한 시각도 달랐다. 정치적 과정을 수용한 사회주의자와 공산주의자들 또한 권리의 대의를 지지했다. 프랑스 사회당의 창건자 중 한 사람인 장 조레스Jean Jaurès는, 사회주의 국가는 "개인의 권리를 보장하는 한에서만 비로소 정당성을 확보한다"고 주장했다. 그는 드레퓌스, 남성의 보통선거권, 교회와 국가의 분리, 한마디로 모든 사람의 평등한 정치적 권리와 더불어 노동자의 삶의 개선을 지지했다. 조레스는 「인간과 시민의 권리 선언」이 보편적인 의미를 갖는 문서라고 생각했다. 다른 한편 마르크스를 보다 철저히 추종하던 이들은, 조레스에 반대하던

한 프랑스 사회주의자의 말처럼, 부르주아 국가는 오로지 "보수주의와 사회적 억압의 도구"일 뿐이라고 주장했다.[21]

마르크스는 젊은 시절 인간의 권리에 대해 장황하게 논의했다. 『공산당 선언』이 나오기 5년 전인 1843년에 출간된 그의 에세이 「유대인 문제에 관하여」에서 마르크스는 「인간과 시민의 권리 선언」의 원리 자체를 비난했다. 그는 불평했다. "이른바 인간의 권리 중 어느 것도, 이기적인 인간을 넘어서지 못한다." 소위 자유란 인간을 계급이나 공동체의 일부로서가 아니라 그저 고립된 존재로 간주할 뿐이었다. 소유의 권리는 타인에 대한 고려 없이 오로지 자기 자신의 이해만을 추구하는 권리를 보장할 뿐이었다. 인간의 권리는 사람들이 원하는 것이 종교로부터의 자유일 때 종교적 자유를 보장했다. 그들은 소유로부터의 자유가 필요할 때 자신의 소유를 지키기 위해 권리를 공고히 했다. 그들은 사업에서의 해방이 필요할 때, 사업에 종사할 권리를 포함시켰다. 마르크스는 인간의 권리에서 특히 정치적 강조를 혐오했다. 그의 생각으로는 정치적 권리란 수단에 관련돼 있는 것이지 목적 그 자체는 아니었다. '정치적 인간'이란 '실제적'이지 못하고 '추상적·인위적'인 존재였다. 인간해방이 정치를 통해서는 달성될 수 없다는 점을 인식함으로써 비로소 인간의 진정성이 회복될 수 있다. 그것은 사회관계와 사적 소유의 폐지에 주력하는 혁명을 요구했다.[22]

이러한 시각과 그에 기반한 이후의 변종들은 세대를 거쳐 사회주의 및 공산주의 운동에 영향을 미쳤다. 볼셰비키는 1918년 「노동과 피착취 인민의 권리 선언」을 발표했으나 그것은 하나의 정치적 혹은 법적 권리만을 포함한 게 아니었다. 그것의 목표는 "인간에 의한 인간의 모든 착취를 철폐하고, 사회의 계급적 분열을 완전히 종식시키고, 착취자의 저항을 철저히 분쇄하고, [그리고] 사회의 사회주의적 조직을 확립하는" 일이었다. 레닌은 마르크스를 인용하면서 개인의 권리에 대한 어떠한 강조에도 반대의사를 표명했다. 평등한 권리라는 관념은—레닌이 확증하는 바에 따르면—그 자체가 평등과 정의의 위반이다. 왜냐하면 '부르주아의 법'에 기반을 두기 때문이다. 이른바 평등한 권리는 사적 소유를 보호하고 그럼으로써 노동자의 착취를 영속화한다는 것이다. 이오시프 스탈린Iocif Stalin은 1936년 표현의 자유, 언론의 자유, 그리고 종교의 자유를 보장할 것을 요구하는 새 헌법을 공포했지만, 그의 정부는 수십만 명에 달하는 계급의 적, 반정부인사, 심지어는 동지들마저도 주저 없이 수용소로 보내거나 처형했다.[23]

세계대전과 새로운 해결 방안의 강구

심지어 볼셰비키가 러시아에서 프롤레타리아트 독재를 시작했을 때조차 제1차세계대전의 천문학적인 사망자 수는 승전을 앞둔 나라의 지도자들로 하여금 하루빨리 평화를 보장하기 위한 새로운 체계를 강구하도록 촉구했다. 볼셰비키가 1918년 3월 독일과의 강화조약에 서명했을 때 러시아의 전사자는 200만 명에 달했다. 전쟁이 1918년 11월 서부전선에서 종식될 때까지 1,400만 명이 목숨을 잃었고 그중 대부분은 군인이었다. 러시아와 프랑스에서 전투에 동원된 사람들 중 4분의 3이 부상당하거나 사망했다. 1919년 강화조약을 체결한 외교관들은 국제연맹League of

Nations을 창설하였다. 이 기구는 평화 유지, 군비축소 감독, 국가 간 분쟁 조정, 소수민족, 여성, 그리고 아동의 권리 보장을 목표로 삼았다. 몇몇 고귀한 노력에도 불구하고 연맹은 실패했다. 미연방 상원은 미국의 참여에 대한 비준을 거부했으며 독일과 러시아가 앞장서서 회원가입을 거부했다. 연맹은 유럽에서는 민족자결을 장려하면서도 옛 독일 식민지와 구 오스만제국의 영토는 '위임통치' 체제로 관리했다. 이는 유럽의 비유럽 민족에 대한 우월권을 다시금 정당화하는 체제였다. 더욱이 연맹은 이탈리아 파시즘과 독일 나치즘의 등장을 막을 힘이 없음이 드러났으며 제2차세계대전의 발발을 예방하지 못했다.

제2차세계대전은 도무지 납득할 수 없는 6,000만의 죽음으로 야만성의 새로운 기준을 세웠다. 더욱이 사망자의 다수는 민간인이었고 그중 600만은 유대인이었는데, 그들은 유대인이라는 이유만으로 죽임을 당했다. 이 같은 죄악으로 말미암아 전쟁이 끝나면서 수백만 명의 난민이 양산되었고 그들 중 다수가 미래를 상실한 채 난민수용소에서 살았다. 하지만 다른 이들은 인종적 이유로 강제 이주당했다(예컨대 2,500만에 달하는 독일인들이 1946년에 체코슬로바키아에서 추방당했다). 전쟁중에 행사되는 폭력은 언젠가는 민간인을 향하게 마련이다. 그러나 전쟁이 끝나고 독일인들이 저지른 만행의 규모가 밝혀지자 사람들은 충격에 빠졌다. 나치 수용소의 해방을 담은 사진들은 아리안족의 인종적 우월성과 민족의 정화 운운으로 정당화되었던 반유대주의의 참담한 결과를 보여주었다. 1945~46년 뉘른베르크 재판은 그러한 잔학 행위를 일반 대중에게 알렸을 뿐 아니라 통치자, 공직자, 장성들도 "반인도적" 범죄를 저지를 경우 처벌받을 수 있다는 선례를 만들었다.

심지어는 전쟁이 끝나기도 전에 연합국측—특히 미국, 소련, 영국—은 국제연맹 개선을 결의했다. 1945년 봄 샌프란시스코에서 개최된 회의는 새로운 국제 조직, 즉 국제연합United Nations의 토대를 구축했다. UN은 강대국들이 좌우하는 안전보장이사회와 모든 회원국의 대표가 참여하는 총회, 집행부로서 사무총장 휘하의 사무국을 갖추게 될 터였다. 이 회의는 또한 네덜란드 헤이그에 국제재판소를 설립하도록 했다. 이것은 1921년 국제연맹이 만든 유사한 법정을 대체했다. 1945년 6월 26일, 창립 회원국 51개국이 UN헌장에 서명했다.

　유대인, 집시, 슬라브인 그리고 여타 사람들에게 나치가 자행한 범죄의 증거가 속속 드러나고 있음에도 샌프란시스코 외교관 회의에서는 인권을 의사일정에 올리는 일마저도 힘겹기만 했다. 1944년, 영국과 소련은 UN 헌장에 인권 항목을 포함시키자는 제안을 거부했다. 영국은 그러한 행위가 혹여 식민지에서의 독립운동을 고무하지나 않을까 염려했으며, 소련은 확장일로에 있는 자기네 영향권에 대한 어떠한 간섭도 원치 않았다. 이에 더하여 미합중국은 헌장에 모든 인종의 평등에 관한 구절을 포함하자는 중국 측의 제안에 반대했다.

　두 가지 방향에서 압력이 들어왔다. 라틴아메리카와 아시아의 많은 중소 국가들이 인권에 더욱 주목할 것을 촉구했다. 이는 강대국들이 위압적으로 회의 과정을 좌지우지하는 데 분개했기 때문이기도 했다. 이에 더하여 대부분 미국에 본부를 둔 종교, 노동, 여성, 시민 단체들이 회의에 참여한 각국 대표들에게 직접 로비를 벌였다. 미국 유대인위원회, 종교의 자유를 위한 합동위원회, 산업별조직위원회CIO, 유색인 지위 향상을 위한 국립협회NAACP의 긴급 탄원으로, 미 연방 행정부 공직자들은 마음을 바꾸어 UN 헌장에 인권 항목을 삽입하는 데 동의했다. UN이 한 국가의 내정에 간섭하지 않을 것이라는 점을 헌장이 보장하자 소련과 영국도 동의 의사를 밝혔다.[24]

인권 참여가 보장되기에는 아직도 갈 길이 멀었다. 1945년 UN 헌장은 국제 안전보장 문제에 주안점을 두었고, 그저 단 몇 줄만을 "인종, 성, 언어, 또는 종교로 인한 어떠한 차별도 없이 모든 사람을 위한 인권과 근본적인 자유에 대한 보편적인 존중 및 준수"에 할애했다. 하지만 그로 인해 인권위원회가 설립되었고, 이 기구는 첫번째 과업을 인권 장전 선언으로 결정했다. 위원회의 수장 엘리너 루스벨트Eleanor Roosevelt는 선언의 초안을 마련, 복잡한 승인 과정, 감독에서 중요한 역할을 수행하였다. 캐나다 맥길대학교에 재직하던 40세의 법학 교수 존 험프리John Humphrey가 예비 초안을 작성하였다. 그것은 총위원회의 정회에서 수정하고 모든 회원국이 회람한 후 경제와 사회 위원회에서 검토하여 승인을 얻을 경우 총회에 올리기로 되어 있었다. 총회에 올라가면 먼저 사회·인도주의·문화적 사안을 다루는 제3위원회에서 숙고할 것이었다. 모든 회원국 대표가 참여하는 제3위원회에서 초안이 토론에 부쳐지자, 소련이 거의 모든 조항에 대해 수정안을 제시했다. 83차례의 회의(제3위원회에서만)와 이후 거의 170개조의 개정안을 통해 다듬어진 초안에 대해 투표를 실시하게 되었다. 결국 1948년 12월 10일, 총회는 「세계 인권 선언」을 승인했다. 48개국이 찬성했고 소비에트 진영의 8개 국가가 기권했으며 반대국은 없었다.[25]

18세기의 선례들처럼 「세계 인권 선언」은 그러한 형식적 표명이 왜 필요해졌는지를 선언 전문에 밝혀놓았다. "인권에 대한 경시와 경멸이 인류의 양심을 어기는 야만적인 행태를 초래했다"고 언명한 것이다. 원조격인 1789년 프랑스의 선언과 비교하면 언어상의 편차가 뚜렷하다. 1789년에 프랑스인들은 "인간의 권리에 대한 무지, 소홀, 또는 멸시야말로 공공의 불행과 정부의 부패를 낳는 유일한 원인이다"라고 역설했다. '무지'와 심지어는 단순한 '소홀'조차 더이상 가능하지 않게 되었다. 추정컨대, 1948년까지는 모든 사람이 인권이 의미하는 바를 알게 되었다. 더욱이 1789년의 "공공의 불행"이라는 표현은 근래에 겪은 사건의 엄청남을 포착하지 못했다. 인권에 대한 악의적인 경시와 경멸이 거의 상상할 수 없을 정도의 잔인함을 양산했던 것이다.

「세계 인권 선언」은 개인의 권리라는 18세기적 관념, 즉 법 앞에서의 평등, 표현의 자유, 종교의 자유, 공직 수여의 권리, 사적 소유의 보호, 그리고 고문과 잔혹한 형벌의 폐지 등을 재확인하는 데 그치지 않았다.(부록 참조) 그것은 또한 노예제를 명백히 금지하고 비밀 투표에 의한 보편적이고 평등한 참정권을 제공했다. 추가적 요구로는 이주의 자유, 국적 취득의 권리, 혼인의 권리, 그리고 논란의 여지가 있는 것으로 사회보장의 권리, 생계비를 위해 동일노동·동일임금 원칙이 관철되는 노동의 권리, 휴식과 여가의 권리, 그리고 기본 수준에서 자유로워야 할 교육의 권리가 있다. 냉전의 갈등이 첨예해지던 시기에 「세계 인권 선언」은 쉽사리 달성할 수 있는 현실적인 목표보다는 기대치를 표명했다. 또한 세계 공동체를 위한 일련의 도덕적 의무의 윤곽을 제시했으나 집행체제는 전혀 갖추지 못했다. 물론 집행체제를 포함했더라면 결코 통과되지 못했을 것이다. 그러나 모든 결함에도 불구하고 이 문서는 18세기에도 그랬듯이 효과가 있었다. 50년 이상이나 인권에 대한 국제적 토론과 실행의 기준을 마련해

준 것이다.

「세계 인권 선언」은 권리를 위한 150년간의 투쟁의 결실이었다. 19세기와 20세기 초에 걸쳐 자선단체들은 각국이 자기 이해관계에 매몰되어 있을 때 보편적 인권의 불꽃을 피워올렸다. 그들 중 단연 으뜸은 노예무역·노예제와 싸우기 위해 창립된 퀘이커교도의 단체들이었다. 영국 노예무역폐지협회는 1787년 창립되어 노예제 폐지론을 지향하는 저작과 시각자료들을 배포하고 의회를 겨냥한 대대적인 청원운동을 조직했다. 이 단체 지도자들은 미국, 프랑스, 그리고 카리브해 지역의 노예제 폐지론자들과 긴밀히 연대했다. 1807년에 의회가 영국의 노예무역 참여를 종식시키는 선언을 통과시켰을 때, 노예제 폐지론자들은 단체명을 노예제반대협회로 개칭하고 의회가 노예제 자체를 폐지하도록 대규모 청원운동을 조직하는 것으로 방향을 전환했다. 이 목표는 1833년에 결국 달성되었다. 영국 및 재외 노예제반대협회가 그 배턴을 이어받아 다른 곳, 특히 미국에서 노예제의 종식을 선전했다.

미국 노예제 폐지론자들의 제안에 따라 영국의 관련 협회는 노예제에 반대하는 국제적 투쟁을 통합하기 위해 1840년 런던에서 세계반노예제회의를 조직했다. 비록 각국 대표들이 여성 참여를 거부하는 바람에 여성 참정권 운동의 도화선이 되기도 했으나, 그들은 국제적인 노예제 반대의 대의를 진작시켰다. 여기에는 새로운 국제적 접촉의 증진, 노예의 상태에 대한 정보, 그리고 노예제를 "신을 거역하는 죄악으로" 공공연히 비난하면서 노예제를 지지하는 교회, 특히 미국 남부의 교회에 죄를 묻는다는 결의를 했다. 물론 '세계' 회의는 영국과 미국이 좌지우지하기는 했지만 그래도 여성 참정권, 아동 노동의 보호, 노동자의 권리 및 여타 사안들을 위한 국제운동의 틀을 만들었다. 일부 권리들은 관련성이 있었으나 다른 것들, 예컨대 금주禁酒의 권리 같은 것은 그렇지 않았다.[26]

1950~60년대에 국제 인권의 대의는 반식민 독립투쟁에는 적극 관여하지 않았다. 제1차세계대전이 종식되면서 우드로 윌슨Woodrow Wilson 대통령은, 지속적인 평화는 민족자결의 원리에 근거해야 할 것이라고 주장한 바 있다. "모든 사람들은, 그들이 살아갈 주권국을 선택할 권리를 갖는다." 그는 폴란드인, 체코인, 세르비아인—아프리카인이 아니라—을 염두에 두었고, 그와 그의 연합국들은 폴란드, 체코슬로바키아, 유고슬라비아의 독립을 승인했다. 이는 그들이 예전에 패전국들이 통치하던 영토를 자신들이 처분할 권리를 갖는다고 보았기 때문이었다. 대영제국은 영미연합 항전의 원리를 밝힌 1941년의 「대서양 헌장」에 민족자결 항목을 포함하는 데 동의했다. 그러나 윈스턴 처칠은 이것이 유럽에만 적용될 뿐, 영국의 식민지들에는 적용되지 않는다고 주장했다. 아프리카 지식인들은 이에 동의하지 않았고 민족자결 사상을 점차 힘을 키워가던 독립운동의 일부로 삼았다. 비록 국제연합이 처음 몇 년간은 탈식민화를 강하게 주장하지 못했지만 1952년까지는 자결권을 프로그램의 일부로 삼는 데 공식 동의했다. 대부분의 아프리카 국가들은 1960년대에 평화적인 또는 폭력적인 방법으로 독립을 달성했다. 그들은 종종 헌법에 1950년의 인권 보호와 기본적 자유를 위한 유럽회의에서 열거된 권리들을 포함했지만, 그럼에도 권리의 법적 보장은 국가간·종족간 아귀다툼에 번번이 희생되었다.[27]

1948년 이후 몇십 년 안에 인권 보호의 중요성에 대한 국제적 합의는 단속적으로 실현되었다. 「세계 인권 선언」은 그 과정의 정점이라기보다는 시작이었다. 이러한 요구에 오래도록 저항했던 공산주의자들에게서 인권의 진보가 가장 뚜렷했다. 1970년대 초 서유럽 공산당들은 세기 전환기에 조레스가 프랑스에서 제시했던 바와 유사한 입장으로 복귀했다. 그들은 공식 강령에서 '프롤레타리아트독재'를 민주주의의 증진으로 대체했고 인권을 명시적으로 옹호했다. 1980년대 말에는 소비에트 진영이 동일한 노선으로 이동하기 시작했다. 소련 공산당 서기장 미하일 고르바초프 Mikhail Gorbachev는 1988년 모스크바에서 열린 공산당 전당대회에서 소련은 금후에 법이 지배하는, 즉 "개인들의 권리와 자유가 최대한 보장되는" 국가여야 한다고 말했다. 같은 해 소련의 학교에는 처음으로 인권 분과가 설치되었다. 어떤 수렴 현상이 발생했다고 할 수 있다. 1948년 「세계 인권 선언」은 사회적·경제적 권리―예를 들면 사회보장권, 노동권, 교육권―를 포함했고 1980년대까지는 대부분의 사회주의자 및 공산주의 정당들이 이전에 품었던 정치적·시민적 권리에 대한 적개심을 버렸다.[28]

비정부기구들(요즘은 NGO라 불리는)은 결코 사라지지 않았으며 1980년대부터 국제적 영향력이 더 커졌다. 이는 주로 세계화의 확산에 기인했다. 해당 지역 외부에는 활동이 알려지지 않은 무수한 지역 단체들은 말할 것도 없고, 국제사면위원회(1961년 창립), 노예제반대국제기구(노예제반대협회 계승), 인권감시단(1978년 창립), 국경없는의사회(1971년 창립) 같은 NGO들이 지난 수십 년간 인권을 수호하기 위해 비판적 지지를 수행해왔다. 이러한 NGO들은 인권을 위반하는 정부에 UN보다 더 적극적으로 압력을 행사했고, 기아, 질병, 그리고 반정부인사 및 소수자에 대한 잔혹한 처우의 개선에 크게 기여했다. 그들은 거의 대부분 자신들의 프로그램을 「세계 인권 선언」의 조항들에 표명된 권리에 근거를 두

었다.[29]

말할 것도 없이 인권은 아직도 집행하기보다는 지지하기가 더 쉬운 상태다. 학살, 노예제, 고문, 인종주의에 반대하고 여성, 아동, 소수자의 권리를 옹호하는 국제대회와 기구들의 변함없는 흐름은 인권이 여전히 구조救助를 요하는 사안임을 보여준다. UN은 1956년 노예제, 노예무역, 그리고 유사 노예제 및 그 실행의 폐지에 관한 추가 협약을 채택했으나, 추산하기로는 오늘날에도 2,700만 명의 노예가 있다. UN은 또한 1984년에 고문과 잔인하고 비인간적이며 모욕적인 처우나 처벌에 반대하는 협약을 승인했는데, 이는 고문이 법적으로는 18세기에 폐지되었음에도 실제로는 사라지지 않았기 때문이다. 고문은 법적으로 인가된 틀 내에서 시행되기보다는 현대 국가에서는 첩보기관의 밀실과 그리 비밀스럽지 않은 경찰과 군대 취조실로 이전되었다. 나치는 공산주의자, 여호와의 증인, 파업주동자, 테러범, 반정부인사, "반사회적 분자들", 그리고 "폴란드나 소련의 부랑아들"에 대한 "제3등급"의 시행을 아예 내놓고 인가했다. 똑같지는 않지만 이런 조치는 계속 시행되고 있다. 남아프리카, 알제리의 프랑스인, 칠레, 그리스, 아르헨티나, 이라크, 이부그라이브의 미국인들…… 이 목록에는 끝이 없다. "야만적 행위"의 종식이라는 희망은 아직도 실현되지 않았다.[30]

공감의 한계

우리는 고문과 인종 청소의 부활, 전쟁 무기로서의 강간의 지속적 활용, 여성에 대한 억압, 아동과 여성에 대한 성범죄 증가, 노예 제도의 존속으로부터 어떤 결론을 끌어낼 것인가? 인권은 이러한 과업을 실현하기에는 부적합한가, 그래서 낙담했는가? 현대에는 거리감과 친밀감의 역설이 작동한다. 한편으로는 문자해독력의 증대와 소설, 신문, 라디오, 영화, TV, 인터넷의 발전이 많은 사람들로 하여금 멀리 떨어져 있고 전혀 다른 환경 속에 사는 이들과 공감하도록 해주었다. 기아에 허덕이는 방글라데시 아이들의 사진이나 스레브레니차, 보스니아에서 살해된 수천 명의 성인 남성과 소년들에 대한 기사를 본 수백만 명의 사람들이 성금·물품을 보내고, 가끔은 직접 달려가 그곳 사람들을 돕거나 자기 정부나 국제기구의 개입을 촉구했다. 한편, 르포 기사는 르완다에서 이웃들이 다른 부족이라는 이유로 서로를 어떻게 죽이는지, 그리고 그 잔인함이 얼마나 광포한지를 말해준다. 이처럼 클로즈업된 폭력은 예외적이거나 최근 현상이 아니다. 유대인, 기독교도, 이슬람교도는 구약성경에 나오는 아담과 이브의 아들 카인이 왜 자신의 동생 아벨을 죽였는지를 설명하려고 부심해왔다. 나치의 잔학 행위가 벌어진 지 수년이 지났을 때 면밀히 수행된 연구는 평범한 인간이, 어떠한 심리적 이상이나 극렬한 정치적·종교적 신념이 없이도, '적시의한' 상황에서 아주 가까이에서 대학살임을 알고도 그런 짓을 저지르도록 유도될 수 있음을 보여주었다. 알제리, 아르헨티나, 아부그라이브에서 고문을 자행한 자들 또한 애초에는 평범한 군인이었다. 고문 집행자와 살인자는 우리와 같은 사람이고, 그들은 바로 자기 앞에 있는 사람들에게 자주 고통을 가한다.[31]

의사소통의 근대적 형식은 타인에 대한 공감의 수단을 확장했으나 인간이 동료애의 기반 위에서 행동하도록 보증할 수는 없었다. 공감의 힘이 지닌 양가성은 18세기 중엽 이후 발견된다. 심지어 그것의 작동을 설명하는 이들도 그런 경향을 보였다. 『도덕 감정론』에서 애덤 스미스는 수억 명의 사람을 사망에 이르게 한 중국에서의 지진 소식을 들은 "유럽의 한 인도주의자"의 반응을 가정한다. 스미스의 예상에 따르면, 그 사람은 올바른 것을 죄다 말하고 나서는 마치 아무 일도 없었던 것처럼 자기 일을 계속할 것이다. 이와 대조적으로 만약 다음날 자신의 새끼손가락을 잃게 되리라는 것을 알았다면 밤새 뒤척일 것이다. 그렇다면 그는 자신의 새끼손가락을 대가로 수억 명의 중국인을 기꺼이 희생시키려 할 것인가? 아니, 그러지는 않을 거라고 스미스는 주장한다. 그러나 과연 무엇이 한 인격체를 이러한 흥정에 저항하도록 만드는가? 우리로 하여금 자신의 이익에 배치되는 행동을 하도록 만드는 "그것은 인간성이라는 연성 권력이 아니다"라고 스미스는 주장한다. 그것은 더 강한 힘, 즉 양심의 힘이다. "그것은 이성, 원리, 양심, 가슴속의 거주자, 내면의 인간, 위대한 재판관 그리고 우리 행위의 조정자이다."[32]

1759년 스미스가 작성한 목록—이성, 원리, 양심, 내면의 인간—은 공감에 대한 최근 논의에서 중요한 요소 한 가지를 간파했다. 우리의 동료애를 불러일으킬 만큼 충분히 강력한 것은 과연 무엇인가? 스미스가 제시한 목록의 이질성은 그 자신이 이 문제에 대한 답을 구하는 데 몇 가지 난점에 직면했음을 알려준다. "이성"은 "가슴속의 거주자"와 동의어인가? 오늘날의 많은 인권운동가들처럼 스미스도 권리 원칙에 대한 합리적인 염원과 동료애에 대한 감성적 호소의 결합이 공감을 도덕적·효과적으로 만들 수 있다고 믿은 듯하다. 당시와 오늘날의 비판가들은 공감이 기능하도록 하기 위해서는 더 높은 종교적 의무감이 활성화될 필요가 있다고 응수할 것이다. 그들의 시각으로는, 인간은 냉담 혹은 악으로 향하는 자신의 내적 성향을 자신의 힘만으로는 극복할 수 없다. 미국법조협회의 전임 회장은 이 같은 일반화된 관점을 표명했다. "인간이 신의 형상을 따라 지어지지 않았다면 그들의 본원적 권리는 형이상학적인 존재 근거raison d'être를 잃게 될지도 모른다." 인간의 공동성이라는 이념은 그 자체만으로는 충분치 않다.[33]

실제로는 두 가지 문제가 있는데, 스미스는 한 가지 문제에 초점을 맞춘다. 스미스는 멀리 떨어진 이들에 대한 공감이 우리와 가까운 이들에 대한 호감과 동일한 차원에 있다고 보았다. 물론 멀리 있는 이들이 직면한 문제보다 직접 맞부딪친 일에 훨씬 더 민감하게 반응한다는 점은 인정했다. 고로 두 가지 문제란 이것이다. 무엇이 우리로 하여금 멀리 있는 이들에게 우리 감정이 움직이도록 만드는가? 무엇이 우리로 하여금 고문을 행하고, 불구로 만들고, 심지어는 우리와 가장 가까운 이들을 죽일 정도로까지 동료 의식을 무너뜨리게 하는가? 거리감과 친밀감, 긍정적 감정과 부정적 감정, 이 모두는 방정식으로 풀어야 할 사안이다.

18세기 중엽부터는 인권 관념의 등장으로 이러한 긴장이 더더욱 날카로워졌다. 18세기 말 노예제, 사법적 고문, 잔인한 형벌에 반대하던 운동가들은 너나 할 것 없이 그들이 풀어내는 감성적으로 뒤틀린 이야기들에서 잔혹함을 부각시켰다. 그들은 혐오감을 일부러 자극하려고 했으나 고통의 표현을 적나라하게 읽고 봄으로써 유발되는 감각적 자극이 늘 조심스레 유도될 수는 없는 법이었다. 마찬가지로, 평범한 소녀들의 고통에 강하게 주목하는 소설은 18세기 말에 좀더 다르고 사악한 형태를 띠게 되었다. 매슈 루이스Matthew Lewis의 『승려The Monk』(1796) 같은 고딕소설은 근친상간, 강간, 고문, 살인 장면들을 특색 있게 다루었으며, 그런 선정적인 장면들은 점점 도덕적 결과나 내면적 감성의 탐구라기보다는 실행해볼 만한 것들로 여겨졌다. 사드Sade 후작은 고딕소설을 노골적인 고통의 포르노그래피로 밀고 나갔다. 그는 리처드슨의 『클라리사』 같은 초기 소설의 길게 늘어지는 유혹 장면을 일부러 성행위로 축소시켰다. 사드는 이런 소설들의 감추어진 의미를 폭로하는 것을 목표로 삼았다. 사랑, 공감, 호의보다는 섹스, 지배, 고통, 그리고 권력 말이다. 사드에게 '자연권'이란 타자에게 가능한 한 많은 힘을 휘두르며 즐길 수 있는 약탈의 권리를 의미할 뿐이다. 사드가 프랑스혁명 기간인 1790년대에 대부분의 소설을 집필한 것은 결코 우연이 아니다.[34]

그리하여 인권의 관념은 자신의 가계를 사이 나쁜 쌍둥이에게 승계시켰다. 보편적이고 평등하며 자연적인 권리의 요구는 새롭고도, 가끔은 광신도적인 차이의 이데올로기가 성장하도록 부추겼다. 공감이 깃든 이해를 얻는 새로운 방식이 폭력적 선정주의로 향하는 길을 열었다. 잔인함을 법률적·사법적·종교적 안전망에서 떼어내려는 노력이 그것을 지배와 비인간화의 일상적 도구로, 더욱더 쉽사리 접근할 수 있게 만들었다. 20세기의 비인간적인 범죄들은 모든 이가 인류 가족의 동등한 구성원임을 주장할 때에 비로소 상상될 수 있다. 인권의 미래를 위해서는 이러한 이중성을 인정해야 한다. 공감은 고갈되지 않았으며 그 어느 때보다 선善을 위한 강력한 힘이 되었다. 그러나 이를 상쇄하는 폭력, 고통, 지배의 효과 또한 어느 때보다 강력해졌다.[35]

인권은 악에 대항하는, 우리가 공유하는 유일한 보루이다. 우리는 인권에 대한 18세기적 전망을 아직도 지속적으로 개선해나가야 한다. 특히 「세계 인권 선언」에서 말하는 '인Human'이, '인간의 권리rights of man'에서 '인간man'이 갖는 모호함 같은 것을 남겨두지 않도록 확실히 해둘 필요가 있다. 권리의 폭포수는 그것이 어디로 어떻게 흘러야 하는지를 두고 항상 큰 갈등을 겪게 마련이지만 쉼없이 계속 흘러간다. 여성의 선거권 대 태아의 생존권, 안락사의 권리 대 절대적 생존권, 장애인의 권리, 동성애자의 권리, 아동의 권리, 동물의 권리 등에 관한 논쟁은 끝나지 않았고 앞으로도 끝나지 않을 것이다. 인간의 권리를 부르짖은 18세기 운동가들은 그들의 적에 대해 평등, 보편성, 자연권보다는 불평등, 특수성, 역사적 관습에 토대를 둔 사회질서를 유지하는 데만 급급한 비정한 전통주의자라고 매도했다. 그러나 우리는 더이상 옛 관점을 단순히 거부하는 호사를 누릴 수 없다. 인권을 위한 투쟁의 반대편 끝에서—그에 대한 믿음이 보다 확산되었을 때—우리는 그간의 노력으로 만들어진 세계를 직시해야 할 것이다. 우리는 고문집행자와 살인자를 어떻게 대해야 하며, 미래에 그들의 출현을 어떻게 방지할 것인지를 고민해야 한다. 이때 그들이 우리 자신임을 항시 인정할 필요가 있다. 우리는 그들을 관용할 수도, 그들의 인간성을 빼앗을 수도 없다.

　국제 조직, 국제 법정, 국제회의 들을 갖춘 인권의 실행체제는 늑장대응이나 궁극적 목표 달성에서 거듭 드러나는 무능함으로 울화가 치밀게 하지만, 그러한 사안들에 대처할 수 있는 더 나은 구조는 없다. 법정과 정부 산하 조직들은, 그 범위가 얼마나 국제적이든 간에, 지정학적 고려 때문에 항상 뒤처진다. 인권의 역사는 결국 수많은 개인들의 감정, 신념, 실천에 의해 권리들을 가장 잘 방어할 수 있음을 보여준다. 개인은 불의를 내적으로 감지하고 이에 걸맞은 반응을 요구한다. 개신교 목사 생태티엔느는 이러한 사실을 이미 1787년에 파악했다. 그는 개신교도에 대한 종교적 관용을 담은 새 칙령의 결함에 대한 불만을 호소하는 서한을 작성했다. "이제 시간이 되었습니다. 전 세계에 걸쳐 아주 잘 알려진 인간성의 권리에 대한 노골적 억압을 법이 더이상은 용인할 수 없는 때가." '선언'들—1776년, 1789년, 그리고 1948년—은 그러한 인간성의 권리를 위한 시금석을 마련해주었다. 이것들은 무엇이 "더이상 용인할 수 없는" 것인가에 대한 감각에 바탕을 두었고, 폭력을 더욱더 허용할 수 없도록 만드는 데 기여했다. 그 과정에는 부정할 수 없는 순환성이 있었고, 지금도 마찬가지다. 당신은 인권의 의미를 안다. 왜냐하면 그들이 불의를 겪을 때 당신은 괴로움을 느끼기 때문이다. 인권의 진리는 이러한 점에서 역설적일 수 있지만, 그럼에도 불구하고 여전히 자명하다.

감사의 말

이 책을 집필하는 동안 나는 벗과 동료들, 그리고 갖가지 세미나와 강연에 참석하신 분들께 많은 도움을 받았다. 그저 감사하다는 말만으로는 내가 운좋게 얻은 은혜를 다 갚기에 충분치 않다. 다만 몇몇 분들이 이 책의 어떤 구절이나 주석에서 자신의 흔적을 발견하실 수 있기를 바랄 뿐이다. 인디애나대학교의 패튼 강연, 매디슨 소재 위스콘신대학교의 머를 커티Merte Curti 강연, 버지니아대학교의 제임스 W. 리처드 강연은 착상 단계에 있던 생각을 다듬을 수 있는 값진 기회가 되었다. 또한 카미노 칼리지에서 청중들의 비범한 식견을 접한 바 있는데, 이는 칼튼 칼리지, 멕시코시티의 학술 고등교육 센터, 포드햄대학교, 런던대학교 루이스 앤드 클라크 칼리지의 역사연구소, 포모나 칼리지, 스탠퍼드대학교, 텍사스 A&M대학교, 파리대학교, 콜레인의 얼스터대학교, 시애틀의 워싱턴대학교, 그리고 내가 몸담은 캘리포니아대학교 로스앤젤레스 캠퍼스UCLA 등지에서도 계속되었다. 또한 특별히 방대한 장서를 보유한 UCLA 도서관 덕분에 연구가 급물살을 탈 수 있었다.

대학교수의 우선순위에서 강의는 연구 다음이라고 흔히들 생각하지만 이 책은 본시 학부생들을 위한 강의용으로 필자가 편집하고 번역해놓은 사료집 『프랑스혁명과 인권: 간추린 기록사The French Revolution and Human Rights: A Brief Documentary History』(Boston and New York: Bedford/St. Martin's Press, 1996)에서 비롯되었다. 국립인문학지원기금을 받아 프로젝트를 완료할 수 있었다. 이 책을 저술하기 전에 필자는 「인권의 역설적 기원들」(제프리 워서스트롬Jeffrey N. Wasserstrom, 린 헌트Lynn Hunt, 메릴린 영 Marilyn B. Young 엮음, 『인권과 혁명Human Rights and Revolution』[Lanham, MD: Rowman & Littlefield, 2000], 3~17쪽에 수록)이라는 짧은 초안을 출간한 적이 있다. 이 책 2장의 몇몇 논지는 상이한 방식으로 「18세기의 신체: 인권의 기원Le Corps au XVIIIe siécle: les originés des droits de l'homme」(Diogéne, 203[2003, 7~9월], 49~67쪽)에 처음 실렸다.

착상부터 완성까지, 지나온 길은 길고 가끔은 험난하기도 했지만 가깝고 소중한 분들의 도움으로 무사히 헤쳐나올 수 있었다. 조이스 애플비Joyce Appleby와 수잰 더센Suzanne Desan은 첫 세 장의 초고를 읽고 기막힌 수정 제안을 해주었다. W. W. 노턴 출판사의 편집자 에이미 체리Amy Cherry는 문체와 논지 전개를 더할 나위 없이 꼼꼼하게 검토해주었다. 마거릿 제이컵Margaret Jacob이 없었다면 나는 이 책을 아예 집필할 수 없었을지도 모른다. 그녀가 보여준 연구와 집필에 대한 열정, 새롭고 논란이 많은 영역에 뛰어드는 대담함, 그리고 훌륭한 만찬을 준비하기 위해서라면 무엇이든 미룰 줄 아는 자질은 내 작업을 유지시켜준 동력이었다. 그녀는 내가 자신에게 얼마나 많은 빚을 지고 있는지 안다. 이 책을 쓰는 동안 내 아버지가 돌아가셨다. 하지만 나는 여전히 지지와 격려가 담긴 아버지의 목소리를 듣는다. 나는 이 책을 감사의 마음을 담아 내 자매 리Lee와 재인Jane에게 바친다. 비록 불충분하더라도, 우리는 오래도록 이 모든 것을 함께 나누었다. 그들은 내게 권리, 갈등의 해결, 그리고 사랑에 관한 첫 가르침을 주었다.

세 개의
선언

: 1776, 1789, 1948

APPENDIX

미국 독립 선언문(1776)

1776년 7월 4일 의회에서.

13개 연합 주의 만장일치 선언.

    인간사에서 한 인민이 다른 인민과의 정치적 결합을 끊고 지상의 강국들 사이에서 자연법과 자연신의 법이 부여한 분리되고 평등한 지위를 확보해야 할 필요성이 생겼을 때, 인류의 신념에 대한 겸허한 존중에 따라 그들의 분리를 고취시킨 대의를 선언해야 한다고 요구받게 된다.

    우리는 이 진리들을 자명하다고 여기는바, 모든 사람은 평등하게 창조되었으며 창조주로부터 양도할 수 없는 특정 권리들을 부여받았는데, 그중에는 삶과 자유와 행복의 추구가 있다. 이 권리를 확보하기 위하여 인류는 정부를 조직했으며, 정부의 정당한 권력은 피통치자의 동의에서 나온다. 어떠한 형태의 정부이건 이러한 목적을 파괴하려 들 때, 언제든 정부를 변화시키거나 폐지하여, 인민의 안전과 행복을 가장 효과적으로 보장할 수 있는, 그러한 원칙에 기초를 두고 그에 걸맞은 권력기구를 갖춘 새 정부를 조직하는 것이 바로 인민의 권리이다. 우리는 진실로 곰곰이 생각해왔다. 역사가 오랜 정부를 사소하고도 일시적인 이유로 바꾸어서는 안 되며, 모든 경험들에 비춰봤을 때 인류는 익숙해진 여러 형식을 폐지함으로써 자신을 정당화하기보다 악폐라 하더라도 참을 수 있는 데까지는 참으려는 경향이 있다는 것을. 그러나 전제정이 오랫동안의 학대와 착취로 변함없이 동일한 목적을 추구하면서 인민을 절대적으로 예속시키려고 할 때는, 이 같은 정부를 타도하고 미래의 안전을 위하여 새로운 보호자를 마련하는 것은 그들의 권리이며 의무인 것이다. 식민지는 이러한 고통을 견디어왔고, 지금까지의 정부를 변혁해야 할 필요성이 바로 여기에 있는 것이다. 대영제국의 국왕의 역사는 위해와 착취를 되풀이한 역사이며, 그 직접적인 목적은 이 땅에 절대적인 전제정을 세우려는 데 있다. 이를 밝히기 위하여 다음의 사실을 편견을 가지지 않은 전 세계에 표명하는 바이다.

국왕은 공익을 위해 대단히 유익하고 필요한 법률에 동의하기를 거부해왔다.

국왕은 즉시 처리해야 할 중요한 법률이라 해도 자신의 동의 없이는 통과시키지 말고 보류할 것을 식민지 총독에게 명령했다. 하지만 그러고 난 뒤에는 그 법률들을 철저히 무시했다.

국왕은 인민들이 그들에게는 정말 소중하지만 폭군에게만은 무시무시한 입법기관 참정권을 포기하지 않으면, 광범위한 지역 인민의 편익을 위한 다른 법률들을 통과시키는 것을 거부했다.

국왕은 입법기관의 양원을 공문서 보관소에서 멀리 떨어진 유별나고 불편한 장소에 동시에 소집했는데, 우리를 괴롭혀 결국 그의 정책에 복종시키는 것이 유일한 목적이었다.

국왕은 인민의 권리를 침해한 데 반대하여 민의회가 단호하게 반발하면 몇 번이고 민의회를 해산했다.

국왕은 민의회를 이렇게 해산한 뒤 오랫동안 대의원 선출을 승인하지 않았다. 그러나 입법권의 완전 폐지는 불가능하다. 이는 결국 인민 일반의 손으로 돌아와 우리는 다시 입법권을 행사할 수 있게 되었지만, 그동안 식민지는 내우외환의 온갖 위협을 겪지 않을 수 없었다.

국왕은 식민지 인구 억제에도 힘을 썼다. 이를 위해 외국인의 귀화법 제정을 방해했고, 외국인의 이주를 장려하는 법안의 통과도 거절했으며, 여러 가지 조건을 붙여 신규 토지 취득도 까다롭게 했다.

국왕은 사법권을 수립하기 위한 법률을 허가하지 않음으로써 사법 행정도 방해했다.

국왕은 판사의 임기, 봉급의 액수와 지불에 관해 오로지 국왕의 의지에만 따르도록 했다.

국왕은 새로운 관직을 수없이 만들고, 수많은 관리를 이곳으로 보내 우리 인민을 괴롭히고 인민의 재산을 축냈다.

국왕은 평화시에도 우리 입법기관의 동의 없이 상비군을 주둔시켰다.

국왕은 시민의 힘을 능가하고 시민의 힘에 의해 통제되지 않는 군대를 만드는 데 영향력을 행사했다.

국왕은 다른 기관과 결탁하며 우리의 헌정과는 동떨어지고 우리 법률이 승인하지 않는 사법권에 우리를 예속시켜왔고, 다음과 같은 허구적인 법률의 제정에 동의했다.

대규모 군대를 우리 사이에 주둔시키고

군대가 우리 주민을 살해해도 기만적인 재판으로 그들이 처벌받지 않도록 보호하고

우리와 전 세계의 무역을 차단하고

우리의 동의 없이 세금을 부과하고

많은 사건에서 배심 재판을 받는 혜택을 박탈하고

허구적인 범죄를 재판하기 위해 우리를 본국으로 소환하고

우리와 인접한 식민지에서 영국의 자유로운 법률 제도를 철폐하고, 전제정을 수립하여 다시 그 영역을 넓혀 이 정부를 본보기로 삼아 이러한 식민지에도 동일한 절대적 지배를 도입하는 적절한 수단으로 삼고

우리의 특허장을 박탈하고, 우리의 귀중한 법률을 철폐하고, 우리의 정부 형태를 근본적으로 변경시키고

우리 입법기관의 기능을 정지시키고, 어떤 경우든 우리를 대신하여 법률을 제정할 수 있는 권한이 있다고 마음대로 선언하는 법률을 허가한 것이다.

국왕은 우리를 그의 보호 밖에 둔다고 선언하고, 우리에게 전쟁을 벌임으로써 식민지에 대한 통치를 포기했다.

국왕은 우리의 바다에서 약탈을 자행하고, 우리의 해안을 습격하고, 우리의 도시를 불사르고, 우리 주민들의 삶을 파괴했다.

국왕은 가장 야만적인 시대에도 그 유례가 없고 문명국의 원수로는 도저히 어울리지 않는 잔학과 배신을 저질렀으며, 죽음과 황폐화와 학정의 과업을 완수하기 위해 이 시간에도 외국 용병대를 수송하고 있다.

국왕은 해상에서 포로가 된 우리 동포 시민에게 모국에 대항하여 무기를 들게 하고, 우리의 벗과 형제자매의 사형을 집행하거나, 그렇지 않으면 스스로 죽기를 강요했다.

국왕은 내란을 선동했고, 변경의 거주민에 대해서는 연령, 성별, 신분을 막론하고 무차별 살해하는 것을 전쟁의 규칙으로 하는, 무자비한 인디언을 데려다놓으려 했다.

이러한 탄압을 받을 때마다 그때그때 우리는 겸손한 언사로써 시정을 탄원했던 것이다. 그러나 우리의 여러 차례의 진정에 대하여 돌아온 것은 거듭된 박해뿐이었다. 이같이 모든 행동에서 폭군이라는 정의를 내릴 수밖에 없는 국왕은 자유로운 인민의 통치자로는 적합하지 않은 것이다.

우리는 또한 영국의 형제자매에게도 주의를 환기시키는 데 부족함이 없었다.

우리는 영국 의회가 우리를 억압하기 위해 부당한 사법권을 넓히려 하는 데 대해서도 수시로 경고했다. 우리는 우리가 아메리카로 이주하여 정착하게 된 제반 사정을 다시 한번 상기시켰다. 우리는 그들의 타고난 정의감과 아량에도 호소했고, 혈연이라는 것에 호소하여 결국은 우리의 연결과 화합을 단절하게 될 이러한 침탈을 거부해줄 것을 탄원하기도 했다. 그러나 이들 또한 정의와 혈연의 소리에 귀를 기울이지 않았다. 그러므로 우리는 우리가 독립해야 할 사정을 고발해야 할 필요성을 묵묵히 받아들이면서 세계의 다른 국민에게처럼 영국인에 대해서도 전시에는 적, 평화시에는 친구로 대하지 않을 수 없다는 것을 밝힌다.

이에 아메리카 연합주의 대표들은 전체 회의를 소집해 우리의 공정한 의도를 세계의 최고 심판에 호소하며, 이 식민지의 선량한 인민의 이름과 권능으로써 엄숙히 발표하고 선언한다. 이 연합 식민지들은 자유롭고 독립된 국가이며, 당연히 그러한 국가가 되어야 한다. 그리하여 이 국가는 영국의 왕권에 대한 충성의 의무를 벗고, 대영제국과의 모든 정치적 관계는 완전히 해소하고 또 당연히 해소해야 한다. 이 국가는 자유롭고 독립된 국가로서 전쟁을 개시하고 평화를 체결하고 동맹관계를 협정하고 통상관계를 수립하는 등, 독립국가가 마땅히 해야 할 모든 행동과 사무를 할 수 있는 완전한 권한을 갖는다. 우리는 이에 신의 가호를 굳게 믿으며 이 선언을 지지할 것을 우리의 생명과 재산과 신성한 명예를 걸고 굳게 맹세한다.

출처   Paul Leicester Ford, ed., The Writings of Thomas Jefferson, 10 vols(New York: G. P. Putnam's Sons, 1892~99), vol. 2, pp. 42~58; http://www.archives.gov/national-archives-experience/charters/declaration_transcript.html

인간과 시민의 권리 선언문(1789)

국민의회를 구성하는 프랑스 인민의 대표자들은 인간의 권리에 대한 무지, 소홀, 또는 멸시야말로 공공의 불행과 정부의 부패를 낳는 유일한 원인이라고 생각함에 따라, 엄중한 선언을 통해 인간의 자연적이고 양도할 수 없으며 신성한 인간의 권리를 밝히기로 결의하였다. 사회의 모든 구성원이 항상 이 선언을 통해 자신들의 권리와 의무를 끊임없이 상기하도록 하고, 입법 및 사법 권력의 행위들을 매 순간 모든 정치제도의 목적과 비교함으로써 좀더 존중받게 하며, 앞으로 시민의 요구가 간결하고 자명한 원칙에 기초하게 함으로써 언제나 헌법의 유지와 공공의 복리를 지향하도록 하기 위해서이다. 따라서 국민의회는 지고의 존재와 그 가호 아래 인간과 시민의 권리를 다음과 같이 승인하고 선언한다.

제1조 인간은 자유롭게, 그리고 권리에 있어 평등하게 태어나 존재한다. 사회적 차별은 공익을 근거로 할 때만 허용될 수 있다.

제2조 모든 정치적 결사의 목적은 인간의 자연적이고 소멸될 수 없는 권리를 보전하는 것이다. 그 권리란 자유, 소유, 안전, 억압에 대한 저항이다.

제3조 모든 주권의 원리는 본질적으로 국민에 근거를 둔다. 어떠한 단체나 개인도 국민으로부터 명시적으로 유래하지 않은 권위를 행사할 수 없다.

제4조 자유는 타인에게 해롭지 않은 모든 것을 할 수 있는 것이다. 따라서 모든 개인의 자연권 행사는 사회의 다른 구성원에게 동일한 권리의 향유를 보장하는 것 말고는 다른 제약을 받지 아니한다. 그 제약은 오로지 법에 의해서만 규정될 수 있다.

제5조 법은 사회에 해로운 행위가 아니면 금지할 권리를 갖지 아니한다. 법에

의해 금지되지 않는 행위는 결코 방해받아서는 안 되며, 누구도 법이 명하지 않는 것을 행하도록 강요받지 아니한다.

제6조 법은 일반의지의 표현이다. 모든 시민은 스스로 또는 대표자를 통하여 입법에 참여할 권리를 갖는다. 법은 보호하는 경우에나 처벌하는 경우에나 모든 사람에게 동일해야 한다. 모든 시민은 법 앞에 평등하므로 그 능력과 덕성과 재능에 따라 평등하게 모든 공적 고위직에 선출되거나 직무, 직업에 종사할 수 있다.

제7조 법이 정한 경우를 제외하고는, 또한 법이 규정한 절차에 따르지 않고는 어느 누구도 소추, 체포, 또는 구금될 수 없다. 자의적 명령을 요청·발령·집행하거나 집행시키는 자는 처벌받아야 한다. 그러나 법에 따라 소환되거나 체포된 시민은 누구나 즉각 그에 따라야 하며, 이에 저항하는 것은 범죄이다.

제8조 법은 엄격하고 명백하게 필요한 처벌만을 규정해야 하고, 위법 행위 이전에 제정·공포되고 합법적으로 적용된 법률에 의하지 않고는 누구도 처벌될 수 없다.

제9조 모든 사람은 유죄 선고를 받기 전까지는 무죄로 추정된다. 따라서 체포가 불가피하다고 판단되더라도 신병을 확보하는 데 필요하지 아니한 모든 강제는 법에 의해 엄격하게 규제되어야 한다.

제10조 어느 누구도 자신의 의견을 표명할 때, 심지어 종교적 의견일지라도, 법이 정한 공공질서를 저해하지 않는 한 침해를 받지 않는다.

제11조 사상과 의견의 자유로운 소통은 인간의 가장 귀중한 권리의 하나이다. 따라서 모든 시민은 자유롭게 말하고 쓰고 출판할 수 있다. 다만 법에 규정된 경우에는 자유의 남용에 대해 책임을 져야 한다.

제12조 인간과 시민의 권리의 보장은 공공의 무력을 필요로 한다. 따라서 이

무력은 그것을 위임받은 사람들의 개별적 이익을 위해서가 아니라 모두의 이익을 위해 확립된 것이다.

제13조 공공기관의 유지와 행정 비용을 위해 공동의 조세는 불가결하다. 공동의 조세는 모든 시민에게 그들의 지불 능력에 따라 평등하게 분담되어야 한다.

제14조 모든 시민은 스스로 또는 그들의 대표자를 통해 공공조세의 필요성을 확인하며, 그에 대한 동의 여부를 자유롭게 판단하며, 그 쓰임새를 계속 주시하며, 또한 그 재원·세액·징수 및 존속 기간을 설정할 권리를 갖는다.

제15조 사회는 모든 공직자에게 그 행정에 관한 보고를 요구할 권리를 갖는다.

제16조 권리의 보장이 규정되어 있지 않고, 권력의 분립이 확정되어 있지 않은 사회는 헌법을 갖고 있지 않은 것이다.

제17조 소유는 불가침의 신성한 권리이므로, 합법적으로 규정된 공공의 필요성이 명백히 요구하는 경우와 정당한 사전 보상이 제시된 조건이 아니면 누구도 그 권리를 침해당할 수 없다.

출처 La Constitution française, Présentée au Roi par l'Assemblée Nationale, le 3 septembre 1791(Paris, 1791), 저자의 번역이다.

세계 인권 선언문(1948)

전문前文

인류 가족 모두의 타고난 존엄성과 평등하고 양도할 수 없는 권리를 인정하는 것이 세계의 자유, 정의, 평화를 일구는 토대인바, 인권에 대한 경시와 경멸은 인류의 양심을 어기는 야만적인 행태를 초래했다. 보통 사람들의 지고한 열망은 언론과 신념의 자유, 공포와 궁핍으로부터의 자유를 누릴 수 있는 세상의 도래를 천명했다.

인간이 폭정과 억압에 대항하는 마지막 수단으로서 반란에 호소하도록 강요받지 않으려면, 인권이 법치로써 보호되어야 함이 필수적이며 국가 간 우호관계의 발전을 촉진하는 것이 반드시 필요하며, 유엔의 여러 국민들은 그 헌장에서 기본적 인권, 인간의 존엄성과 가치, 남녀의 동등한 권리에 대한 신념을 재확인하였으며, 더 폭넓은 자유 속에서 사회적 진보와 생활수준의 개선을 촉진할 것을 다짐하였고, 회원국은 유엔과 협력하여 인권과 기본적 자유에 대한 보편적 존중과 준수의 신장을 성취할 것을 서약하였으며, 이러한 권리와 자유에 대한 공통의 이해가 이 서약의 이행을 위해 가장 중요하므로, 이에 유엔총회는 모든 개인과 사회 기관이 이 선언을 항상 마음속에 간직한 채 교육과 학업을 통하여 이러한 권리와 자유에 대한 존중을 신장시키기 위해 노력하고, 전향적인 국내외 조치를 통하여 회원국 자신과 그 관할 영토의 국민들 모두에게 권리와 자유의 보편적이고 효과적인 인정과 준수의 보장을 위해 힘쓰도록, 모든 국민과 국가가 성취해야 할 공통 기준으로서 세계 인권 선언을 선포한다.

제1조 모든 인간은 태어날 때부터 자유롭고, 존엄성과 권리에 있어 평등하다. 인간은 이성과 양심을 부여받았으므로 서로에게 형제애의 정신으로 대해야 한다.

제2조 모든 인간은 인종, 피부색, 성, 언어, 종교, 정치 혹은 그 밖의 견해, 민족 또는 사회적 출신, 재산, 출생 또는 다른 지위 등으로 인한 어떤 차별도 받지 않고, 이 선언에 제시된 모든 권리와 자유를 누릴 자격이 있다. 나아가 한 사람이 속한 국가 또는 영토가 독립국이건 신탁통치 지역이건, 비자치 지역이건 또는 그 밖의 다른 어떤 주권상의 제한을 받고 있는 곳이건, 그 국가나 영토의 정치적·사법적·국제적 지위를 근거로 차별이 자행되어서는 안 된다.

제3조 모든 인간은 생명을 지키고 신체의 자유와 안전을 누릴 권리가 있다.

제4조 누구도 노예 신분이나 예속 상태에 있어서는 안 된다. 노예제도와 노예매매는 어떤 형태이건 금지한다.

제5조 누구도 고문이나 가혹하고 비인도적인 모욕 또는 형벌을 받지 아니한다.

제6조 모든 인간은 어디에서나 법 앞에서 한 인격체로 인정받을 권리를 갖는다.

제7조 모든 인간은 법 앞에 평등하며, 어떠한 차별도 받지 않고 법의 동등한 보호를 받을 권리를 갖는다. 모든 인간은 이 선언을 위반하는 그 어떤 차별이나 그러한 차별의 선동에 대해서도 동등한 보호를 받을 권리를 갖는다.

제8조 모든 인간은 헌법 또는 법률이 부여하는 기본권을 침해하는 행위에 대해 해당 국가의 법정에서 유효한 구제를 받을 권리를 갖는다.

제9조 누구도 자의적인 체포, 구금 또는 추방을 당하지 않는다.

제10조 모든 인간은 자신의 권리와 의무, 그리고 자신에 대한 형사상의 혐의에 관하여 재판을 받을 시, 독립되고 편견 없는 법정에서 공정하고 공적인 심문을 평등하게 받을 권리를 갖는다.

제11조

1. 형사상의 범죄로 소추당한 모든 사람은 자신의 변호를 위해 필요한 모든 조치가 보장된 공적 재판에서 법률에 따라 유죄로 판정받을 때까지 무죄로 추정받을 권리를 갖는다.

2. 누구도 범죄 행위가 일어났을 당시에 국내법 또는 국제법상으로 형사 범죄를 구성하지 않았던 행위나 태만으로 인해 형사범으로 유죄 선고를 받지 아니한다. 또한 형사범죄가 행해졌을 당시의 적용 가능한 형벌보다 무거운 형벌을 받지 않는다.

제12조 누구도 자신의 사생활, 가족, 집 또는 통신에 대하여 자의적인 간섭을 받지 않으며, 또한 자신의 명예와 신용에 대하여 공격당하지 않아야 한다. 모든 인간은 그러한 간섭과 공격에 대하여 법률의 보호를 받을 권리를 갖는다.

제13조

1. 모든 인간은 자국의 영토 안에서 이동과 거주의 자유를 누릴 권리를 갖는다.

2. 모든 인간은 자국을 포함한 어떤 나라든 떠날 수 있고 또 돌아올 수 있는 권리를 갖는다.

제14조

1. 모든 인간은 박해를 피해 타국에서 피난처를 구하고 또 그곳에 망명할 권리를 갖는다.

2. 비정치적 범죄 또는 유엔의 목적과 원칙에 반하는 행위가 진정한 원인이 되어 발생하는 소추의 경우에는 이 권리에 호소할 수 없다.

제15조

1. 모든 인간은 국적을 가질 권리를 갖는다.

2. 누구도 자의적으로 자신의 국적을 박탈당하거나, 국적을 바꿀 권리를 부인당

하지 아니한다.

제16조

1. 성년에 이른 남녀는 인종, 국적 또는 종교를 이유로 한 그 어떤 제한도 받지 않고 결혼하며 가정을 이룰 권리를 갖는다. 이들은 결혼 기간과 그 해소의 시점에 있어 결혼에 관한 동등한 권리를 갖는다.

2. 결혼은 그럴 의향이 있는 배우자 간의 자유롭고도 완전한 동의에 의해서만 성립된다.

3. 가정은 사회의 자연적이고 근본적인 집단의 단위이며 사회와 국가에 의해서 보호받을 권리를 갖는다.

제17조

1. 모든 인간은 타인과 공동으로, 또 단독으로 자신의 재산을 소유할 권리를 갖는다.

2. 누구도 자신의 재산을 자의적으로 박탈당하지 않는다.

제18조 모든 인간은 사상, 양심, 종교의 자유를 누릴 권리를 갖는다. 이 권리는 자신의 종교나 신념을 바꿀 자유와, 교리, 전례, 예배, 의식에 있어서 혼자 또는 타인과 공동으로, 공적 또는 사적으로 자신의 종교나 신념을 표현할 자유를 포함한다.

제19조 모든 인간은 의사 표현의 자유를 누릴 권리를 갖는다. 이 권리는 누구에게도 간섭받지 않고 의사를 표현할 수 있는 자유와 모든 미디어를 통해서 국경과 상관없이 정보와 사상을 추구하고 수용하고 전달할 자유를 포함한다.

제20조

1. 모든 인간은 평화적 집회와 결사의 자유를 누릴 권리를 갖는다.

2. 누구도 결사 소속의 강요를 받지 않는다.

제21조

1. 모든 인간은 직접, 또는 자유롭게 선출된 대표를 통해 자국의 통치에 참여할 권리를 갖는다.

2. 모든 인간은 자국 내의 공공기관에 대한 동등한 접근권을 갖는다.

3. 국민의 의사는 정부의 권위의 기초가 된다. 이 의사는 보통 및 평등 투표권에 의거하며, 비밀투표 또는 이와 동등한 자유로운 투표 절차에 따라 실시되는 정기적이고 진실된 선거에서 표현된다.

제22조 모든 인간은 사회의 일원으로서 사회보장제도에 대한 권리를 가지며, 국가적 노력과 국제적 협력을 통해서, 그리고 각국의 구조와 자원에 따라서, 자신의 존엄성과 인격의 자유로운 발전을 위해 불가결한 경제, 사회, 문화적 권리들을 실현할 권리를 갖는다.

제23조

1. 모든 인간은 일, 자유로운 직업의 선택, 공정하고 유리한 노동 조건, 실업에 대한 보호 등의 권리를 갖는다.

2. 모든 인간은 어떤 차별도 받지 않고 동일 노동에 대해서 동일한 보수를 받을 권리를 갖는다.

3. 모든 일하는 인간은 자신과 가족에게 인간적 존엄에 합당한 생존을 보장해 주며, 필요할 경우 다른 사회적 보호의 수단에 의해서 보충되는, 정당하고 유리한 보수를 받을 권리를 갖는다.

4. 모든 인간은 자신의 권익을 보호하기 위해 노조를 결성하고 가입할 권리를 갖는다.

제24조 모든 인간은 노동 시간의 합리적인 제한과 정기적인 유급휴가를 포함한 휴식과 여가의 권리를 갖는다.

제25조

1. 모든 인간은 의식주와 의료, 필수적인 사회보장제도를 포함하는, 자신과 가족의 건강과 안녕을 위해 적정한 생활수준을 누릴 권리와 실업·질병·불구·배우자와 사별·노령 또는 그 밖의 스스로 통제할 수 없는 상황에서 생계가 결핍될 경우 보장제도를 누릴 권리를 갖는다.

2. 모자(녀)는 특별한 보살핌과 도움을 받을 권리를 갖는다. 모든 어린이는 적서嫡庶에 관계없이 동등한 사회적 보호를 누린다.

제26조

1. 모든 인간은 교육받을 권리를 갖는다. 교육은 최소한 초등 기초 단계에서는 무상이어야 한다. 초등교육은 의무적이어야 한다. 기술교육과 직업교육은 원하는 누구나 받을 수 있어야 하며, 고등교육은 실력을 갖춘 모든 사람에게 평등하게 개방되어야 한다.

2. 교육은 인격의 온전한 발전과 인권과 기본적 자유에 대한 존중을 강화하는 데로 나아가야 한다. 교육은 모든 나라와 인종 또는 종교집단 사이에서 이해, 관용, 우호관계를 증진시키며 평화를 유지하기 위한 유엔의 활동을 촉진해야 한다.

3. 부모는 자녀에게 제공되는 교육의 종류를 선택함에 있어 우선권을 갖는다.

제27조

1. 모든 인간은 자유롭게 공동체의 문화생활에 참여하고 예술을 감상하며 과학의 발전과 그 혜택을 나눠 가질 권리를 갖는다.

2. 모든 인간은 자신이 창조한 모든 과학적·문학적·예술적 산물에서 생기는 도덕적·물질적 이득을 보호받을 권리를 갖는다.

제28조 모든 인간은 이 선언에 제시된 권리와 자유가 완전히 실현될 수 있는 사

회적·국제적 질서에 대한 권리를 갖는다.

제29조

1. 모든 인간은 그 안에서만 자신의 인격이 자유롭고 완전하게 발전할 수 있는 공동체에 대한 의무를 갖는다.

2. 모든 인간은 자신의 권리와 자유의 행사에 있어, 타인의 권리와 자유에 대한 합당한 인정과 존중을 보장하고, 민주사회의 도덕, 공공질서, 일반인의 안녕을 위한 공정한 필요를 충족시키기 위해서만 법률이 정한 바에 따라 제한을 받는다.

3. 이러한 권리와 자유는 어떤 경우에도 유엔의 목적과 원칙에 반해서 행사될 수 없다.

제30조 이 선언의 모든 조항은 어떤 국가, 집단 또는 개인에게도 이 선언에 제시된 권리와 자유를 파괴할 목적을 가진 활동에 종사하거나 행위를 할 수 있는 권리가 있다는 의미로 해석될 수 없다.

출처 Mary Ann Glendon, A World Made New: Eleanor Roosevelt and the Universal Declaration of Human Rights(New York: Random House, 2001), pp. 310~14; www.un.ord/Overview/rights.html

주

서론

1   Julian P. Boyd, ed., *The Papers of Thomas Jefferson*, 31 vols.(Princeton : Princeton University Press, 1950~), vol. 1(1760~1776): 특히 p. 423, 주가로 pp. 309~433 참조.

2   D. O. Thomas, ed., *Political Writings/Richard Price*(Cambridge and New York : Cambridge University Press, 1991), p. 195. 버크 인용문은 *Reflections on the French Revolution*, vol. X XIV, Part 3(New York : P. F. Collier & Son, 1909~14), paragraph 144; Bartleby.com, 2001. www.bartleby.com/24/3/ [2005년 1월 21일).

3   유네스코 산하 인권의 이론적 토대 위원회의 지도자 중 한 명인 자크 마리탱 Jacques Maritain의 인용문은 Mary Ann Glendon, *A World Made New : Eleanor Roosevelt and the Universal Declaration of Human Rights*(New York : Random House, 2001), p. 77에서 재인용. 미국독립 선언문에 관해서는 Pauline Maier, *American Scripture : Making the Declaration of Independenc*e(New York : Alfred A. Knopf, 1997), pp. 236~241 참조.

4   미국 독립 선언과 1689년 영국 권리장전의 차이점에 관해서는 Michael P. Zuckert, *Natural Rights and the New Republicanism*(Princeton : Princeton University Press, 1994), 특히 pp. 3~25 참조.

5   제퍼슨 인용문은 Andrew A. Lipscomb and Albert E. Bergh, eds., *The Writings of Thomas Jefferson*, 20 vols.(Washington, DC: Thomas Jefferson Memorial Association of the United States, 1903~04), vol. 3, p. 421에서 발췌. 필자는 제퍼슨의 언설을 버지니아대학 도서관 웹사이트(http://etext.lib.virginia.edu/jefferson/quotations)에 수록된 그의 인용 구절들에서 추적할 수 있었다. 인권 관련 용어의 문제는 더 연구해볼 가치가 있으며 향후 온라인 데이터베이스가 확충됨에 따라 이 분야 연구는 한결 용이해질 것으로 보인다. "인권"은 영국에서 18세기가 막 시작되었을 때 사용되었으나 대체로 종교적 관념들, 예컨대 "신적이면서 인간적인 권리들", 심지어는 "신적이면서 신적인 권리" 대뷁 "신적이면서 인간적인 권리"라는 식의 관념과 연관지어졌다. 이 관념들 중 후자는 Matthew Tindal, *The Rights of the Christian Church Asserted, against the Romish, and All Other Priests who Claim an Independent Power over It*(London, 1706), p. liv에 등장한다. 전자의 관념은 예를 들어 *A Compleat History of the Whole Proceedings of the Parliament of Great Britain against Dr. Henry Sacheverell*(London, 1710), p. 84, 87에 등장한다.

6   인권이라는 용어는 13세기부터 20세기에 걸친 2,000여 프랑스 문헌들의 온라인 데이터베이스인 ARTFL 덕택에 아주 간편하게 추적할 수 있다. ARTFL은 불어 문헌만을 포함하고 있고 문학 중심이다. 자료에 대한 설명은 http://humanities.uchicago.edu/orgs/ARTFL/artfl.flyer.html 참조. Nicholas Lengle-Dufresnoy, *De l'usage des romans. Oú l'on fait voir leur utilité et leurs différents caractéres. Avec une bibliothéque des romans, accompagnée de remarques critiques sur leurs choix et leurs éditions*(Amsterdam: Vve de Poilras, 1734; Geneva: Slatkine Reprints, 1970), p. 245. Voltaire, *Essay sur l'histoire générale et sur les moeurs et l'esprit des nations, depuis Charlemagne jusqu'a nos jours*(Geneva: Cramer¦ 1756), p. 292. 필자는 볼테르의 저작 모음집으로 검색이 가능한 CD-ROM인 Voltaire électronique를 참조하면서 인권droit humain이 총 7차례 사용되었음을 발견했다(복수형인 droits humains는 한 번도 사용되지 않았다). 이중 네 번은 관용에 관한 논고에서, 그리고 세 권의 다른 저작들에서 각각 한 번씩 사용되었다. ARTFL에서 인권이라는 표현은 Louis-François Ramond, *Lettres de W.Coxe W. Melmot*(Paris: Belin, 1781), p. 95에서 단 한 번 등장한다. 그러나 글의 맥락상 그것은 신의 법에 반대되는 인간의 법을 의미한다. Voltaire électronique의 검색 기능은 볼테르가 인간의 권리droits de l'homme 또는 인간성의 권리droits de l'humanité라는 표현을 다른 저작에서 사용했는지에 대해 판단하기 어렵게 한다(그것은 예컨대 권리droit와 인간homme의 무수한 용례들을, 잇따르는 구절이 없는 채로 제공할 것이다. 이는 ARTFL과는 대조적이다).

7   ARTFL은 Jacques-Bénigne Bossuet, *Méditations sur L'Evangile*(1704; Paris, Vrin, 1966), p. 484로부터의 인용문을 제공한다.

8   루소는 "인간의 권리"라는 용어를 장 자크 뷔를라마키Jean Jacques Burlamaqui에게서 채택했을 가능성이 크다. 뷔를라마키는 이 용어를 자신의 저서 *Principes du droit*

naturel par J. J. Burlamaqui, Conseiller d'Etat, & ci-devant Professeur en droit naturel & civil a Geneve(Geneva : Barrillot & fils, 1747)의 제1부, 7장, 4절(인간의 권리의 일반 토대)에서 사용했다. 그것은 Nugent의 영역본(London, 1748)에서는 "rights of man"으로 되어 있다. 뷔를라마키의 "자연권"droit naturel 사상에 대해 루소는 자신의 저작 *Discours sur l'origine et les fondements de l'iégalité parmi les homme*, 1755, Bernard Gagnebin and Marcel Raymond ed., *Oeuvres Complètes*, 5 vols. (Paris : Gallimard, 1959~1995), vol. 3(1966), p. 124에서 논한다. 망코에 대한 보고는 *Mémoires secrets pour servir à l'histoire de la République des lettres en France, depuis MDCCLXII jusqu' á nos jours*, 36 vols.(London : J. Adamson, 1784~89), vol. 1, p. 230에서 발췌. 비공개 비망록은 1762~87년을 망라한다. 단 한 저자의 작품이 아니라(루이 프티 드 바쇼몽Louis Petit de Bachaumont은 1771년에 사망했다) 아마도 몇 명의 손을 거친 작품으로, "비망록"은 서적, 팸플릿, 연극, 음악 연주, 미술 전시, 그리고 떠들썩한 소송사건들에 대한 비평을 포함한다. 이에 대해서는 Jeremy D. Popkin and Bernadette Fort, *The Mémoires secret and the Culture of Publicity in Eighteenth-Century France*(Oxford : Voltaire Foundation, 1998), *Studies on Voltaire and the Eighteenth Century*, vol 143(Voltaire Foundation : Banbury, 1975)에 수록된 Louis A. Olivier, "Bachaumont the Chronicler : A Questionable Renown," pp. 161~179 참조. 이 문헌들이 망라하고자 한 시기가 지나 그것이 출간된 이래 "인간의 권리"라는 용어가 저자가 추정하듯이 1763년까지는 일반화되었는지 우리는 단언할 수 없다. 제1부 2막에서 망코는 낭송한다. "그들처럼 숲속에서 태어났으나 우리 자신을 안 건 순식간이었지/우리의 직함과 권리를 모두 요구하며/우리는 그들의 놀란 가슴에 호소하네/이들 직함과 권리는 다들 너무 오래도록 남용되었지." Antoine Le Blanc de Guillet, *Manco-Capac, Premier Ynca du Pérou, Tragédie, Représentée pour la premiere fois par les Comédiens Frangois ordinaires du Roi*, 1763년 6월 21일(Paris : Belin, 1782), p. 4.

9   "인간의 권리"는 William Blackstone, *Commentaries on the Laws of England*, 4 vols.(Oxford, 1765~1769), vol. 1(1765), p. 121에 한 번 등장한다. 영국에서의 최초의 용례를 필자는 에그몬트 백작 존 퍼스빌John Perceval의 『비국교도들의 주장에 대한 전면적이고 공평한 논의, 성찬식의 폐지에 대하여*A Full and Fair Discussion of the Pretensions of the Dissenters, to the Repeal of the Sacramental Test*』(London, 1733), p. 14에서 찾았다. 그것은 또한 1773년『죽어가는 흑인*The Dying Negro*』의 "시詩적 서신"에도 등장하며 지도적 노예폐지론자 그랜빌 샤프Granville Sharp의 초기 소책자『입법 참여를 위한 인민의 자연권 선언……*A Declaration of the People's Natural Right to a Share in the Legislature……*』(London, 1774), p. XXV에도 나온다. 나는 이러한 용례를 톰슨 개일Thomson Gale의 온라인 서비스인 18세기 모음집 온라인에서 발견했다. 이 연구에 도움을 준 제나 깁스 보이어Jenna Gibbs-Boyer에게 사의를 표한다. 콩도르세 인용의 출처는 Maire Louisa Sophie de Grouchy ed., *Oeuvres complètes de Condorce*, 21 vols.(Brunswick : Vieweg; Paris : Henrichs, 1804), vol XI, pp. 240~242, 251, 249. 시에예스는 "인간의 권리"라는 용어를 단 한 차례 사용했다:

"인간의 권리에 대해 어느 정도 교육을 받은 몇몇 논자들의 고립된 견해에 의한(삼부회의) 그 요구를 지나치게 평가해서는 안 된다(Il ne faut point juger de ses demandes par les observations isolées de quelques auteurs plus ou moins instruits des droits de l'homme)." Emmanuel Sieyès, *Le Tiers-Etat*(1789; Paris: E. Champion, 1888), p. 36. 토머스 제퍼슨은 1789년 1월 12일 제임스 메디슨James Madison에게 보낸 서한에 라파예트의 선언문 초안을 동봉했다. 초안의 두번째 문단은 다음과 같이 시작된다. "인간의 권리는 소유, 자유, 행복, 생명을 보장한다(Les droits de l'homme assurent sa propriété, sa liberté, son honneur, sa vie)." *Jefferson papers*, vol. 14, p. 438. 콩도르세의 초안은 1789년 5월 5일 삼부회 개최 얼마 전에 작성되었다. Iain McLean and Fiona Hewitt, *Condorcet: Foundations of Social Choice and Political Theory*(Aldershot, Hants: Edward Elgar, 1994), p. 57. 이와 함께 "인간의 권리"라는 표현을, 제목에서는 아니지만, 사용한 "권리의" 선언 초안은 pp. 255~270 참조. 선언문 작성을 위한 다양한 계획을 담은 문서들은 Antoine de Baecque, ed., *L'An I des droits de l'homme*(Paris: Presses du CNRS, 1988) 참조.

10   Blackstone, *Commentaries on the Laws of England*, vol. 1, p. 121. P. H. d' Holbach, *Système de la Nature*(1770; London, 1771), p. 336. H. Comte de Mirabeau, *Lettres écrites du donjon*(1780; Paris, 1792), p. 41.

11   Lynn Hunt, ed., *The French Revolution and Human Rights: A Brief Documentary History*(Boston: Bedford Books/St. Martin's Press, 1996), p. 46에서 재인용.

12   Denis Diderot and Jean Le Rond d'Alembert, eds., *Encyclopedic ou Dictionnaire raisonné des sciences, arts, et des métiers*, 17vols.(Paris, 1751~1780), vol. 5(1755), pp. 115~116. 5권은 자연권에 관한 두 편의 다른 논문을 포함한다. 첫번째 것은 "자연권(기풍)"이라는 제목을 달고 있고(pp. 115~116), 디드로의 인상적인 편집자 표식(그 자신의 저술임을 나타내는)으로 시작된다. 두번째 것은 "자연의 권리 또는 자연권"이라는 제목을 달고 있으며(pp. 131~134), "A"라는 서명(앙투안 가스파르 부쉐 다르지Antoine-Gaspard Boucher d'Argis를 나타냄)이 있다. 저자 표식에 대한 정보는 Richard N. Schwab, Walter E. Rex, *Inventory of Diderot's Encyclopédie*, vol 7: *Inventory of the Plates, with a Study of the Contributors to the Encyclopédie by John Lough*(Oxford: Voltaire Foundation, 1984)에 수록된 John Lough, "The Contributors to the Encyclopédie," pp. 483~564에서 얻음. 부쉐 다르지의 두번째 논문은 개념의 역사로 구성되어 있으며 주로 뷔를라마키의 1747년 논고인 『자연권의 원리』에 의존하고 있다.

13   Burlamaqui, *Principes du droit naturel*, p. 29(저자의 강조).

14   J. B. Schneewind, *The Invention of Autonomy: A History of Modem Moral Philosophy*(Cambridge: Cambridge University Press, 1998), p. 4. 자율성은 18세기 중엽까지의 자연법 이론에서는 결정적으로 결여되어 있는 요소로 보인다. 하콘 센Haakonssen이 논하듯, "17, 18세기의 가장 자연적인 법률가들에 따르면, 도덕

의 수행이란 자연법에 복종하고 그러한 법에 의해 부가된 의무를 다하는 데 있다. 이에 비해 권리란 거기서 파생된 것으로, 의무의 완수를 위한 수단에 불과하다." Knud Haakonssen, *Natural Law and Moral Philosophy: From Grotius to the Scottish Enlightenment*(Cambridge : Cambridge University Press, 1996), p. 6. 이러한 점에서 뷔를라마키는, 1760년대와 1770년대에 미국인들에게 미친 그토록 커다란 영향이 중요한 변화를 나타낸다고 본다. 뷔를라마키는 주장한다. 사람들은 상위의 권력에 복종하지만 그러한 권력은 인간의 내적 본성에 부합해야 한다. "법이 인간 행위를 규제하기 위해서는 인간의 본성과 특성에 부합해야 하고 결국에는 인간의 행복과 결부되어야 한다. 행복이란 이성이 인간으로 하여금 필연적으로 찾아내게 하는 것이다." Burlamaqui, *Principes*, p. 89. 인권에 있어 자율성의 일반적 중요성에 관해서는 Charles Taylor, *Sources of the Self: The Making of Modern Identity*(Cambridge, MA : Harvard University Press, 1989), 특히 p. 12 참조.

15 필자는 ARTFL에서 "고문"을 추적했다. 마리보의 인용문은 Frédéric Deloffre, Michel Gilet eds., *Journaux et oeuvres diverses*(Paris : Garnier, 1969)에 수록된 Le Spectateur français(1724), p. 114에서 재인용. Anne M. Cohler, Basia Carolyn Miller, Harold Samuel Stone trans. and ed., Montesquieu, *The Spirit of the Laws*(Cambridge : Cambridge University Press, 1989), pp. 92~93 참조.

16 필자의 관점은 섬세한 미셸 푸코의 관점에 비해 훨씬 낙관적이다. 푸코는 심리적 심층보다는 심리적 표면을 강조하며 신체에 대한 새로운 관점을 자유보다는 규율의 등장과 연관시킨다. 예를 들어 Alan Sheridan trans., Foucault, *Discipline and Punish: The Birth of the Prison*(New York : Vintage, 1979) 참조.

17 Benedict Anderson, *Imagined Communities: Reflections on the Origin and Spread of Nationalism*(London : Verso, 1983), 특히 pp. 25~36.

18 Leslie Brothers, *Friday's Footprint: How Society Shapes the Human Mind*(New York : Oxford University Press, 1997). Kai Voigeley, Martin Kurthen, Peter Falkai, Walfgang Maier, "Essential Functions of the Human Self Model are Implemented in the Prefrontal Cortext," *Consciousness and Cognition*, 8(1999), pp. 343~363.

1. 감정의 분출

1   R. A. Leigh, ed., *Correspondance compléte de Jean Jacques Rousseau*, 52 vols. (Geneva : Institut et Musée Voltaire, 1965~1998), vol. 8(1969)에 수록된 François Marie Arouet de Voltaire to Marie de Vichy de Chamrond, marquise du Deffand, 1761

년 3월 6일, p. 222. 같은 곳 p. 76에 실린 Jean Le Rond d'Alembert to Rousseau, Paris, 1761년 2월 10일. 이곳과 다음 구절에 인용되고 있는 독자의 반응은 Daniel Mornet, *J.-J. Rousseau : La Nouveile Héloïse*, 4 vols.(Paris : Hachette, 1925), vol. 1, pp. 246~249 참조.

2   영역본으로는 Judith H. McDowell trans., *Jean-Jacques Rousseau, La Nouvelle Héloïse*(University Park, PA : The Pennsylvania State University Press, 1968), p. 2 참조. 불어 판본들에 대해서는 Jo-Ann E. McEachem, *Bibliography of the Writings of Jean Jacques Rousseau to 1800*, vol. 1 : *Julie, ou la Nouvelle Héloïse*(Oxford : Voltaire Foundation, Taylor Institution, 1993), pp. 769~775 참조.

3   J. P. Mayer ed., Alexis de Tocqueville, *L'Ancien Régime*(1856 ; Paris : Gallimard, 1964), p. 286. 필자는 올리버 준즈Olivier Zunz로부터 고맙게도 이에 대한 정보를 얻었다.

4   Jean Decety and Philip L. Jackson, "The Functional Architecture of Human Empathy," *Behavioral and Cognitive Neuroscience Review*, 3(2004), p. 71~100, 특히 p. 91.

5   프랑스 소설의 일반적 진화에 대해서는 Jacques Rustin, Le Vice à la mode : Etude sur le roman français du XVIIIe siècle de Manon Lescaut á l'apparition de La Nouvelle Héloïse(1731~1761)(Paris : Ophrys, 1979), p. 20 참조. 필자는 새로운 프랑스 소설의 출판 수량에 대한 정보를 Angus Martin, Vivienne G. Mylne, and Richard Frautschi, *Bibliographie du genre romanesque français*, 1751~1800(London, 1977)에서 얻었다. 영국 소설에 대해서는 James Raven, *British Fiction 1750~1777*(Newark : University of Delaware Press, 1987), pp. 8~9와 Peter Garside, James Raven, and Rainer Schöwerling eds., *The English Novel, 1770~1829 : A Bibliographical Survey of Prose Fiction published in the British Isie*(Oxford ; New York : Oxford University Press, 2000)에 수록된 James Raven, "Historical Introduction : The Novel Comes of Age," pp. 15~121, 특히 pp. 26~32 참조. Raven은 서한소설의 비중이 1770년대에 소설의 44%에서 1790년대에는 18%로 감소했음을 밝힌다.

6   여기서 작품들의 세부 명세서를 제시하는 것은 적합하지 않다. 다만 필자에게 가장 큰 영향을 끼친 저작은 Benedict Anderson, *Imagined Communities : Reflections on the Origin and Spread of Nationalism*(London : Verso, 1983)이다.

7   필자는 마르케Marquet 신부로 추정, *Lettre sur Pamela*(London, 1742), pp. 3, 4.

8   필자는 원작의 구두점을 따랐다. Pamela : or, Virtue Rewarded. *In a Series of Familiar Letters from a Beautiful Young Damsel to her Parents : In four volume. The sixth edition ; corrected. By the late Sam. Richardson*(London :

William Otridge, 1772), vol. 1, pp. 22~23.

9   1740년 12월 17일 에어런 힐Aaron Hill이 새뮤얼 리처드슨Samuel Richardson에게. 힐은 저자임이 분명한 리처드슨에게 저자의 성명을 밝혀달라고 간청한다. Anna Laetitia Barbauld, ed., *The Correspondence of Samuel Richardson, Author of Pamela, Clarissa, and Sir Charles Grandison. Selected from the Original Manuscripts⋯⋯*, 6 vols.(London: Richard Phillips, 1804), vol. 1, pp. 54~55.

10 T. C. Duncan Eaves and Ben D. Kimpel, *Samuel Richardson: A Biography* (Oxford: Clarendon Press, 1971), pp. 124~141.

11 1749년 1월 11일자 브래드셰이의 편지, Eaves and Kimpel, p. 224에서 재인용. 1749년 1월 26일자 에드워즈의 편지, Anna Laetitia Barbauld, ed., *The Correspondence of Samuel Richardson*, vol 3, p. 1에서 재인용.

12 프랑스의 개인 도서관에 대해서는 François Jost, "Le Roman épistolaire et la technique narrative au XVIIIe siècle," *Comparative Literature Studies*, 3(1966), pp. 397~427, 특히 pp. 401~402 참조. 이것은 1910년 다니엘 모르네Daniel Mornet의 연구에 기반을 두고 있다. 언론의 반응(프랑스 문화의 최신 발전상을 따르고자 했던 외국의 통치자들을 대상으로 프랑스 지식인들이 쓴 시사물들)에 대해서는 *Correspondance littéraire, philosophique et critique par Grimm, Diderot, Raynal, Meister, etc., revue sur les textes originaux, comprenant outre ce qui a été publié á diverses époques les fragments supprimés en 1813 par la censure, les parties inédites conservées á la Bibliothèque ducale de Gotha et á l'Arsenal á Paris*, 16 vols.(Paris: Garnier, 1877~82; Nendeln, Liechtenstein, Kraus, 1968), pp. 25, 248(1751년 1월 25일과 1753년 6월 15일) 참조. 기욤 토마 레이날Guillaume Thomas Raynal 신부가 첫번째 필자이고 프리드리히 멜히오르 그림Friedrich Melchior Grimm이 거의 확실히 두번째 필자인 것 같다.

13 리처드슨은 루소의 칭찬에 반응을 보이지 않았다. 그는 『신 엘로이즈』를 읽는 것은 불가능했다고 주장했다(그러나 그는 프랑스에서 『신 엘로이즈』가 출간된 해에 사망했다). 이에 대해서는 Eaves and Kimpel, *Samuel Richardson*, p. 605 참조. 루소의 언급과 리처드슨의 『신 엘로이즈』에 대한 반응에 대해서는 Claude Perroud, ed., *Lettres de Madame Roland*, vol. 2(1788~1793)(Paris: Imprimerie Nationale, 1902), pp. 43~49, 특히 p. 48 참조.

14 Robert Darnton, *The Great Cat Massacre and other Episodes in French Cultural History*(New York, 1984), p. 243에서 재인용. Claude Labrosse, *Lire au XVIIIe siècle: la Nouvelle Héloïse et ses lecteurs*(Lyon: Presres Universitaires de Lyon, 1985), p. 96에서 재인용.

15 서한소설의 서술에 관한 최근 비평으로는 Elizabeth Heckendorn Cook,

Epistolary Bodies : Gender and Genre in the Eighteenth-Century Republic of Leffer(Stanford : Stanford U. Press, 1996) 참조. 서한소설 장르의 기원에 대해서는 Jost, "Le Roman èpistolaire" 참조.

16 W. S. Lewis, ed., *The Yale Edition of Horace Walpole's Correspondence*, vol. 22(New Haven, 1960), p. 271(1764년 12월 20일 호레이스 만Horace Mann 경에게 보낸 편지). *Remarks on Clarissa, Addressed to the Author. Occasioned by some critical Conversations on the Characters and Conduct of that Work. With Some Reflections on the Character and Behaviour of Prior's Emma*(London, 1749), pp. 8, 51.

17 *Gentleman's Magazine*, 19(1749년 6월), pp. 245~246, 제19호(1749년 8월), pp. 345~349, pp. 245, 346에서 인용.

18 N. A. Lenglet-Dufresnoy, *De l'usage des romans, où l'on fait voir leur utilité et leurs différents caractères*, 2 vols.(1734. Geneva : Slatkine Reprints, 1979), pp. 13, 92(원본에서는 제1권, p. 8, 325)에서 인용. 20년 후 랑글 뒤프레누아는 디드로의 『백과전서』를 여타 계몽사상가들과 공동집필했다.

19 Armand-Pierre Jacquin, *Entretiens sur les romans*(1755 : Geneva : Slatkine Reprints, 1970), pp. 225, 237, 305, 169, 101에서 재인용. 반反소설 문학을 논의한 것으로는 Daniel Mornet, *J.-J. Rousseau : La Nouvelle Héloïse, 4 vols.(Paris : Hachette, 1925)*, vol. 1.

20 Richard C. Taylor, "James Harrison, The Novelist's Magazine, and the Early Canonizing of the English Novel," *Studies in English Literature, 1500~1900*, 33(1993), pp. 629~643, p. 633에서 재인용. John Tinnon Taylor, *Early Opposition to the English Novel : The Popular Reaction from 1760 to 1830*(New York : King's Crown Press, 1943), p. 52.

21 Samuel-Auguste Tissot, *L'Ormnisme*(1774, Latin edn. 1758 : Paris : Editions de la Différence, 1991), 특히 pp. 22, 166~167. Taylor, *Early Opposition*, p. 61.

22 Gary Kelly, "Unbecoming a Heroine : Novel Reading, Romanticism, and Barrett's The Heroine," *Nineteenth-Century Literature*, 45(1990), pp. 220~241, p. 222에서 재인용.

23 London : Printed for C. Rivington, in St. Paul's Church-Yard ; and J. Osborn[etc], 1741.

24 Philip Stewart, Jean Vaché trans., Roger D. Masters와 Christopher Kelly eds., *The Collected Writings of Rousseau*(Hanover, NH : University Press of New England, 1997), vol. 6, Jean-Jacques Rousseau, *Julie, or The New Heloise*, pp. 3, 15에서

인용.

25 "Eloge de Richardson," *Journal étrange*, 8(1762; Geneva : Slatkine Reprints, 1968), 7~16, 인용, pp. 8~9. 문헌에 대한 더 자세한 분석으로는 Roger Chartier, "Richardson, Diderot et la lectrice impatiente," *MLN*, 114(1999), pp. 647~666. 디드로가 언제 리처드슨의 작품을 읽었는지는 알려져 있지 않다. 그에 대한 언급은 1758년 디드로의 편지에 나타나기 시작할 뿐이다. 그림Grimm은 일찍이 1753년에 자신의 편지에서 리처드슨을 언급했다. June S. Siegel, "Diderot and Richardson : Manuscripts, Missives, and Mysteries," *Diderot Studies*, 18(1975), pp. 145~167.

26 "Eloge," pp. 8,9.

27 "Eloge," p. 9.

28 Henry Home, Lord Kames, *Elements of Criticism*, 3rd edn., 2 vols.(Edinburgh, A. Kincaid & J. Bell, 1765) vol. 1, pp. 80, 82, 85, 92. 이와 더불어 Mark Salber Phillips, *Society and Sentiment : Genres of Historical Writing in Britain, 1740~1820*(Princeton : Princeton University Press, 2000), pp. 109~110 참조.

29 Julian P. Boyd, ed., *The Papers of Thomas Jefferson*, 30 vols.(Princeton : Princeton University Press, 1950~), vol. 1, pp. 76~81.

30 장 스타로뱅스키Jean Starobinski는 동일시 효과에 대한 이 같은 논의가 연극에도 적용된다는 점을 보여주었으나 디드로의 리처드슨 해석이 동일시에 대한 새로운 태도를 발전시키는 주요한 전환점이었다고 주장했다. "'Se mettre à la place': la mutation de la critique de l'âge classique à Diderot," *Cahiers Vilfredo Pareto*, 14(1976), pp. 364~378.

31 이 점에 대해서는 특히 Michael McKeon, *The Origins of the English Novel, 1600~1740*(Baltimore : Johns Hopkins University Press, 1987), p. 128 참조.

32 Andrew Burstein, The Inner Jefferson : Portrait of a Grieving Optimist(Charlottesville, VA : University of Virginia Press, 1995), p. 54. J. P. Brissot de Warville, *Mémoires*(1754~1793); publiés avec étude critique et notes par Cl. Perroud(Paris : Picard, n.d.), vol. 1, pp. 354~355.

33 James Schmidt ed., Immanuel Kant, *What is Enlightenment? Eighteenth-Century Answers and Twentieth-Century Question*(Berkeley : University of California Press, 1996)에 수록된 논고 "An Answer to the Question : What is Enlightenment?", pp. 58~64에서 재인용. 인용문은 p. 58. 자율성에 대한 연대기를 작성하기란 쉽지 않다. 대부분의 역사가들은 서구세계에서 개인의 결정권이 16세기와 20세기 사이에 일반적으로 증가했다는 데 의견의 일치를 보인다. 그러나 어떻게, 왜 그러했는지에 대해서는 의견이 분분하다. 숱한 책과 논문들이 철학적·사회적 원칙으로서 개

인주의의 역사에 관해, 그리고 그것과 기독교, 개신교에서 말하는 양심, 자본주의, 근대성, 더 일반적으로는 서구적 가치와의 연관성을 다루어왔다. 이에 대해서는 Michael Carrithers, Steven Collins, and Steven Lukes, eds., *The Category of the Person : Anthropology, Philosophy, History*(Cambridge : Cambridge University Press, 1985) 참조. 문헌들에 대한 개관으로는 Michael Mascuch, *Origins of the Individualist Self-Autobiography and Self-Identity in England, 1591~1791*(Stanford : Stanford University Press, 1996), pp. 13~24 참조. 개인주의의 발전과 인권의 문제를 결부시킨 드문 시도들 중 하나로, Charles Taylor, *Sources of the Self : The Making of Modern Identity*(Cambridge, MA : Harvard University Press, 1989) 참조.

34 Jay Fliegelman, *Prodigals and Pilgrims : The American Revolution Against Patriarchal Authority, 1750~1800*(Cambridge : Cambridge University Press, 1982), p. 15에서 재인용.

35 Jean-Jacques Rousseau, *Émile, ou l'Education*, 4 vols.(The Hague : Jean Néaume, 1762), pp. 2~4. Richard Price, *Observations on The Nature of Civil Liberty, the Principles of Government, and the Justice and Policy of the War with America to which is added, An Appendix and Postscript, containing, A State of the National Debt, An Estimate of the Money drawn from the Public by the Taxes, and An Account of the National Income and Expenditure since the last War*, 9th edn.(London : Edward and Charles Dilly and Thomas Cadell, 1776), pp. 5~6.

36 Lynn Hunt, *The Family Romance of the French Revolution*(Berkeley : University of California Press, 1992), pp. 40~41.

37 Fliegelman, *Prodigals and Pilgrims*, pp. 39, 67.

38 Lawrence Stone, *The Family, Sex and Marriage in England 1500~1800* (London : Weidenfeld & Nicolson, 1977). 강보 싸기, 젖떼기, 변소 사용법의 훈육에 대해서는 Randolph Trumbach, *The Rise of the Egalitarian Family : Aristocratic Kinship and Domestic Relations in Eighteenth-Century England*(New York : Academic Press, 1978), pp. 197~229 참조.

39 Sybil Wolfram, "Divorce in England 1700~1857," *Oxford Journal of Legal Studies*, 5(Summer, 1985), pp. 155~186. Roderick Phillips, *Putting Asunder : A History of Divorce in Western Society*(Cambridge : Cambridge University Press, 1988), p. 257. Nancy F. Cott, "Divorce and the Changing Status of Women in Eighteenth-Century Massachusetts," *The William and Mary Quarterly*, 3rd ser., vol. 33, no. 4(1976년 10월), pp. 586~614.

40 Frank L. Dewey, "Thomas Jefferson's Notes on Divorce," *The William and Mary Quarterly*, 3rd ser., vol. 39, no. 1, *The Family in Early American History and*

Culture(1982년 1월), pp. 212~223, pp. 219, 217, 216에서 재인용.

41 "공감empathy"은 20세기 초엽에야 미학과 심리학 용어로 영어에 도입되었다. 이것은 독일어 'Einfühlung'의 번역어로, "한 사람의 인격을 묵상의 대상으로 투사하는(그리고 그럴 정도로 완전히 이해하는) 힘"으로 정의되었다. http://dictionary.oed.com/cgi/entry/00074155?.

42 Francis Hutcheson, *A Short Introduction to Moral Philosophy, in Three Books; Containing the Elements of Ethicks and the Law of Nature*, 1747; 2nd edn. (Glasgow: Robert & Andrew Foulis, 1753), pp. 12~16.

43 Adam Smith, *The Theory of Moral Sentiments*, 3rd edn.(London, 1767), p. 2.

44 Burstein, *The Inner Jefferson*, p. 54; 『동정의 힘*The Power of Sympathy*』은 윌리엄 힐 브라운William Hill Brown에 의해 쓰였다. Anne C. Vila, "Beyond Sympathy: Vapors, Melancholia, and the Pathologies of Sensibility in Tissot and Rousseau," *Yale French Studies*, No. 92, *Exploring the Conversible World: Text and Sociability from the Classical Age to the Enlightenment*(1997): 88~101.

45 에퀴아노의 출신 배경에 관해서는(그가 스스로 주장하듯이 아프리카에서 출생했는지 혹은 미국에서 출생했는지) 많이 토론되었다. 그러나 나의 논지에서는 별로 중요하지 않다. 이에 관한 최근 논의는 Vincent Carretta, Equiano, *the African: Biography of a Self-Made Man*(Athens, GA: University of Georgia Press, 2005) 참조.

46 Abbé Sieyès, *Préliminaire de la constitution française*(Paris: Baudoin, 1789).

47 H. A. Washington, ed., The Writings of Thomas Jefferson, 9vols.(New York: John C. Riker, 1853~1857), vol. 7(1857), pp. 101~103. 울스턴크래프트에 관해서는 Phillips, *Society and Sentiment*, p. 114와 특히 Janet Todd ed., *The Collected Letters of Mary Wollstonecraft*(London: Allen Lane, 2003), pp. 34, 114, 121, 228, 253, 313, 342, 359, 364, 402, 404 참조.

48 Andrew A. Lipscomb and Albert E. Bergh, eds., *The Writings of Thomas Jefferson*, 20vols.(Washington, DC: Thomas Jefferson Memorial Association of the United States, 1903~04), vol. 10, p. 324.

2. 그들 뼈의 골질

1 일반적 고찰 중 최고는 여전히 David D. Bien, *The Calas Affair: Persecution, Toleration, and Heresy in Eighteenth-Century Toulouse*(Princeton: Princeton

University Press, 1960)이다. 칼라스의 고문이 묘사된 자료는 Charles Berriat-Saint-Prix, *Des Tribunaux et de la procédure du grand criminel au XVIIIe siède jusqu'en 1789 avec des recherches sur la question ou torture*(Paris : Auguste Aubry, 1859), pp. 93~96 참조. 차형에 대한 필자의 서술은 파리에서 시행된 차형을 본 한 목격자의 보고에 기초한다. James St. John, Esq., *Letters from France to a Gentleman in the South of Ireland : Containing Various Subjects Interesting to both Nations.* Written in 1787, 2 vols.(Dublin : P. Byrne, 1788) vol. II : 1787년 7월 23일의 편지, pp. 10~16.

2 볼테르는 1762년 8월에 『엘리자베스 캐닝과 칼라스의 이야기*Histoire d'Elisabeth Canning et des Calas*』라는 21쪽 분량의 팸플릿을 출간했다. 그는 칼라스 사건과 관련해 쓰인 대부분의 팸플릿보다 영국의 법정이 얼마나 우월하게 기능하는지를 보여주기 위해 캐닝의 사례를 이용했다. 볼테르가 시도한 종교적 관용이라는 의미 부여는 『장 칼라스의 죽음의 사례를 통한 관용에 관한 논고*Traité sur la tolérance à l'occasion de la mort de Jean Calas*』에서 가장 분명히 드러난다. 이 인용문의 출처는 Jacques van den Heuvel, ed., *Mélanges/Voltaire*(Paris : Gallimard, 1961), p. 583.

3 고문과 칼라스의 연관성은 Voltaire électronique, CD-Rom, Ulla Kölving ed.(Alexandria, VA : Chadwyck-Healey; Oxford : Voltaire Foundation, 1998)에서 추적할 수 있다. 1766년의 고문 비판은 *An Essay on Crimes and Punishments. Translated from the Italian, with a Commentary Attributed to Mons. De Voltaire, Translated from the French*, 4th edn.(London : F. Newberry, 1775), pp. xli~xlii 참조. Philosophical Dictionary에 수록된 "고문" 항목에 대해서는 Theodore Besterman, et al., eds., *Les Oeuvre complètes de Voltaire*, 135 vols.(1968~2003), vol. 36, Ulla Kölving ed.(Oxford : Voltaire Foundation, 1994), pp. 572~573 참조. 볼테르는 1778년이 되어서야 실제적인 고문 폐지를 자신의 『정의와 인간성의 가치 *Prix de la justice et de l'humanité*』에서 주장했다. 이에 관해서는 Franco Venturi, ed., *Cesare Beccaria, Del Delitti e delle pene, con une raccolta di lettre e documenti relativi alia nascita dell'opera e alla sua fortuna nell'Europa del Settecento*(Turin : Giulio Einaudi, 1970), pp. 493~495 참조.

4 J. D. Preuss, *Friedrich der Grosse: eine Lebensgeschichte*, 9vols. (Osnabrück, West Germany : Biblio Verlag, 1981; Reprint of 1832 Berlin edn.), vol. I, pp. 140~141. 프랑스 국왕의 칙령은, 경험이 그 필요성을 입증하는 한, 선결문제question préalable 를 재구축할 가능성을 열어두었다. 더욱이 칙령은 의회의 권위를 약화하려는 왕권의 노력과 연계된 일 중 하나였다. 그것을 파리 고등법원의 옥좌lit de justice에 등록하도록 한 이후, 루이 16세는 1788년 9월에 이들 모든 칙령의 시행을 보류했다. 그 결과 고문은 국민의회가 1789년 10월 8일 폐지될 때까지 남아 있었다. Berriat-Saint-Prix, *Des Tribunaux*, p. 55. 또한 David Yale Jacobson, "The Politics of Criminal Law Reform in Pre-Revolutionary France," PhD diss., Brown University, 1976,

pp. 367~429 참조. 폐지령 문서에 대해서는 Athanase Jean Léger et al., eds., *Recueil général des anciennes lois françaises depuis l'an 420 jusqu' à la Révolution de 1789*, 29 vols.(Paris: Plon, 1824~57), vol. 26(1824), pp. 373~375, vol. 28(1824), pp. 526~532 참조. Benjamin Rush, *An Enquiry into the Effects of Public Punishments upon Criminals, and Upon Society. Read in the Society for Promoting Political Enquiries. Convened at the House of His Excellency Benjamin Franklin, Esquire, in Philadelphia, March 9th, 1787*(Philadelphia: Joseph James, 1787). *Reform of Criminal Law in Pennsylvania: Selected Enquiries, 1787~1810*(New York: Arno Press, 1972)에 수록, 원본의 쪽수로는 p. 7에서 인용.

5   유럽에서 고문의 일반적인 도입과 폐지에 관해서는 Edward Peters, *Torture* (Philadelphia: University of Pennsylvania Press, 1985) 참조. 스위스의 몇몇 주canton에 서는 19세기 중엽까지 고문이 폐지되지 않았지만, 고문의 시행은 유럽에서 혁명과 나폴 레옹전쟁을 거치며 대체로 사라졌다(적어도 법적인 인정은 받았다). 나폴레옹은 예컨대 스페 인에서 1808년에 고문을 폐지했고 그것은 결코 재도입되지 않았다. 재판의 발전사에 대 해서는 Sir James Fitzjames Stephen, *A History of the Criminal Law of England*, 3vols.(1883; Chippenham, Wilts: Routledge, 1996), vol. 1, pp. 250~254 참조. 마녀 소송과 고문 시행에 관해서는 Alan Macfarlane, *Witchcraft in Tudor and Stuart England: A Regional and Comparative Study*(London: Routledge & Kegan Paul, 1970), pp. 139~140 참조; 그리고 Christina A. Larner, *Enemies of God: The Witch-hunt in Scotland*(London: Chatto & Windus, 1981), p. 109. 라르너가 지적하듯이, 마녀 소송에서 고문의 종식을 요구하는 스코틀랜드와 영국의 판사들이 부단히 내린 훈령은 그 것이 논제로 남아 있었음을 말해준다. James Heath, *Torture and English Law: An Administrative and Legal History from the Plantagenets to the Stuarts*(Westport, CT: Greenwood Press, 1982), p. 179은 16세기와 17세기에 고문대의 사용에 대한 몇 몇 사례를 상술한다. 그러나 이들은 보통법에 의해 인가받지는 못했다. 또한 Kathryn Preyer, "Penal Measures in the American Colonies: An Overview", *American Journal of Legal History*, vol. 26(1982년 10월), pp. 326~353, 특히 p. 333 참조.

6   처벌의 일반적 방법에 대해서는 J. A. Sharpe, *Judicial Punishment in England* (London: Faber & Faber, 1990) 참조. 형틀을 씌우는 처벌은 죄인의 귀를 자르거나 귀 를 형틀에 못박는 벌을 포함했다(p. 21). 차꼬Stocks는 범인의 발을 잡아두는 목재 기 구이다. 형틀pillory은 두 개의 나무통 사이로 범인의 머리와 손을 넣은 채 서 있게 하 는 도구이다. Leon Radzinowicz, *A History of English Criminal Law and Its Administration from 1750*, 4vols.(London: Stevens & Sons, 1948), vol. 1, pp. 3~5, 165~227. 최근 연구에 관한 지극히 전복적인 비평으로는 Jonna Innes and John Styles, "The Crime Wave: Recent Writing on Crime and Criminal Justice in Eighteenth-Century England," *Journal of British Studies*, 25(1986년 10월), pp.

380~435 참조.

7   Linda Kealey, "Patterns of Punishment : Massachusetts in the Eighteenth Century," *American Journal Of Legal History*, 30(1986년 4월), pp. 163~186, p. 172에서 인용. William M. Wiecek, "The Statutory Law of Slavery and Race in the Thirteen Mainland Colonies of British America," *William and Mary Quarterly*, 3rd ser., vol. 34, no. 2(1977년 4월): 258~280, 특히 pp. 274~275.

8   Richard Mowery Andrews, *Law, Magistracy, and Crime in Old Regime Paris, 1735~1789*, vol. 1 : *The System of Criminal Justice*(Cambridge : Cambridge University Press, 1994), 특히 pp. 385, 387~388.

9   Benoît Garnot, *Justice et société en France aux XVIe, XVIIe et XVIIIe siécles*(Paris : Ophrys, 2000), p. 186.

10 로밀리 인용문은 Randall McGowen, "The Body and Punishment in Eighteenth-Century England," Journal of Modem History, 59(1987), pp. 651~79, p. 668에서 재인용. 베카리아의 유명한 구절은 『범죄와 처벌*Crimes and Punishments*, p. 2』에서 찾을 수 있다. 제러미 벤섬은 베카리아의 모토를 공리주의 원리의 토대로 삼았다. 그에게 베카리아는 "나의 주군, 최초로 이성의 복음을 전파하신 분"이었다. *Atti del convegno internazionale su Cesare Beccari pro-mosso dall' Accademia delle Scienze di Torino nel secondo centenario dell'opera "Dei delitti e delle pene,"* Turin, 10월 4~6일, 1964(Turin : Accademia delle Scienze, 1966), pp. 57~66에 수록된 Leon Radzinowicz, "Cesare Beccaria and the English System of Criminal Justice : A Reciprocal Relationship; p. 57 참조. 프랑스 및 유럽 여타 지역에서의 베카리아 수용에 관해서는 벤투리Venturi가 엮은 『체자레 베카리아』에 재인쇄된 서한들, 특히 pp. 312~324 참조. 볼테르는 1765년 10월 16일의 한 편지에서 베카리아를 읽은 것에 대해 썼다. 같은 편지에서 그는 칼라스 사건과 시르뱅Sirven 사건(이 또한 개신교도가 연루된 사건)을 언급한다. Theodore Besterman, et al., eds., *Les Oeuvres complètes de Voltaire*, 135vols.(1968~2003), vol. 113, Theodore Besterman, *Correspondence and Related Documents*, 1765년 4월~12월, vol. 29(1973), p. 346.

11 네덜란드 학자 페터 슈피렌부르그Peter Spierenburg는 처벌의 완화를 공감의 증가와 결부시킨다. "인류 형제의 죽음과 고통이 점점 더 고통스럽게 경험되기 시작했다. 왜냐하면 다른 민족들이 점점 인류 형제로 느껴지게 되었기 때문이다." Spierenburg, *The Spectacle of Suffering : Executions and the Evolution of Repression : From a Preindustrial Metropolis to the European Experience*(Cambridge : Cambridge University Press, 1984), p. 185. Beccaria, *Crimes and Punishments*, pp. 43, 107, 112에서 인용. 블랙스톤 또한 죄의 정도에 걸맞은 처벌을 주장했다. 그러면서 그는 영국에서 사형을 남발한 사례가 많음에 한탄했다. William Blackstone, *Commentaries on the Laws of England*, 4vols., 8th edn.(Oxford : Clarendon Press, 1778), vol. IV, p. 3.

블랙스톤은 몽테스키외와 베카리아를 3쪽의 한 단락에서 인용한다. 베카리아가 블랙스톤에게 끼친 영향에 대해서는 Coleman Phillipson, *True Criminal Law Reformers: Beccaria, Bentham, Romilly*(Montclair, NJ: Patterson Smith, 1970), 특히 p. 90 참조.

12 최근 들어 학자들은 베카리아 혹은 계몽사상 일반이 과연 사법적 고문을 철폐하거나 처벌을 완화하는 데 기여했는지, 심지어 고문의 폐지가 과연 좋은 일이었는지를 묻고 있다. John H. Langbein, *Torture and the Law of Proof: Europe and England in the Ancien Régime*(Chicago: University of Chicago Press, 1976); Andrews, *Law, Magistracy, and Crime*; J. S. Cockburn, "Punishment and Brutalization in the English Enlightenment," *Law and History Review*, 12(1994): 155~179; 그리고 특히 Michel Foucault, Alan Sheridan trans., *Discipline and Punish: The Birth of the Prison*(New York: Vintage, 1979).

13 Norbert Elias, Edmund Jephcott trans., *The Civilizing Process: The Development of Manners*(German edn., 1939; New York: Urizen Books, 1978), pp. 69~70에서 인용. 이 이야기에 대한 비판적 평가는 Barbara H. Rosenwein, "Worrying About Emotions in History," *American Historical Review*, 107(2002), pp. 821~845.

14 James H. Johnson, *Listening in Paris: A Cultural History*(Berkeley: University of California Press, 1995), p. 61에서 재인용.

15 제프리 레이블Jeffrey S. Ravel은 밑바닥의 입석에서는 난동이 계속되었다고 강조한다. Ravel, *The Contested Parterre: Public Theater and French Political Culture, 1680~1791*(Ithaca, NY: Cornell University Press, 1999).

16 Annik Pardailhé-Galabrun, Jocelyn Phelps trans., *The Birth of Intimacy: Privacy and Domestic Life in Early Modem Paris*(Philadelphia: University of Pennsylvania Press, 1991). John Archer, "Landscape and Identity: Baby Talk at the Leasowes, 1760," *Cultural Critique*, 51(2002), pp. 143~185.

17 Ellen G. Miles, ed., *The Portrait in Eighteenth Century America*(Newark, DE: University of Delaware Press, 1993), p. 10. Georg T. M. Shackelford and Mary Tavener Holmes, *A Magic Mirror: The Portrait in France, 1700~1900*(Houston: Museum of the Fine Arts, 1986), p. 9. Walpole의 인용문은 Desmond Shawe-Taylor, *The Georgians: Eighteenth-Century Portraiture and Society*(London: Barries & Jenkins, 1990), p. 27에서 재인용.

18 *Lettres sur les peintures, sculptures et gravures de Mrs. de l'Académie Royale, exposées au Sallon du Louvre, depuis MDCCLVII jusqu'en MCDDLXXIX*(London: John Adamson, 1780), p. 51(1769의 살롱). 이에 대해서는 또한 Rémy G. Saisselin, *Style, Truth und the Portrait*(Cleveland: Cleveland Museum of Art,

1963), 특히 p. 27 참조. 초상화와 "풍속화tableaux du petit genre"에 대한 불평은 1770년대에 계속된다. *Lettres sur les peintures*, pp. 76, 212, 229. 조쿠르의 논고는 *Encyclopédie ou dictionnaire raisonné des sciences, des arts et des métiers*, 17vols.(Paris, 1751~80), vol. 13(1765), p. 153에서 찾을 수 있다. 메르시에가 1780년대에 행한 논평은 Shawe-Taylor, The Giorgians, p. 21 참조.

19 견직물의 중요성과 소비주의가 영국령 아메리카 식민지의 초상화에 끼친 영향에 관해서는 T. H. Breen, "The Meaning of 'Likeness': Portrait-Painting in an Eighteenth-Century Consumer Society," Miles, ed., *The Portrait*, pp. 37~60 참조.

20 Jonna Woodall, ed., *Portraiture: Facing the Subjec*(Manchester: Manchester University Press, 1997)에 수록된 Angela Rosenthal, "She's Got the Look! Eighteenth-Century Female Portrait Painters and the Psychology of a Potentially 'Dangerous Employment,'" pp. 147~166(Boswell의 인용은 p. 147). 이와 더불어 같은 책에 수록된 Kathleen Nicholson, "The Ideology of Feminine 'Virtue' : The Vestal Virgin in French Eighteenth-Century Allegorical Portraiture" pp. 52~72 참조. Denis Diderot, *Oeuvres complètes de Diderot, revue sur les édition originales, comprenant ce qui a été publié à diverses èpoques et les manuscrits inédits, conservés à la Bibliothàque de l'Ermitage, notices, notes, table analytique. Etude sur Diderot et le mouvement philosophique au XVIIIe siècle, par J. Assézat*, 20vols.(Paris: Garnier, 1875~77; Nendeln, Lichtenstein: Kraus, 1966), vol. 11: Beaux-Arts II, arts du dessin(salons), pp. 260~262.

21 Sterne, *A Sentimental Journey*, pp. 158,164.

22 Howard C. Rice, Jr., "A 'New' Likeness of Thomas Jefferson," *William and Mary Quarterly*, 3rd ser., vol. 6, no. 1(1949년 1월): 84~89. 이 과정에 대한 보다 일반적인 서술로는 Tony Halliday, *Facing the Public: Portraiture in the Aftermath of the French Revolution*(Manchester: Manchester University Press, 1999), pp. 43~47 참조.

23 뮈야르는 기독교를 변호하는 팸플릿에 자신의 이름을 기재하지 않았다. *Motifs de ma foi en Jésus-Christ, par un magistrat*(Paris: Vve Hérissant, 1776) and *Preuves de l'authenticité de nos évangiles contre les assertions de certains critique modernes. Lettre à Madame de ***. Par l'auteur de motifs de ma foi en Jésus-Christ*(Paris: Durand et Berlin, 1785).

24 Pierre-François Muyart de Vouglans, *Réfutation du Traité des délits et peines, &c.*, 그가 쓴 *Les Loix criminelles de France, dans leur ordre naturel*(Paris: Bnot Morin, 1780)의 끝부분, pp. 811, 815, 830에 인쇄됨.

25 Ibid., p. 830.

26 Spierenburg, *The Spectacle of Suffering*, p. 53.

27 Anon., *Consideration on the Dearness of Corn and Provisions*(London: J. Almon, 1767), p. 31; Anon., *The Accomplished Letter-Writer; or, Universal Correspondent. Containing Familiar Letters on the most Common Occasions in Life*(London, 1779), pp. 148~150. Donna T. Andrew and Randall McGowen, *The Perreaus and Mrs. Rudd: Forgery and Betrayal in Eighteenth-Century London*(Berkeley: University of California Press, 2001), p. 9.

28 St. John, *Letters from France*, vol. II: 1787년 7월 23일의 편지, p. 13.

29 *Crimes and Punishments*, pp. 2, 179.

30 고통에 관한 18세기의 작품에 관해서는 Margaret C. Jacob and Michael J. Sauter, "Why Did Humphry Davy and Associates Not Pursue the Pain-Alleviating Effects of Nitrous Oxide?" *Journal of the History of Medicine*, 58(2002년 4월): 161~176. 대그의 인용문은 McGowen, "The Body and Punishment in Eighteenth-Century England," p. 669에서 재인용. 식민지의 지대地代에 관해서는 Preyer, "Penal Measure," pp. 350~351 참조.

31 이든의 인용문은 McGowen, "The Body and Punishment in Eighteenth-Century England," p.670에서 재인용. 필자의 분석은 많은 부분 맥고언을 따랐다. Benjamin Rush, *An Enquiry*, 특히 pp. 4, 5, 10, 15 참조.

32 칼라스 사례에 대해서뿐만 아니라 더 전반적인 고문의 실행에 관한 사료로는 Lisa Silverman, *Tortured Subjects: Pain, Truth, and the Body in Early Modern France*(Chicago: University of Chicago Press, 2001) 참조. 이와 함께 Alexandre-Jérôme Loyseau de Mauléon, *Mémoire pour Donat, Pierre et Louis Calas*(Paris: Le Breton, 1762), pp. 38~39 참조. 엘리 드 보몽은 칼라스의 입을 통해 똑같은 보고를 한다. 볼테르 또한 그 말들을 참고했다. Jean-Baptiste-Jacques Elie de Beaumont, *Mémoire pour Dame Anne-Rose Cabibel, veuve Calas, et pour ses enfans sur le renvoi aux Requêtes de l'Hôtel au Souverain, ordonné par arrêt du Conseil du 4 juin 1764*(Paris: L. Cellot, 1765). 엘리 드 보몽은 왕립 의회에서 칼라스의 가족을 대변했다. 이 같은 소송 판례의 출간에 대해서는 Sarah Maza, *Private Lives and Public Affairs: The Causes Célèbres of Prerevolutionary France*(Berkeley: University of California Press, 1993), pp. 19~38 참조.

33 Alain Corbin, Jean-Jacques Courtine, and Georges Vigarello, eds., *Histoire du corps*, 3 vols.(Paris: Editions du seuil, 2005~06), vol. 1: *De la Renaissance aux Lumières(2005), pp. 306~03. Crimes and Punishments*, pp. 58,60.

34 부르고뉴 의회는 1766년 이후 준비단계 심문의 시행을 중단시켰고 사형 판결은 18세기 초반에 전체 유죄판결 중 13~14.5%였던 것이 1770년과 1789년 사이에는 5% 미만으로 감소했다. 그러나 예비심문의 시행은 프랑스에서 전혀 줄어들지 않고 지속되었다.

Jacobson, "The Politics of Criminal Law Reform," pp. 36~47.

35 Crimes and Punishments, pp. 60~61(원저자의 강조). Muyart de Vouglans, *Réfutation du Traité*, pp. 824~826.

36 Venturi, ed., *Cesare Beccaria*, pp. 30~31 참조. 정확하게는 1766년 이탈리아 본(베카리아 자신에 의해 감수된 마지막 판본) 참조. 이 구절은 첫 영역본에서 같은 위치에, 즉 11장에 나타난다. 차후의 프랑스식 논법의 사용에 대해서는, 예컨대 *Dei delitti e delle pene. Edizione rivista, coretta, e disposta secondo l'ordine della traduzione francese approvato dall'aufore*(London: Presso la Società dei Filosofi, 1774), p. 4 참조. 루이지 피르포에 따르면, 이 판본은 실제로는 리보르노Livorno의 콜텔리니Coltellini에 의해 인쇄되었다. Luigi Firpo, "Contributo alla bibliografia del Beccaria.(Le edizioni italiane settecentesche del Dei delitti e delle pene)," *Atti del convegno internazionale su Cesare Beccaria*, pp. 329~453, 특히 pp. 378~379 참조.

37 고문의 사법적 시행에 대한 공개 비판을 담은 최초의 프랑스 저작은 1682년에 등장했고 디종Dijon 의회의 지도적 인사인 오귀스탱 니콜라Augustin Nicholas에 의해 쓰였다. 그는 마녀재판에서 고문을 사용하는 것에 반대했다. Silverman, Tortured Subjects, p. 161. 베카리아 저작의 다양한 이탈리아어 판본에 대한 가장 확실한 연구는 피르포의 것이다. "Contributo alia bibliografia del Beccaria," pp. 329~453. 영역본 및 여타 번역본에 대해서는 Marcello Maestro, *Cesare Beccaria and the Origins of Penal Reform*(Philadelphia: Temple University Press, 1973), p. 43 참조. 필자는 피르포가 밝혀낸 영어본들에 영어 축약 제목 편람을 추가했다. *Crimes and Punishments*, p. iii.

38 Venturi, ed., Cesare Beccaria, p. 496. 이 작품은 Linguet, *Annales politiques et littéraires*, 5(1779)에 등장한다.

39 *Encylopédie ou dictionnaire raisonné des sciences, des arts et des métiers*, 17vols.(Paris, 1751~80), vol. 13(1765), pp. 702~704. Jacobson, "The Politics of Criminal Law Reform," pp. 295~296.

40 Jacobson, "The Politics of Criminal Law Reform," p. 316. Venturi, ed., Cesare Beccaria, p. 517. Joseph-Michel-Antoine Servan, *Discours sur le progrès des connoissances humaines en général, de la morale, et de la législation en particulier*(n.p., 1781), p. 99.

41 필자는 로버트 단턴Robert Darnton보다 브리소의 형법 저작을 더 긍정적으로 평가하는 편이다. *George Washington's False Teeth: An Unconventional Guide to the Eighteenth Century*(New York: W. W. Norton, 2003), 특히 p. 165. 브리소의 인용문은 *Théorie des lois criminelles*, 2vols.(Paris: J. P. Aillaud, 1836), vol. I, pp. 6~7에 등장한다.

42 수사학적 전략은 Maza, *Private Lives and Public Affairs*에서 심층 분석되었다. 브리

소가 원래 베른Bern시의 에세이 콘테스트 용으로 쓴 『형법 이론*Theory of Criminal Law*』을 출간했을 때, 뒤파티는 "진리가 승리하고 인간성이 함께하게" 하려는 그들 공동의 노력을 자축하기 위해 브리소에게 편지를 썼다. 이 편지는 1836년 판본에 재인쇄되었다. *Théorie des lois criminelles*, vol. I, p. vi. [Charles-Marguerite Dupaty], *Mémoire justificatif pour trois hommes condamnés á la roue*(Paris : Philippe Denys Pierres, 1786), p. 221.

43 Dupaty, *Mémoire justificatif*, pp. 226, 240. 인간성L'Humanité이라는 표현은 소송 사건에서 여러 번 그리고 사실상 맨 뒤 지면들의 모든 구절에 등장한다.

44 Maza, *Private Lives and Public Affairs*, p. 253. Jacobson, "The Politics of Criminal Law Reform," pp. 360~361.

45 Jourdan, ed., *Recueil général des anciennes lois françaises*, vol. 28, p. 528. Muyart de Vouglans, *Les Loix criminelles*, p. 796. 문서에 나타나는 주제들의 빈도 수 순위에서(1이 가장 높고, 1125가 가장 낮다) 형법전은 제3신분에게는 70.5, 귀족 신분에게는 27.5 그리고 성직자 신분에게는 337; 소송절차는 제3신분에게 34, 귀족에게 77.5, 성직자에게 15; 형사소추와 처벌은 제3신분에게 60.5, 귀족에게 76, 성직자에게 171; 형법상의 처벌은 제3신분에게 41.5, 귀족에게 213.5, 성직자에게 340번째였다. 사법적으로 인가된 고문의 두 가지 형태는 별로 높은 순위를 얻지 못했는데, 이는 "준비단계의 심문"이 이미 철폐되고 "예비 심문" 또한 잠정 폐지되었기 때문이었다. 주제들 간의 순위는 Gilbert Shapiro and John Markoff, *Revolutionary Demands : A Content Analysis of the Cahiers de Doléances of 1789*(Stanford : Stanford University Press, 1998), pp. 438~474에 의존.

46 Rush, *An Enquiry*, pp. 13, 6~7.

47 Muyart de Vouglans, *Les Loix criminelles*, 특히 pp. 37~38.

48 Antonio Damasio, *The Feeling of What Happens : Body and Emotion in the Making of Consciousness*(San Diego : Harcourt, 1999), 이와 함께 동일저자의 *Looking for Spinoza : Joy, Sorrow, and the Feeling Brain*(San Diego : Harcourt, 2003). Wolfgang Lefèvre, ed., *Between Leibniz, Newton, and Kant : Philosophy and Science in the Eighteenth Century*(Dordrecht : Kluwer Academic Publishers, 2001)에 수록된 Ann Thomson, "Materialistic Theories of Mind and Brain," pp. 149~73.

49 Jessica Riskin, *Science in the Age of Sensibility : The Sentimental Empiricists of the French Enlightenment*(Chicago : University of Chicago Press, 2002), 보네의 인용문은 p. 51. Sterne, A Sentimental Journey, p. 117.

50 Rush, *An Enquiry*, p. 7.

3. 그들은 훌륭한 모범 사례를 만들었다

1　"선언"의 의미는 www.lib.uchicago.edu/efe/ARTFL/projects/dicos/에 수록된 Dictionnaires d'autrefois function of ARTFL에서 추적할 수 있다. 1689년 영국 「권리장전」의 공식 제목은 다음과 같다. "왕권의 주체와 계승권 확정에 있어서의 권리와 자유들을 선언하는 법령" An Act Declaring the Rights and Liberties of the Subject and Settling the Succession of the Crown.

2　Archives parlementaires de 1787 à 1860 : Recueil complet des débats legislatifs et politiques des chambres françaises, series. 1, 99vols.(Paris : Librarie administrative de P. Dupont, 1875~1913), vol. 8, p. 320.

3　그로티우스와 그의 논고 『전쟁 및 평화법에 관하여On the Law of War and Peace』 (1625)의 중요성에 관해서는 Richard Tuck, Natural Fights Theories : Their Origin and Development(Cambridge : Cambridge University Press, 1979) 참조. 이와 더불어 Léon Ingber, "La Tradition de Grotius. Les Droits De l'Homme et le droit naturel à l'époque contemporaine," Cahiers de philosophic politique et juridique, No. 11 : "Des Théories du droit naturel"(Caen, 1988) : 43~73. 푸펜도르프에 관해서는 T. J. Hochstrasser, Natural Law Theories in the Early Enlightenment(Cambridge : Cambridge University Press, 2000) 참조.

4　필자는 여기서 자연법과 자연권의 차이에 초점을 맞추지 않았는데, 뷔를라마키에게서처럼 불어권 저작들에서는 이것이 자주 불분명해지기 때문이다. 더욱이 18세기의 정치적 인물들은 이것을 분명히 하지는 않았다. 뷔를라마키의 1747년의 논고는 『자연법의 원리』라는 제목으로 즉시 영역되었고(1748), 네덜란드어(1750), 덴마크어(1757), 이탈리아어(1780), 그리고 결국 스페인어(1825)로도 번역되었다. Bernard Gagnebin, Burlamaqui et le droit natuel(Geneva : Editions de la Fregate, 1944), p. 227. 가네뱅의 주장에 따르면, 뷔를라마키는 프랑스에서는 별로 영향력이 없었으나 『백과전서』의 유명한 필자 중 한 명(부세 다르지)이 뷔를라마키를 자연법 논문 중 하나에 기초자료로 활용하였다. 이성, 인간 본성, 그리고 스코틀랜드 철학에 관한 뷔를라마키의 견해에 대해서는 J. J. Burlamaqui, Principes du droit naturel par JJ. Burlamaqui, Conseiller d'Etat, & cidevant Professeur en droit naturel & civil à Genève(Genevsi : Barrillot et fils, 1747), pp. 1~3, 165 참조.

5　Jean Lévesque de Burigny, Vie de Grotius, avec l'histoire de ses ouvrages, et des négoçiations auxquelles il fut employé, 2vols.(Paris : Debure l'aîné, 1752). T. Rutherforth, D.D. F.R.S., Institutes of Natural Law Being the substance of a Course of Lectures on Grotius de Jure Belli et Paci, read in St, Johns College Cambridge, 2 vols.(Cambridge : J. Bentham, 1754~56). 러더포드의 강연들은 하콘센의 논점을 완벽히 입증하는 것으로 보인다. 하콘센에 따르면, 의무에 대한 자연법 이론

의 강조는 새로이 부상한, 개인이 소유하는 자연권에 대한 강조와 양립하기 힘들다(비록 그로티우스가 양자에 기여했지만 말이다). 다른 스위스 법률가인 에메 드 바텔Emer de Vattel 또한 자연법에 대해 광범위한 저술을 남겼지만 그는 민족들 간의 관계에 더 치중했다. 바텔은 모든 인간의 자연적 자유와 독립성을 지나치게 강조했다. "On prouve en Droit Naturel, que tous les hommes tiennent de la Nature une Liberté & une indépendance, qu'ils ne peuvent perdre que par leur consentement"—M. de Vattel, *Le Droit des gens ou principes de la loi naturelle appliqués à la conduite & aux affaires des nations & des souverains*, 2 vols.(Leyden : Aux Dépens de la compagnie, 1758), vol. 1, p. 2.

6   John Locke, *Two Treatises of Government*(Cambridge : Cambridge University Press, 1963), pp. 366~67. James Farr, "'So Vile and Miserable an Estate': The Problem of Slavery in Locke's Political Thought," *Political Theory*, vol. 14, no. 2(1986년 5월), pp. 263~89, 인용문 p. 263.

7   William Blackstone, *Commentaries on the Laws of England*, 8th edn., 4 vols. (Oxford : Clarendon Press, 1778), vol. I, p. 129. 자연권 담론의 영향은 블랙스톤의 평론에서 분명히 드러난다. 그는 첫번째 책에서 논의를 "개인의 절대적 권리"에 대한 고찰로부터 시작한다. 여기서 그가 주장하는 바는 "그 같은 것은 단지 그들의 본성적인 인격에 속할 것이며 모든 사람은 사회 밖에 있든, 안에 있든, 그것을 향유할 자격이 있다."(I : 123, 1766년 더블린 판본에도 동일함) 보편론적이고 특수론적인 권리 이념이 영국령 아메리카 식민지에 끼친 상대적 영향에 관해서는 무수한 저작들이 있다. 이 논제에 대한 개략적인 이해를 위해서는 Donald S. Lutz, "The Relative Influence of European Writers on Late Eighteenth-Century American Political Thought," *American Political Science Review*, 78(1984), pp. 189~197 참조.

8   James Otis, *The Rights of the British Colonies Asserted and Proved*(Boston : Edes & Gill, 1764), 인용문은 pp. 28, 35.

9   뷔를라마키가 미국 헌정상의 갈등에 끼친 영향에 관해서는 Ray Forrest Harvey, *Jean Jacques Bulamaqui : A Liberal Tradition in American Constitutionalism*(Chapel Hill : University of North Carolina Press, 1937), p. 116 참조. 푸펜도르프, 그로티우스, 로크의 인용문은 Lutz, "The Relative Influence of European Writers; 특히 pp. 193~94 참조. 그리고 미국 도서관들의 뷔를라마키 저작의 보유에 대해서는 David Lundberg and Henry F. May, "The Enlightened Reader in America," *American Quarterly*, 28(1976), pp. 262~293, 특히 p. 275. 뷔를라마키의 인용문은 *Pricipes du droit naturel*, p. 2.

10   독립 선언에 대한 욕구의 증가에 대해서는 Pauline Maier, *American Scripture : Making the Declaration of Independence*(New York : Alfred A. Knopf, 1997), pp. 47~96. 버지니아 선언에 대해서는 Kate Mason Rowland, *The Life of George Mason*,

1725~1792, 2 vols.(New York: G, p, Putnam's Sons, 1892), vol. I, pp. 438~41 참조.

11   간략하지만 매우 적절한 논의로는 Jack N. Rakove, *Declaring Rights: A Brief History with Documents*(Boston: Bedford Books, 1998), 특히 pp. 32~38 참조.

12   필자는 영어 축약 제목 편람을 이용하여 영어본 저작 제목들을 선구적으로 연구한 제니퍼 포필Jennifer Popiel에게 감사한다. 필자는 "권리들"이라는 용어 사용에 대해 어떠한 차이도 두지 않았으며 여러 해에 걸친 재판본들의 괄목할 만한 수효를 배제하지 않았다. 제목에서 권리라는 용어를 사용한 사례는 1760년대와 1770년대 사이에 2배나 증가했고 (1760년대에 51차례에서 1770년대 109차례로) 1780년대에는 거의 그 상태(95차례)를 유지했다.

13   [Manasseh Dawes], *A letter to Lord Chatham, concerning the present War of Great Britain against America; Reviewing Candidly and Impartially Its unhappy Cause and Consequence; and wherein The Doctrine of Sir William Blackstone as explained in his celebrated Commentaries on the Laws of England, is opposed to Ministerial Tyranny, and held up in favor of America. With some Thoughts on Government by a Gentleman of the Inner Temple*(London: G. Kearsley, n. d., 수고手稿 1776), 인용문 pp. 17, 25. Richard Price, *Observations on The Nature of Civil Liberty, the Principles of Government, and the Justice and Policy of the War with America to which is added, An Appendix and Postscript, containing, A State of the National Debt, An Estimate of the Money drawn from the Public by the Taxes, and An Account of the National Income and Expenditure since the Last War*, 9th edn.(London: Edward & Charles Dilly and Thomas Cadell, 1776), 인용문 p. 7. 프라이스는 존 윈스럽 John Winthrop에게 보낸 편지에서 자기 논고의 제11판을 요청했다. D. O. Thomas, *The Honest Mind: The Thought and Work of Richard Price*(Oxford: Clarendon Press, 1977), pp. 149~150. 이 팸플릿은 순식간에 성공을 거두었다. 프라이스는 1776년 2월 14일 윌리엄 애덤스에게 편지를 써서 이 팸플릿이 3일 전에 출간되었고 1,000부 찍은 판본이 거의 매진되었다고 알렸다. W. Bernard Peach and D. O. Thomas, eds., The Correspondence of Richard Price, 3 vols.(Durham, NC: Duke University Press, and Cardiff: University of Wales Press, 1983~94), vol. 1: *July 1748~March 1778*(1983), p. 243. 완전한 서지목록으로는 D. O. Thomas, John Stephens, and P.A.L. Jones, *A Bibliography of the Works of Richard Price*(Aldershot, Hants: Scolar Press, 1993), 특히 pp. 54~80. Peach and Thomas, eds., *The Correspondence of Richard Price*, 제1권에 수록된 J. D. van der Capellen, 1777년 12월 14일의 편지, p. 262.

14   *Civil Liberty Asserted, and the Rights of the Subject Defended, against The Anarchical Principles of the Reverend Or. Price. In which his Sophistical Reasonings, Dangerous Tenets, and Principles of False Patriotism, contained*

in his Observations on Civil Liberty, &c. are Exposed and Refuted. In a Letter to a Gentleman in the Country. By a Friend to the Rights of the Constitution(London: J. Wilkie, 1776), 인용문 pp. 38~39. 프라이스의 반대자들은 보편적 권리의 존재를 반드시 부정하지는 않았다. 가끔 그들은 의회나 대영제국과 식민지들 간의 관계에 대한 프라이스의 특정 의견에 반대했을 뿐이다. *The Honor of Parliament and the Justice of the Nation Vindicated. In a Reply to Dr. Price's Observations on the Nature of Civil Liberty*(London: W. Davis, 1776)는 "인류의 자연권"the natural rights of mankind이라는 표현을 전적으로 호의적인 의미로 사용했다. 이와 유사하게 *Experience preferable to Theory. An Answer to Dr. Price's Observations on the Nature of Civil Liberty, and the Justice and Policy of the War with America*(London: T. Payne, 1776)는 "인간 본성의 권리"the rights of human nature(p. 3) 또는 "인간성의 권리"the rights of humanity(p. 5)에 대해 거침없이 언급한다.

15   필머의 그로티우스에 대한 장황한 반박이 발견되는 사료는 그의 『자유 영지 소유자의 대배심, 우리의 주군과 그분의 최고법원에 대하여*The Free-holders Grand Inquest, Touching Our Sovereign Lord the King and his Parliament*』(London, 1679)에 수록된「정부와 기원에 관한 고찰」Observations concerning the Original of Government이다. 그는 자신의 입장을 요약한다. "나는 여기서 모든 사물이 지닌 자연적 자유와 공동성의 원리를 수호하는 데 수반되는 절망적인 난관에 대해 간단히 밝혔다. 반대로 우리가 아담의 자연적이고 사적인 소유권이 모든 정부와 재산의 원천이라고 주장한다면, 이들과 더 많은 부조리함이 쉽게 제거될 것이다."—p. 58. *Patriarchal: Or the Natural Power of Kings*(London: R. Chiswel, et al., 1685), 특히. pp. 1~24.

16   Charles Warren Everett, ed., *A comment on the Commentaries: A Criticism of William Blackstone's Commentaries on the Laws of England by Jeremy Bentham*(Oxford: Clarendon Press, 1928), 인용문 pp. 37~38. "Nonsense upon Stilts, or Pandora's Box Opened, or The French Declaration of Rights prefixed to the Constitution of 1791 Laid Open and Exposed," Philip Schofield, Catherine Pease-Watkin, and Cyprian Blamires, eds., *The Collected Works of Jeremy Bentham. Rights, Representation, and Reform: Nonsense upon Stilts and Other Writings on the French Revolution*(Oxford: Clarendon Press,2002), pp. 319~75에 재인쇄됨, 인용문 p. 330. 1795년에 쓰인 팸플릿은 1816년까지(프랑스에서) 그리고 1824년까지(영국에서) 출간되지 않았다.

17   뒤 퐁은 개인의 상호적인 의무를 강조한다. Eugène Daire, ed., *Physiocrates. Quesnay, Dupont de Nemours, Mercier de la Rivière, l'Abbé Baudeau, Le Trosne*(Paris: Librarie de Guillaumin, 1846)에 수록된 Pierre du Pont de Nemours, *De l'Origine et des progrès d'une science nouvelle*(1768), pp. 335~366, 인용문 p. 342.

18 "거의 잊혀진" 독립 선언에 대해서는 Maier, *American Scripture*, pp. 160~70 참조.

19 "인간성"이라는 표현의 남용을 비판하는 루소의 편지는 R. A. Leigh, ed., *Correspondance complète de Jean Jacques Rousseau*, vol. 27, Janvier 1769~Avril 1770(Oxford: Voltaire Foundation, 1980), p. 15(루소가 1769년 1월 15일 로렝 아이몽 드 프랑쿼에르Laurent Aymon de Franquiéres에게 보낸 편지)에서 찾을 수 있음. 필자는 이에 대해 연구한 멜리사 벌렛Melissa Verlet에게 감사한다. 프랭클린에 대한 그리고 그가 미국인을 변호한 것에 대한 루소의 인지에 관해서는 Leigh, ed., *Correspondence complète*, vol. 40, Janvier 1775~Juillet 1778, pp. 258~263에 나오는 1776년 8월 6일자의 토머스 벤틀리 Thomas Bentley의 언급을 참조. "……그가 말한 미국인들은 그들의 자유가 모호하거나 미지의 것이라는 이유로 그 자유를 수호하는 데 적은 권리를 갖지는 않는다." p. 259. 루소를 방문한 사람이 제공한 이 같은 언급과는 달리, 1775년부터 그의 사망시까지 루소 자신의 편지에는 미국의 사건에 대한 언급이 전혀 나타나지 않는다.

20 Elise Marienstras and Naomi Wulf, "French Translations and Reception of the Declaration of Independence," *Journal of American History*, 85(1999), pp. 1299~1324. Joyce Appleby, "America as a Model for the Radical French Reformers of 1789," *William and Mary Quarterly*, 3rd ser., vol. 28, no. 2(1971년 4월), pp. 267~286.

21 이들 표현의 사용은 *Archives parlementaires*, 1: 711; 2: 57,139, 348, 383; 3: 256, 348, 662, 666, 740; 4: 668; 5: 391, 545 참조. 『의회 기록집』의 최초 6권에는 남아 있는 수천 개의 불만 목록 중 선별된 것만 담겨 있다. 편집자들은 많은 "일반" 목록을 포함시켰고(전 지역의 귀족 신분, 성직자 신분, 그리고 제3신분의 목록들) 이들 중 예비 단계의 것은 별로 없다. 필자는 이에 대해 연구한 수전 모크베리Susan Mokhberi에게 감사한다. 불만 목록에 대한 대부분의 내용 분석들은 스캐닝과 전자 매체 검색이 불가능하던 시기에 착수되었으므로 저자들의 특수한 이해와 이전에 사용하던 다소 어설픈 방법을 반영한다. Gilbert Shapiro and John Markoff, *Revolutionary Demands: A Content Analysis of the Cahiers de Doléances of 1789*(Stanford: Stanford University Press, 1998).

22 *Archives parlementaires*, 2: 348; 5: 238. Beatrice Fry Hyslop, *French Nationalism in 1789 According to the General Cahiers*(New York: Columbia University Press, 1934), pp. 90~97. Stéphane Rials, *La Déclaration des droits de l'homme et du citoyen*(Paris: Hachette, 1989). 다소 실망스러운 논고로는 Gérard Chinéa, ed., *Les Droits de l'homme et la conquête des libertés: Des Lumières aux révolutions de 1848*(Grenoble: Presses Universitaires de Grenoble, 1988)에 수록된 Claude Courvoisier, "Les droits de l'homme dans les cahiers de doléances," pp.44~49.

23 *Archives parlementaires*, 8:135, 217.

24 Julian P. Boyd, ed., *The Papers of Thomas Jefferson*, 31 vols.(Princeton: Princeton University Press, 1950~), vol. 15: *March 27, 1789, to November 30, 1789*(1958), pp. 266~269. 다양한 프로젝트의 제목에 대해서는 Antoine de Baecque, ed., *L'An I des droits de l'homme*(Paris: Presses du CNRS, 1988) 참조. de Baecque는 이 논쟁의 본질적인 배경을 설명한다.

25 생테티엔느의 인용문은 de Baecque의 저작에서 재인용. *L'An I*, p. 138. 선언의 필요성에 대한 관점의 변모를 설명하는 어려움에 관해서는 Timothy Tackett, *Becoming a Revolutionary: The Deputies of the French National Assembly and the Emergence of a Revolutionary Culture*(1789~1790)(Princeton: Princeton University Press, 1996), p. 183 참조.

26 1789년 8월 1일 국민의회 개회는 *Archives parlementaires*, 8: 320.

27 4개의 선언의 필요성이 1789년 7월 9일 헌법위원회가 제공한 "요약"에 언급된 *Archives parlementaires*, 8:817.

28 D. O. Thomas, ed., *Richard Price: Political Writings*(Cambridge: Cambridge University Press, 1991), pp. 119, 195에서 재인용.

29 『인간의 권리』에 나오는 구절은 다음에서 찾을 수 있음. "Hypertext on American History from the colonial period until Modern Times," Department of Humanities Computing, University of Groningen, the Netherlands, http://odur.let.rug.nl/~usa/D/1776-1800/paine/ROM/rofm04.htm(2005년 7월 13일 의뢰). 버크의 구절은 다음에서 찾을 수 있다. www.bartleby.com/24/3/6.html(2006년 4월 7일).

30 영어판 제목에 대해서는 위의 주 12 참조. 1770년대에 권리라는 용어를 사용한 영어판 제목의 수는 109번으로, 1760년대보다는 훨씬 높았으나 아직은 1790년대의 4분의 1에 불과했다. 네덜란드어판 제목은 네덜란드의 축약 제목 편람에서 찾을 수 있음. 페인Paine의 독역판에 대해서는 Hans Arnold, "Die Aufnahme von Thomas Paines Schriften in Deutschland," *PMLA*, 72(1959), pp. 365~386. 제퍼슨파의 이념에 대해서는 Matthew Schoenbachler, "Republicanism in the Age of Democratic Revolution: The Democratic-Republican Societies of the 1790s," *Journal of the Early Republic*, 18(1998), pp. 237~61. 울스톤크래프트가 미합중국에 끼친 영향에 대해서는 Rosemarie Zagarri, "The Rights of Man and Woman in Post-Revolutionary America," *William and Mary Quarterly*, 3rd ser., vol. 55, no. 2(1998년 4월), pp. 203~230 참조.

31 1789년 9월 10일의 토론은 *Archives parlementaires*, 8:608 참조. 최종 토론과 구절에 대해서는 같은 문헌, 9:386~387, 392~396. 신생 형법을 둘러싼 정치에 대해 최상의 저작으로는 Roberto Martucci, La Costituente ed il problema penale in Francia,

1789~1791(Milan : Giuffre, 1984). Martucci는 7인위원회가 형법위원회가 되었음을 보여준다.

32 *Archives parlementaires*, 9 : 394~396(최종 법령) 그리고 9 : 213~217(봉 알베르 브리우아 드 보메Bon Albert Briois de Beaumetz가 제공한 위원회에 대한 보고). 최종 법령의 제24조는 원래의 제23조를 약간 수정한 것으로 9월 29일 위원회가 제출했다. 이와 더불어 Edmond Seligman, *La Justice en France pendant la Révolution*, 2vols.(Paris : Librairie Plon, 1913), vol. 1, pp. 197~204 참조. 위원회가 사용한 언어는 계몽주의적 "인도주의"humanitarianism가 의원들을 고취시켰다는 배리 샤피로 Berry M. Shapiro의 견해를 공고화한다. Shapiro, *Revolutionary Justice in Paris, 1789~1790*(Cambridge : Cambridge University Press 1993).

33 *Archives parlementaires*, 26 : 319~332.

34 같은 문헌, 26 : 323. 언론은 거의 전적으로 사형제의 문제에 집중했다. 그러나 일부는 낙인찍는 형벌의 철폐를 옹호하는 글을 실었다. 사형제에 대한 가장 떠들썩한 반대자는 루이 푸르동Louis Prudhomme이었다. *Révolutions de Paris*, 98(1791년 5월 21~28일), pp. 321~327, 99(1791년 5월 28일~6월 4일), pp. 365~470. 프루동은 베카리아를 지지하며 인용했다.

35 형법전 문서는 *Archives parlementaires*, 31 : 326~339에서 찾을 수 있다(1791년 9월 25일 회의).

36 Ibid., 26 : 325

37 라크르텔은 자신이 출간한 비평문에서 로베스피에르의 다음과 같은 말을 동의하면서 인용한다. "막시밀리앙 로베스피에르가 메츠대학에서 2등상을 수상한 논문에 관하여Sur le discours qui avait obtenu un second prix à l'Académie de Metz, par Maximilien Robespierre)," Pierre-Louis Lacretelle, *Oeuvres*, 6vols.(Paris : Bossange, 1823~1824), vol. 3, pp. 315~34, 인용문 pp. 321. 라크르텔 자신의 글은 vol. 3, pp. 205~314 참조. 이와 함께 Joseph I. Shulim, "The Youth Robespierre and His Ambivalence Toward the Ancien Régime," *Eighteenth-Century Studies*, 5(1972년 봄), pp. 398~420. 필자는 형사재판제도에서 명예의 중요성에 관해 다음 논문에서 시사점을 얻었다. Gene Ogle, "Policing Saint Domingue : Race, Violence, and Honor in an Old Regime Colony" PhD diss., University of Pennsylvania, 2003.

38 프랑스 왕립학술원의 사전에 나오는 명예에 대한 정의는 ARTFL에서 찾을 수 있다. http://colet.uchicago.edu/cgi-bin/dicolloo.pl?strippedhw=honneur.

39 Louis Ducros ed., Sébastein-Roch-Nicolas Chamfort, *Maximes et pensées, anecdotes et caractères*(1794; Paris : Larousse, 1928), p. 27. Eve Katz, "Chamfort," *Yale French Studies*, No. 40(1968), pp. 32~46.

4. 그것은 끝이 없을 것이다

1   *Archives parlementaires*, 10 : 693~694, 754~757. 배우들에 대해서는 Paul
    Friedland, *Political Actors : Representative Bodies and Theatricality in the
    Age of the French Revolution*(Ithaca, NY : Cornell University Press, 2002), 특히 pp.
    215~27 참조.

2   Joan R. Gundersen, "Independence, Citizenship, and the American
    Revolution," Signs : Journal of Women in Culture and Society, 13(1987), 특히 pp.
    63~64에서 재인용.

3   1789년 7월 20~21일 시에예스는 그의 "인간과 시민의 권리에 대한 이성적인 숙고와 해설"
    Reconnaissance et exposition raisonnée des droits de l'homme et du citoyen을
    헌법위원회에서 읽었다. 이 문서는 『프랑스 헌법 전문*Préliminaire de la Constitution
    française*』(Paris : Baudoin, 1789)이라는 책으로 출간되었다.

4   델라웨어와 여타 13개 식민자치주에서의 투표 자격 제한에 관해서는 Patrick T. Conley
    and John P. Kaminiski, eds., *The Bill of Rights and the States : The Colonial
    and Revolutionary Origins of American Liberties*(Madison, WI : Madison House,
    1992), 특히 p. 291. 애덤스의 인용문은 Jacob Katz Cogan, "The Look Within :
    Property, Capacity, and Suffrage in Nineteenth-Century America *Yale Law
    Journal*, 107(1997), p. 477에서 재인용.

5   Antoine de Baecque, ed., *L'An I des droits de l'homme*(Paris : Presses du CNRS,
    1998), p. 165(8월 22일), pp. 174~179(8월 23일). Timothy Tackett, *Becoming a
    Revolutionary : The Deputies of the French National Assembly and the
    Emergence of a Revolutionary Culture*(1789~1790)(Princeton : Princeton University
    Press, 1996), p. 184.

6   *Archives parlmentaires*, 10(Paris, 1878), pp. 693~695.

7   Ibid. : 780, 782. 법령의 핵심 구절은 다음과 같다. "헌법상의 법령이 정한바 외에는 시
    민 자격을 부정하는 어떠한 동기도 인정할 수 없다." 개신교도에 관한 결정에 따른 반
    응에 대해서는 *Journal d'Adrein Duquesnoy, Député du tiers état de Bar-le-
    Duc sur l'Assemblée Constituante*, 2 vols.(Paris, 1894), vol. 2, p. 208 참조. 이와
    함께 Dale Van Kley, ed., *The French Idea of Freedom : The Old Regime and
    the Declaration of the Rights of 1789*(Stanford : Stanford University Press, 1994)에
    수록된 Raymond Birn, "Religious Toleration and Freedom of Expression," pp.
    265~299 참조.

8   Tackett, *Becoming a Revolutionary*, pp. 262~263. *Archives parlementaires*,
    10(Paris, 1878), p. 757.

9 Ronald Schechter, *Obstinate Hebrews: Representations of Jews in France, 1715~1815*(Berkeley: University of California Press, 2003), pp. 18~34.

10 David Feuerwerker, "Anatomie de 307 cahiers de doléances de 1789," *Annales: E. S. G.*, 20(1965), pp. 45~61.

11 *Archives parlementaires*, 11(Paris, 1880), p. 364.

12 Ibid.: 364~65; 31(Paris, 1888), p. 372.

13 클레르몽 토네르의 말은 1789년 12월 23일의 연설에 등장한다. —Ibid., 10(Paris, 1878), pp. 754~757. 일부 비평가들은 토네르의 연설을 민족공동체 안에서 종족적 차이의 인정을 거부하는 예로 삼는다. 그러나 더 적극적인 해석이 가능할 듯하다. 의원들은 모든 시민이 동일한 법과 제도 아래 살아가야 한다고 믿었다. 그래서 시민들 중 한 집단이 별도의 법정에서 재판받아서는 안 된다고 믿었다. 필자는 "유대인의 거짓 해방"을 강조하는 스킥터Schechter보다는 긍정적인 견해를 갖고 있다. 스킥터에 따르면, 1791년 9월 27일의 법령은 "단지 제한의 철폐"였을 뿐이며 그것은 "그저 한 줌의 유대인들, 즉 까다로운 조건을 충족시키는 자들의 지위"를 능동적 시민으로 변화시켰다. 유대인들에게 프랑스 시민들과 동등한 권리를 부여했다는 것은 그에게는 중요한 것 중 하나일 뿐이다. 비록 유대인들이 메릴랜드주에서는 1826년까지, 영국에서는 1858년까지 평등한 권리를 얻지 못했지만 말이다. Schlechter, Obstinate Hebrews, p. 151.

14 유대인의 청원에 대해서는 Schechter, *Obstinate Hebrews*, pp. 165~178 참조. 인용문은 p. 166; *Pétition des juifs établis en France, adressée à l'Assemblée Nationale, le 28 janvier 1790, sur l'ajournement du 24 décembre 1789*(Paris: Praul, 1790), quotes pp. 5~6, 96~97.

15 Stanley F. Chyet, "The Political Rights of Jews in the United States: 1776~1840," *American Jewish Archives*, 10(1958), pp. 14~75. 필자는 베스 웬저Beth Wenger의 도움을 받았기에 이에 감사한다.

16 미국의 경우에 대한 유용한 개관으로는 Cogan, "The Look Within" 참조. 이와 더불어 David Skillen Bogen, "The Maryland Context of Dred Scott: The Decline in the Legal Status of Maryland Free Blacks, 1776~1810," *American Journal of Legal History*, 34(1990), pp. 381~411.

17 Mémoire en faveur es gens de couleur ou sang-mélés de St.-Domingue, et des autres Iles Françoises de l'Amérique, adressé à l'Assemblée Nationale, par M. Grégoire, curé d'Emberménil, Député de Lorraine(Paris, 1789).

18 *Archives parlementaires*, 12(Paris, 1881): 71. David Geggus, "Racial Equality, Slavery, and Colonial Secession during the Constituent Assembly," *American Historical Review*, vol. 94, no. 5(1989년 12월), pp. 1290~1308.

19   Motion faite par M. Vincent Ogé, jeune à l'assemblée des colons, habitant de S.-
      Domingue, à l'hôtel Massiac, Place des Victoires(probably Paris, 1789).

20   Laurent Dubois, *Avengers of the New World: The Story of the Haitian
      Revolution*(Cambridge, MA: Belknap Press of Harvard University Press, 2004), p. 102.

21   *Archives parlementaires*, 40(Paris, 1893), p. 586, 590(Armand-Guy Kersaint,
      "Moyens proposés à l'Assemblée Nationale pour rétablir la paix et l'ordre dans les
      colonies").

22   Dubois, *Avengers of the New World*, 특히 p. 163. Décret de la Convention
      Nationale, du 16 jour de pluviôse, an second de la République française, une et
      indivisible(Paris: Imprimerie Nationale Exécutive du Louvre, Year II[1794].

23   Philip D. Curtin, "The Declaration of the Rights of Man in Saint-Domingue,
      1788~1791," *Hispanic American Historical Review*, 30(1950), pp. 157~175, 인
      용문은 p. 162. 투생에 대해서는 Dubois, *Avengers of the New World*, p. 176 참조.
      Dubois는 인간의 권리에서 노예 문제에 대한 전면적인 인식을 제공한다.

24   나폴레옹이 행한 노력의 실패에 대해서는 Dubois, *Avengers* 참조. 워즈워스의 시 「투
      생에게 바치는 서시」To Toussaint L'Ouverture(1803)는 E. de Selincourt, ed., *The
      Poetical Works of William Wordsworth*, 5 vols.(Oxford: Clarendon Press, 1940~49),
      vol. 3, pp. 112~113에 나옴. Laurent Dubois, *A Colony of Citizens: Revolution
      and Slave Emancipation in the French Caribbean*, 1787~1804(Chapel Hill:
      University of North Carolina Press, 2004), 인용문은 p. 421.

25   여성의 배제에 대한 이러한 설명은 최근에 많이 토론되고 있다. 예를 들어 매우 설득
      력 있는 논의로는 Anne Verjus, *Le Cens de la famille: Les femmes et le vote,
      1789~1848*(Paris: Belin, 2002) 참조.

26   Réflexions sur l'esclavage des nègres(Neufchâtel: Société typographique, 1781), pp.
      97~99.

27   For the references to women and Jews, see *Archives parlementaires*, 33(Paris,
      1889), pp. 363, 431~32. On views about widows, see Tackett, Becoming a
      Revolutionary, p. 105.

28   "Sur l'Admission des femmes au droit de cité," *Journal de la Société de 1789*,
      5(1790년 7월 3일), pp. 1~12.

29   콩도르세와 올랭프 드 구즈의 저작들은 Lynn Hunt, ed., *The French Revolution and
      Human Rights: A Brief Documentary History*(Boston: Bedford/St. Martin's Press,
      1996), pp. 119~121, 124~128에서 찾을 수 있음. 울스톤크래프트에 대한 반응에 관해
      서 그리고 그녀의 사상에 대한 최상의 해설로는 Barbara Taylor, *Mary Wollstonecraft*

and for the Feminist Imagination(Cambridge: Cambridge University Press, 2003) 참조.

30 피에르 귀요마Pierre Guyomar의 기고문은 *Archives parlementaires*, 63(Paris, 1903), pp. 591~599에 나옴. 1793년 4월 29일 헌법위원회 대변인은 여성의 권리 문제를 제기했고 그저 거부의 목적으로 이 사상을 지지하는 두 사람을 인용했다. 그중 한 명은 귀요마였다(pp. 561~564).

31 Lynn Hunt, *The Family Romance of the French Revolution*(Berkeley: University of California Press, 1992), 특히 p. 119.

32 Rosemarie Zagarri, "The Rights of Man and Woman in post-revolutionary America," *William and Mary Quarterly*, 3rd ser., vol. 55, no. 2(1998년 4월), pp. 203~230.

33 Zagarri, "The Rights of Man and Woman"; Carla Hesse, *The Other Enlightenment: How French Woman Became Modern*(Princeton : Princeton University Press, 2001); Suzanne Desan, *The Family on Trial in Revolutionary France*(Berkeley: University of California Press, 2004). 이와 더불어 Sarah Knott and Barbara Taylor, eds., *Women, Gender and Enlightenment*(New York: Palgrave/Macmillan, 2005) 참조.

34 "Rapport sur un ouvrage du cit. Théremin, intitulé: De la condition des femmes dans une république. Par Constance D. T. Pipelet," *Le Mois*, vol. 5, no. 14, Year VIII(Prairial 출판사가 거의 확실), pp. 228~243.

5. 인간성이라는 연성 권력

1 마치니의 인용문은 Micheline R. Ishay, *The History of Human Rights: From Ancient Times to the Globalization Era*(Berkeley and London: University of California Press, 2004), p. 137에서 재인용.

2 J. B. Morrell, "Professors Robinson and Playfair, and the 'Theophobia Gallica' : Natural Philosophy, Religion and Politics in Edinburgh, 1789~1815," *Note and Records of the Royal Society of London*, vol. 26, no. 1(1971년 6월), pp. 43~63, 인용문은 pp. 47~48.

3 Louis de Bonal, *Législation primitive*(Paris: Le Clere, Year VI-1802), 인용문은 p. 184. 이와 함께 Jeremy Jennings, "The Declaration des droits de l'homme et du citoyen and Its Critics in France: Reaction and Ideologie," *Historical Journal*,

vol. 35, no. 4(1992년 12월), pp. 839~859.

4   폭도 쉰더한네스Schinderhannes와 1790년대 라인 지방에서 그가 프랑스인과 유대인을 공격한 것에 대해서는 T. C. W. Blanning, *The French Revolution in Germany: Occupation and Resistance in the Rhineland, 1792~1802*(Oxford : Clarendon Press, 1983), pp. 292~299 참조.

5   J. Christopher Herold, ed., *The Mind of Napoleon*(New York : Columbia University Press, 1955), p. 73.

6   Laurent Dubois and John D. Garrigus, eds., *Slave Revolution in the Caribbean, 1789~1804 : A brief History with Documents*(Boston : Bedford/St. Martin's, 2006), 인용문 p. 176.

7   Germaine de Staël, *Considérations sur la Révolution Française*(1817; Paris : Charpentier, 1862), p. 152.

8   Simon Collier, "Nationality, Nationalism, and Supranationalism in the Writings of Simon Bolivar," *Hispanic American Historical Review*, vol. 63, no. 1(1983년 2월), pp. 37~64, 인용문 p. 41.

9   Hans Kohn, "Father Jahn's Nationalism," *Review of Politics*, vol. 11, no. 4(1949년 10월), pp. 419~32, 인용문 p. 428.

10   Thomas W. Laqueur, *Making Sex : Body and Gender from the Greeks to Freud*(Cambridge, MA : Harvard University Press, 1990).

11   프랑스의 혁명적 관점에 대해서는 Lynn Hunt, *The Family Romance of the French Revolution*(Berkeley : University of California Press, 1992), 특히 pp. 119, 157 참조.

12   밀의 문헌은 www.constitution.org/jsm/women.htm에서 찾을 수 있다. 브랜다이스에 대해서는 Susan Moller Okin, *Women in Western Political Thought*(Princeton : Princeton University Press, 1979), 특히 p. 256 참조.

13   퀴비에와 더 일반적인 사안에 대해서는 George W. Stocking, Jr., "French Anthropology in 1800," *Isis*, vol. 55, no. 2(1964년 6월), pp. 134~150 참조.

14   Arthur de Gobineau, *Essai sur l'inégalité des races humaines*, 2nd edn.(Paris : Firmin-Didot, 1884), 2 vols., 인용문은 vol. 1, p. 216. Michael D. Biddiss, *Father of Racist Ideology : The Social and Political Thought of Count Gobineau*(London : Weidenfeld & Nicolson, 1970), 인용문 p. 113; 이와 함께 아리안 혈통에 기초한 문명들에 대해서는 pp. 122~123 참조.

15   Michael D. Biddiss, "Prophecy and Pragmatism : Gobineau's Confrontation with Tocqueville," *The Historical Journal*, vol. 13, no. 4(1970년 12월), pp. 611~633, 인

용문 p. 626.

16 Herbert H. Odom, "Generalization on Race in Nineteenth-Century Physical Anthropology," *Isis*, vol. 58, no. 1(1967년 봄), pp. 4~18, 인용문 p. 8. 미국에서 이루어진 고비노 저작의 번역에 대해서는 Michelle M. Wright, "Nigger Peasants from France: Missing Translations of American Anxieties on Race and the Nation," *Callaloo*, vol. 22, no. 4(1999년 가을), pp. 831~852 참조.

17 Biddiss, "Prophecy and Pragmatism." p. 625.

18 Jennifer Pitts, *A Turn to Empire: The Rise of Imperial Liberalism in Britain and France*(Princeton: Princeton University Press, 2005), p. 139. Patrick Brantlinger, "Victorians and Africans: The Genealogy of the Myth of the Dark Continent," *Critical Inquiry*, vol. 12, no. 1(1985년 가을), pp. 166~203, 인용문은 Burton, p. 179. 이와 함께 Nancy Stepan, *The Idea of Race Science: Great Britain, 1800~1960*(Hamden, CT: Archon Books, 1982), William H. Schneider, *An Empire for the Masses: The French Popular Image of Africa, 1870~190*(Westport, CT: Greenwood Press, 1982).

19 Paul A. Fortier, "Gobineau and German Racism." *Comparative Literature*, vol. 19, no. 4(1967년 가을), pp. 341~350. Chamberlain, 인용문은 www.hschamberlain. net/grundlagen/division2_chapter.html에서 재인용.

20 Robert C. Bowles, "The Reaction of Charles Fourier to the French Revolution." *French Historical Studies*, vol. 1, no. 3(1960년 봄), pp. 348~356, 인용문 p. 352.

21 Aaron Noland, "Individualism in Jean Jaurès' Socialist Thought," *Journal of the History of Ideas*, vol. 22, no. 1(1961년 1~3월), pp. 63~80, 인용문 p. 75. 빈번한 권리 환기와 선언에 대한 조레스의 찬양에 관해서는 www.lib.uchicago.edu/efts/ ARTFL/databases/TLF/에 프랑스어 원본이 수록되어 있는 Jean Jaurès, *Etudes socialistes*(Paris: Ollendorff, 1902) 참조. 조레스의 주요 적수인 쥘 게드Jules Guesde 가 인용된 것으로는 Ignacio Walker, "Democratic Socialism in Comparative Perspective," *Comparative Politics*, vol. 23, no. 4(1991년 7월), pp. 439~458, 인용문은 p. 441.

22 Robert C. Tucker, *The Marx-Engels Reader*, 2nd edn.(New York: W. W. Norton, 1978), pp. 43~46.

23 www.marxiste.org/archive/lenin/works/1917/staterev.ch05.htm#s4에 수록된 Vladimir Lenin, *The State and Revolution*(1918) 참조.

24 헌장의 규정 조건은 Jan Herman Burgers, "The Road to San Francisco: The Revival of the Human Rights Idea in the Twentieth Century," *Human Rights*

Quarterly, vol. 14, no. 4(1992년 11월), pp. 447~477.

25   헌장의 규정 조건은 Ishay, *The History of Human Rights*, p. 216에서 재인용. 「세
     계 인권 선언」의 역사에 대한 핵심 문헌으로는 Mary Ann Glendon, *A World Made
     New: Eleanor Roosevelt and the Universal Declaration of Human Rights*(New
     York: Random House, 2001).

26   Douglas H. Maynard, "The World's Anti-Slavery Convention of 1840,"
     Mississippi Valley Historical Review, vol. 47, no. 3(1960년 12월), pp. 452~471.

27   Michla Pomerance, "The United States and Self-Determination: Perspectives
     on the Wilsonian Conception," *American Journal of International Law*, vol.
     70, no. 1(1976년 1월), pp. 1~27, 인용문 p. 2. Marika Sherwood, "'There Is No New
     Deal for the Blackman in San Francisco': African Attempts to Influence the
     Founding Conference of the United Nations, April~July, 1945," *International
     Journal of African Historical Studies*, vol. 29, no. 1(1996), pp. 71~94. A. W.
     Brian Simpson, *Human Rights and the End of Empire: Britain and the Genesis
     of the European Convention*(London: Oxford University Press, 2001), 특히 pp.
     175~183.

28   Manfred Spieker, "How the Eurocommunists Interpret Democracy," *Review of
     Politics*, vol. 42, no. 4(1980년 10월), pp. 427~464. John Quigley, "Human Rights
     Study in Soviet Academia," *Human Rights Quarterly*, vol. 11, no. 3(1989년 8월),
     pp. 452~458.

29   Kenneth Cmiel, "The Recent History of Human Rights," *American Historical
     Review*(2004년 2월), www.historycooperative.org/journals/ahr/109.1/cmiel.
     html(2006년 4월 3일)

30   Edward Peters, *Torture*(Philadelphia: University of Pennsylvania Press, 1985), p. 125.

31   Christopher R. Browning, *Ordinary Men: Reserve Police Battalion 101 and
     the final Solution In Poland*(New York: HarperCollins, 1992).

32   위선적인 사례는 『도덕 감정론』 제3부, 제3장에서 찾을 수 있으며 다음에 수록되어 있다.
     www.adamsmith.org/smith/tms/tms-p3-c3a.htm.

33   Jerome J. Shestack, "The Philosophic Foundations of Human Rights," *Human
     Rights Quarterly*, vol. 20, no. 2(1998년 5월), pp. 201~234, 인용문 p. 206.

34   Karen Halttunen, "Humanitarianism and the Pornography of Pain in Anglo-
     American Culture," *American Historical Review*, vol. 100, no. 2(1995년 4월), pp.
     303~334. Sade에 대해서는 Hunt, *The Family Romance*, 특히 pp. 124~150.

35   Carolyn J. Dean, The Fragility of Empathy After the Holocaust(Ithaca, NY:
     Cornell University Press, 2004).

한국의 독자들에게[*]

인권을 다룬 내 책의 한국어판이 출간된다는 소식을 접하니 마음이 설렌다. 나는 이 책에서 18세기 유럽과 미합중국 인권의 기원을 설명하려 했지만, 인권의 초기 역사는 여전히 중요하다. '자연권'과 '인간의 권리'는 18세기 인권운동의 표어가 되었고, 그 영향력은 19세기와 20세기까지 지속되었다. 유엔의 「세계 인권 선언」(1948) 제1조는 1789년 프랑스의 「인간과 시민의 권리 선언」과 유사하다. "모든 인간은 태어날 때부터 자유롭고, 존엄성과 권리에 있어 평등하다." 1789년의 「인간과 시민의 권리 선언」 제1조는 다음과 같다. "인간은 자유롭게, 그리고 권리에 있어 평등하게 태어나 존재한다."

두 선언에 나타난 어법의 차이는, 18세기의 '인간$_{men}$'(남성)이 자주 '인

---

*『인권의 발명』 한국어 초판(돌베개, 2009)에 실린 글

류mankind'나 '인간human being'이라는 뜻으로 쓰였음에도, 사소하지 않다. 프랑스의 인권 선언 이후 여성의 권리에 대한 부단한 투쟁이 시작되었기 때문이다. 1789년, 남성들이 권리의 자유와 평등을 선언하자 더 보편적인 권리에 대한 토론이 이어졌다. 과연 '남성들'에는 개신교도와 유대인, 구교도가 포함되는가? 배우와 사형집행인도 평등한 권리를 얻을 것인가? 과거 그들은 직업적으로 천대받았기 때문에 권리를 얻을 수 없었다. 배우는 남을 흉내내고, 사형집행인은 살인자라는 이유에서였다. 만약 '남성들'이 평등하게 태어난다면 과연 무산자가 제외되는 게 옳은가? 프랑스가 카리브해 지역에 주요 식민지를 두었기 때문에 자유 신분 흑인의 지위, 심지어는 노예의 지위마저 토론석상에 올랐다. 이 모든 남성들은 프랑스혁명을 거쳐 권리를 획득했으나(미국혁명 때는 불가능했다) 여성은 결코 그렇지 못했다. 이 책에서 나는 권리 선언의 불도저 같은 효력 — 한 집단에이어 다른 집단이 권리를 요구하고 획득하는 — 을 재평가하면서, 왜 여성의 권리가 그처럼 골치 아픈 이슈가 되었는지, 왜 여성은 프랑스 백인 유산계층 여성보다 사회적 지위가 낮은 것으로 간주되던 유대인, 무산자, 노예들과 동시에 권리를 획득하지 못했는지를 설명하려 한다.

　인권에 대한 나의 주장은 자율성과 공감이라는 두 가지 결정적인 특성 주위를 맴돈다. 권리는 자율적인 인격을 가정하여 실행된다(18세기에 여성, 아동, 정신병자, 하인은 모두 자율성이 없다고 간주되었다). 그러나 자율성만으로는 충분치 않다. 사람들은 만민평등사상을 받아들여야 했고, 내가 파악하기에 계급, 인종 그리고 궁극적으로는 성별의 구분을 뛰어넘어 공감하는 법을 배움으로써 이를 성취했다. 자율성과 공감이라는 특성은 특히 한국의 독자들에게 시사하는 바가 클 것이다. 한국인들은 20세기

초 오랜 일제 강점기를 견뎌냈고(그래서 민족적 자립성을 빼앗겼고) 지금도 민족 분단이 초래한 난관들에 봉착해 있다. 그럼에도 한국의 역사는 자율성이―따라서 권리가―영원히 부정될 수는 없다는 점을 보여준다.

계급, 인종, 성별의 구분을 넘어 공감하는 법을 배우는 것은 오늘날에도 여전히 쉽지 않을뿐더러 완수되기에는 아직 멀었다. 18세기 서한소설(허구의 서신 교환)의 등장은 새로운 공감을 확산시키는 데 결정적인 역할을 했다. 서한소설은 독자들로 하여금 자신을 주인공과 동일시하도록 만들었다. 주인공들은 대개 사랑에 빠지고 결혼을 결심해야 하는 상황에서 어려움을 겪는 소녀들이었다. 남성과 여성, 장교와 지식인은 열정적으로 파멜라, 클라리사, 쥘리―새뮤얼 리처드슨의 가장 유명한 소설 둘과 그것을 모방한 장 자크 루소의 베스트셀러 소설 주인공들의 이름―와 돈독한 관계를 맺었다. 이후 소설은 더이상 그만한 영향력을 발휘하지 못했지만(이에 필적할 만한 사례가 있기는 하지만) 다른 매체의 경우는 사정이 다르다. 오늘날 TV 시청자와 영화 관람객들은 자신들이 좋아하는 드라마에 등장하는 남녀 스타들을 그 같은 방식으로 추종한다. 예컨대 미국에서는 힐러리 클린턴이나 버락 오바마가 미합중국 대통령의 민주당 후보 자리를 놓고 격돌하기 이전부터 TV와 영화에 여성 혹은 흑인 대통령이 등장했다. 허구적 매체는 대부분의 사람들이 이를 현실로 받아들이기 전부터 새로운 문화적 대안을 제시한다. 잘은 모르지만 오늘날 한국에도 이에 상응하는 것이 분명 있을 것이다.

공감은 또한 18세기 말, 사법적 고문이 폐지되는 데 결정적 구실을 했다. 법률가들은 부당하게 기소된 피해자들의 고통을 다룬 가슴 아픈 이야기를 법정 제출용 적요서나 청원서에 자주 담았으나 고문 철폐는 또다른 무언가를 요구했다. 바로 고통을 이해하는 일에서의 근본적 변화이다. 계몽주의 개혁가들은 고통이 진실을 드러낼 수 없으며 개인의 고통은 범죄로 상처받은 사회를 치유하는 데 도움이 안 된다고 확신했다. 고문을 통한 고통의 부과는 죄를 자백받기 위한 것이든, 공범의 이름을 실토하게 하기 위한 것이든 별 효력이 없었다. 왜냐하면 약한 자는 자신이 저지르지도 않은 범죄를 자백하는 반면, 강한 자는 이를 견뎌낼 수 있기 때문이다. 잔혹한 형벌을 통한 고통의 부과—'차형車刑'이 살인에 대한 일반적인 형벌이었다—는 공동체에 전혀 기여하지 못했다. 그 고통을 지켜보는 사람들로 하여금 자신의 공동체를 더욱 잔혹하게 만들 뿐이었다. 따라서 고문과 형벌은 노동을 통한 복권과 배상이라는 관념에 길을 내주게 되었다. 정말로 그러한가에 대해서는 실은 의구심이 들지만 고문과 잔혹한 형벌로의 퇴행은 불가능해 보인다. 심지어 부시 정권이 사법적으로 고문을 되살리려 할 때조차도, 고문 자체가 아니라 '준엄한 심문 방법'을 도입하자고 주장하는 데 그쳤다. 미국에서 자행된 고문에 대한 최근 토론은 18세기에 등장했던 모든 논점을 부활시켰다. 고문은 과연 효과가 있는가? 그것은 고문자를 잔인하게 만들지는 않을까? 고문은 인간의 존엄성 자체에 대한 공격이므로, 근본적인 인권의 위반으로 보아야 하지 않을까? 18세기에 격론을 불러일으킨 문제는 오늘날에도 그 의의를 잃지 않았다.

1940년대 중반에 탄생한 「세계 인권 선언」을 둘러싼 토론은 새로운 질문을 의제에 올렸다. 인권이라는 개념은 서구적인가, 아니면 진정으로 보편적인가? 그것은 다른 문화권, 다른 시대, 다른 장소에서도 그 뿌리를 찾을 수 있는가? 확실히 인권 개념의 뿌리는 더 보편적이다. 나는 이 책에서 18세기 서구에서의 논의에 집중했다. 왜냐하면 그것이 영향력이 컸기 때문이며, 이와 관련된 프랑스, 영국, 미국에서의 담론을 연구하는 것만 해도 이미 한 연구자에게 큰 부담을 안겨주고 있기 때문이다. 아직 남아 있는 과제는 많다. 다른 연구자들이 내 책을 계기로 다른 시대와 장소를 다루게 된다면 매우 기쁠 것이다.

2009년 5월 로스앤젤레스에서
린 헌트

옮긴이의 말[*]

이 책은 린 헌트Lynn Hunt UCLA 역사학과 교수의 *Inventing Human Rights: A History*(W. W. Norton & Company, New York and London, 2007)를 완역한 것이다. 저자는 미국 역사학회장을 역임하고 프랑스 혁명사 분야의 새로운 연구 경향을 이끌어온 권위 있는 역사가이다. 그녀의 학문적 지향은 국내에도 『프랑스혁명의 가족 로망스』 등의 저서 및 편저 일부가 번역·소개되어 비교적 잘 알려져 있다. 그녀의 대표적 편저의 제목에 따라 자주 '신문화사the new cultural history'로 분류되는 연구들은 거대한 혁명과는 일견 무관해 보이는 일상의 흐름 속에서 혁명의 정치문화가 생성되고 뿌리내리는 방식을 규명했다. 일상의 정치성에 착안함으로써 그녀는 기념비적인 정치적 사건이나 거시적 체제변화보다는 언어를

*『인권의 발명』 한국어 초판(돌베개, 2009)에 실린 글

위시한 각종 상징적 형태의 실천들에 주목했다. 이들에 주목하는 것은 일상성의 베일에 오래도록 가려져온 절반의 인류, 즉 여성을 정치문화적 실천의 주체로 새롭게 부각시키려는 의도에서 비롯된다. 저자가 추구하는 새로운 문화사는 이처럼 새로운 관점의 역사이다. 이는 문화적 소재들을 고립된 대상으로 연구하던 종래의 문화사 연구와는 결을 달리한다.

이 책은 저자가 이제까지의 역사연구를 통해 쌓아온 경험과 지식 그리고 방법을 '인권'이라는 시사적 주제에 적용한 결과이다. 소위 '자유민주주의' 세계의 신앙이라 할 수 있는 인권 사상은 그 현실적 비중에 비해 엄밀한 역사학적 연구가 부족한 상태이다. 이 책은 그리 많은 분량이 아님에도 인권의 오랜 역사를 한 권에 담았다. 그러나 책의 부제가 암시하듯이, 인권의 전 역사를 개괄한 것은 아니고, 인권이라는 관념과 실천을 역사 속에 자리매김―'역사화'―하는 데 주력했다. 이 책은 저자가 기존의 연구들에서 추구했던 학문적 지향성을 축약된 형태로, 그럼에도 한층 구체성을 띠고 보여준다. 여기서 인권은 뚜렷이 정의될 수 있는 사상이 아니라 특별한 감정을 불러일으키는 언어로 취급된다. "인간의 권리"라는 말이 갖는 "부적과도 같은 효과"를 이해하기 위해 소설과 정치 팸플릿을 포함하는 각종 책들, 초상화나 풍속화 혹은 시구詩句의 이미지들, 매너와 제스처, 심지어 관상학과 수상술 같은 관행들까지 일반인들의 반응과 수행성을 중심으로 추적되고, 또한 고문철폐 등 법률적 사안에 대한 논쟁, 몸에 대한 지각의 변화, 식민지 피지배자들의 절규 등이 파노라마처럼 펼쳐진다. 이 책을 이루고 있는 이와 같은 내용들은 역사가 린 헌트가 그간 오래도록 추구해온 담론사, 책의 문화사, 심리사, 이미지의 역사, 몸의 역사, 그리고 정치문화사의 궤적을 담고 있다. 이러한 측면은 이 책의 장점인 동시에 단점일 수 있다. 이 책에서 종래의 인권론이 충분히 제공해주지 못하던 역사적 맥락을 얻고자 한다면 만족스러울 것이나 곧바로 실천적 전망을 얻고자 하는 독자라면 다소 실망할 수도 있다.

인권이 18세기 서구의 발명품이라는 기본 논지로부터 이 책은 출발한다. 이 가정은 그 자체로는 별로 새로울 바 없지만 그것을 새로운 경험과 감정, 그리고 정치문화적 실천과 결부하여 해명한 점이 이 책의 고유한 성과이다. 1789년 프랑스 국민의회는 「인간과 시민의 권리 선언」 제1조에서 "인간은 자유롭게, 그리고 권리에 있어 평등하게 태어나 존재한다"고 주장했다. 이 주장은 과연 합당한가? 이 책의 저자에게 이 주장의 옳고 그름은 그다지 중요치 않아 보인다. 그보다 중요한 점은 경험적으로는 입증하기 힘든 이 주장이 당대의 사람들에게는 "자명하게" 여겨졌다는 사실이다. 저자는 자명성의 요구야말로 인권의 역사에서 핵심적이라고 본다. 여기에는 개인 마음의 변화가 연루된다. 어디선가부터 새로운 감정이 샘처럼 솟아나 "개인은 자신의 신체를 소유하고 그것의 분리와 불가침성의 권리를 갖고 다른 사람들에게 그들 자신에게서와 같은 열정, 감성, 그리고 동정심을 인정해주었다".

저자는 개인의 도덕적 자율성이라는 의식과 타인에 대한 상상력이야말로 인권이라는 추상적 관념을 자명하게 받아들이게 한 감정적 원천이라고 설명한다. 우선 인간이 인간이라는 이유만으로 권리를 부여받으려면 각자가 스스로 도덕적 판단을 행할 수 있는 분리된 개인들로 지각되어야 했다. 이를 위해서는 개인이 공동체로부터 자신을 떼어내어 법적으로나 심리적으로 독립적인 주체가 되어야 했고, 이와 더불어 자기 신체를 완결적인 것으로 느끼면서 다른 신체와 명확히 분리할 수 있어야 했다. 소설 읽기나 초상화 주문에서 명시적 표현을 얻은 하나의 개체로서의 인격, 즉 단독적이고, 분리되고, 특별하고, 독창적인 개인이라는 관념은 이에 불가피하게 수반되는 딜레마를 해결해야 했다: 개인의 권리가 중요하다면 공동체는 그저 포기되어야 마땅한가? 그렇지는 않다. 인간 신체의 자기완결성에 대한 의식은 신체에 대한 부당한 침해를 참을 수 없게 만들었고 이러한 원칙은 자신에 대해서만이 아니라 타인에 대해서도 고스란히 적용될 수 있었다. 각자의 몸은 동등하게 소중하다. 그것은 같은 "골질"로 이루어져 있다. 따라서 잔혹한 형벌은 나에게서와 하등 다를 바 없는 고통을 타인에게도 줄 것이다. 이처럼 자율적이지만 타인에게 '공감empathy'—18세기의 용어로는 '동정 sympathy'—할 능력을 갖춘 개인들의 존재야말로 공동체에 도덕적 자양분을 제공할 수 있을 것이다.

저자는 인권을 자명하다고 느끼도록 만들어준 자율성과 공감이라는 두 가지 감정적 원천이 항상 균형을 유지하지는 못했음에 주목한다. 「인간과 시민의 권리 선언」 이래 인권 신장에 걸림돌이 된 것은 후자의 결핍이었다는 것이다. 세 개의 소설 작품, 새뮤얼 리처드슨의 『파멜라』(1740)와 『클라리사』(1747~48), 장 자크 루소의 『쥘리 또는 신 엘로이즈』(1761)를 거론하며 저자는 독자들이 전통적인 사회적 경계, 즉 귀족과 평민, 주인과 하인, 남성과 여성, 그리고 성인과 아동 간의 경계마저 넘어 자신과 무관한 등장인물들과 공감하게 되었음을 밝힌다. "인권은 오직 대중들이 타인들을 근본적으로 동등하게 생각하도록 배울 때만이 번성할 수 있었다." 하지만 타인에 대한 상상력은 번번이 장애물에 막히곤 했다. 미국 「독립 선언문」의 발안자 토머스 제퍼슨은 노예소유주였고, 유럽에서 왕정과 종교적 억압, 고문을 폐지한 나폴레옹은 자국의 식민지에서 노예반란을 무참히 진압했으며, 「여성의 권리 선언」을 감행한 올랭프 드 구즈는 단두대의 이슬로 사라졌다. 인권이 보편적이라고 만방에 알렸던 당사자들이 스스로는 그다지 보편적 사고를 하지 않았음이 드러났다.

그렇다면 인권이란 철학자 제러미 벤섬이 비꼬았던 대로 "수사학적인 난센스, 호언장담의 난센스"에 불과했던가? 저자는 역사에 존재했던 세 개의 선언—미국의 「독립 선언문」(1776), 프랑스의 「인간과 시민의 권리 선언」(1789), 그리고 국제연합의 「세계 인권 선언」(1948)—이 갖는 중요성을 새삼 강조한다. 이들 선언은 전통적 사고와 역사적 배경을 무시하고 지나치게 원론적인 주장을 펼쳤기에, 프랑스 선언의 경우 영국의 보수주의자 에드먼드 버크로부터 그 "형이상학적 추상(성)"을 호되게 비난받았지만, 바로 그러한 특징으로 인해 오히려 인권의 논리가 뻗어나갈 수 있는 동력을 제공했다는 것이다. 저자는 이들 선언의 추상적 보편주의가 이전에는 상상할 수 없었던 정치적 토론의 공간을 열었다고 해석한다. 예컨대 고문과 잔혹한 형벌에 반대하는 운동은 1776년과 1789년의 선언을 통해 비로소 보편적인 인권의 대의와 결합되어 구체적인 입법 행위로 이어질 수 있었다. 저변에 존재하던 감정들이 선언을 통해 하루아침에 혁명성을 띠게 된 것이다. 새로운 권리는, 비록 그것이 곧바로 정치적 권리로 연결되지는 못했더라도 새로운 기회의 장을 열었고 그때까지 권리를 누리지 못 하던 각종 집단들은 이 기회를 잡고자 분투했다. 결국 인권이란 모 아니면 도 식의 명제는 아니었다. 저자는 "권리라는 혁명적 논리가 뿜어내는 불도저 같은 힘"을 강조한다.

새로운 권리에 고무되어 스스로를 대변하며 동등한 인정을 요구했던 집단 중 저자가 각별한 관심을 보이는 것은 다름 아닌 여성이다. 종교적 소수파, 무산자, 유대인, 흑인, 노예, 미성년자보다 여성의 권리가 더욱 늦게까지 등한시된 이유는, 저자의 시각으로는, 여성이 박해받는 소수가 아니었다는 사실에 기인한다. 그들은 수적으로 인류의 절반에 달하며 매일 매일의 삶을 함께하는 지극히 일상적인 존재로, 별로 요란한 박해를 받지 않았기에, 명확히 분리되고 구별가능한 정치적 범주로 "상상"되기가 좀처럼 힘들었다. 여성의 경우는 인권의 논리가 미리 정해져 있다기보다 그때그때의 실천 양상에 따라 상이한 역사적 과정으로 전개될 수 있다는 점을 극명하게 보여준다. 추상적 원리란 상상 여부에 따라 얼마든지 확대해석할 여지가 있기에 다양한 실천을 거치며 새로운 의미의 가능성들을 낳게 된다. "권리들은 과연 누가 그것을 가지며 그것이 무엇인지에 대한 감각이 부단히 변화하기에 문제제기에 개방적이다. 인권 혁명은 말 그대로 진행중이다."

결국 저자는 인권을 인간 존재에 주어진 자연적 본성이 아니라 오로지 실천을 통해 획득되는 역사적 산물로 파악한다. 이 책은 대서양을 건너뛴 비교사적 접근을 통해 인권을 '역사화'한다. 물론 프랑스와 영미권의 담론, 그것도 주로 18세기말~19세기 초엽의 담론들에 치우진 점은 이 책이 갖는 뚜렷한 한계이다. 비록 마지막 장에서 일종의 "연성 권력"으로서의 인권 담론을 19세기 후반부에서 현재까지의 세계사적 흐름과 결부하여 논하고는 있지만 하나의 스케치에 머물고 있을 뿐이다. 그러나 저자가 한국어판 서문에서도 밝히고 있듯이, 이 책이 다룬 범위만으로도 한 명의 역사가에게는 벅찬 일이므로 이 책은 향후의 보다 확대된 연구를 고무하는 것만으로도 충분히 가치가 있다.

향후 인권에 대한 역사연구는 이 책이 암시한 인권의 난제들에 대해

보다 면밀히 천착할 필요가 있다. 무엇보다 인권의 제반 항목들이 서로 간에 자주 충돌을 빚으며 우선순위를 다툰다는 점을 눈여겨 보아야할 것이다. 개인의 자유와 공동체적 결속은 타인과의 '공감'을 통해 이상적인 조화를 이룰 수도 있겠지만 자주 불균형을 이룬다. 각자의 프라이버시를 침범하지 않아야 한다는 강박관념은 대체로 타인에 대한 무관심을 초래하게 마련이다. 바로 이 점이 사회주의권이나 비서구세계에서 인권에 대한 저항감을 갖는 근본 이유이다. 반대의 상황도 문제다. 개인의 자유를 아예 의도적으로 말살하는 파시즘 체제는 논외로 하더라도, 서구 제국주의로부터의 해방을 추구하는 민족들도 자민족 내부의 소수 집단이나 개인의 권리를 등한시—때로는 억압—하기 쉽다. 철학자 칸트는 『영구평화론』에서 "내부에 억압이 있는 정치적 공동체는 필시 외부에 대해 공격적이 된다"고 말했다. 실제로 민족의 자주적 정체성과 고유의 문화에 대한 관심이 자민족중심주의의 덫에 걸려 세계평화의 진전을 가로막는 경우는 드물지 않게 나타났다. 이 경우 인권의 인류적 보편성을 거론하는 것이 마땅하겠으나, 달리 보면 이는 서구 계몽주의의 편견에 사로잡힌 논리로, 상충되는 가치들을 포괄하기에는 역부족이다. 역사적으로 볼 때, 인류 전체의 동질성에 대한 과장된 언사는 오히려 차이의 이데올로기를 강화하는 결과를 초래했다. 저자도 지적하고 있듯이, "인권이라는 바로 그 관념이" 인간을 기존의 법률·도덕·종교적 안전망으로부터 떼어냄으로써 "부지불식간에 보다 악의적인 형태의 성차별주의, 인종주의, 그리고 반유대주의의 포문을 열었다."

그렇다면 과연 어떻게 개인의 자율성을 잃지 않으면서도 공동의 책임성에 소홀하지 않은 보편적 이념을 정립할 수 있을까? '공감'이라는 도의

적 자세를 논하는 것만으로 충분한 것일까? 인권이란 그저 알량한 동정심에 호소하여 소수자를 피해자로, 그럼으로써 기껏해야 복지급여의 대상으로 만든다는 비판적 견해도 있다. 그러나 인권을 논하는 데 있어 결코 잊지 말아야 할 것은 인권이 개인이나 공동체적 삶을 조직하는 기술이 아니라는 점이다. 인권의 목표는 인간을 그저 행복하게 만드는 데 있지 않다. 인권은 좋은 것이나 유용한 것, 우리를 즐겁게 만드는 상태의 총칭이 아니다. 물론 인권에는 일종의 안전장치인 실정법과 이를 제정하고 실행하기 위한 정치가 연루된다. 실제로 이그나티예프Michael Ignatieff를 필두로 한 많은 학자와 정치인들은 "인권은 정치일 뿐"이라고 보기도 한다. 또한 인권은 최소한도의 물질적 조건을 필수불가결하게 요구한다. 기아에 허덕이는 상태에서는 자유를 논한다는 것 자체가 어불성설이다. 하지만 인권은 분명 그 이상의 것을 품고 있다. 인권은 주어진 어떤 것이라기보다는 무엇인가 기대치와 관련된다. 경험적 사례를 뛰어넘어, 모든 인간은 인간이라는 이유만으로 존중받고 고려되어야 하며 자신의 완전한 잠재력을 달성할 기회를 보장받아야 마땅하다는 믿음과 기대가 인권이라는 말 속에 간직되어 있다. 린 헌트가 이 책을 통해 드러내려 했던 인권의 "자명함"도 바로 이 점을 겨냥한 것으로 볼 수 있다.

　인권에 대한 향후의 역사연구는 인권의 존재론적 근거를 제공할 '인간성humanity'에 대한 토대 연구와 서구·비서구 세계를 망라하며 인권의 정치·사회·문화적 현실태에 대한 세밀한 경험 연구를 병행해야 할 것이다. 이를 위해 린 헌트의 연구는 이상적이지는 않더라도 참조할 만한 전범을 제공해주었다. 그녀는 인권의 "불도저 같은 힘"의 감정적 원천과 정치문화적 실천 양상 그리고 자기모순을 구체적인 역사적 전개 과정을 통해 생생하게 드러내주었다. 그녀 특유의 압축적이면서 자유분방한 필치는 역사가의 자산인 서술의 기예를 십분 활용하여 꽤나 까다로운 논제를 일반 독자들이 친근하게 다가설 수 있도록 펼쳐 보여주었다.

1994년 조이스 애플비Joyce Appelby, 마거릿 제이컵Margaret Jacob과 함께 발간한 『역사에 관한 진실을 말하다Telling the Truth about History』에서 린 헌트는 역사적 진리가 상대화되고 역사의 이야기 요소가 부각되는 경향을 '포스트모더니즘'이라 규정하면서 이것과 전통적 입장 사이의 중도적 노선을 표방한 바 있다. 이러한 논의를 이 책에 그대로 적용해본다면, 이 책은 인권이라는 개념의 확실성을 반박하고 그 개념을 둘러싼 담론의 모순성을 다채로운 에피소드를 통해 희화화한다는 점에서는 분명 포스트모더니즘의 특성을 보여주지만, 동시에 인권을 담론이나 에피소드로 환원하지 않고 인류적 보편성을 획득해 가는 현실적 운동으로 파악한다는 점에서는 기본적으로 계몽주의적 성향을 띠고 있다. 이 책에서 저자가 구사하는 아이러니적 어투는 이러한 점에서 인권의 가치 그 자체에 대한 회의라기보다는 일종의 방법적 회의로 보는 편이 옳을 것이다. 이 책은 기본 성격상 인권의 보편적 가치를 일깨우려는 의도를 담고 있다. 바로 이 점이 이 책의 번역에 착수하게 된 실천적 근거이다.

이 번역서의 출간을 위해 여러분의 직간접적인 도움을 받았다. 먼저 책의 번역을 제안하고 출간을 위한 모든 일을 맡아주신 돌베개 출판사 관계자분들께 감사드린다. 그리고 이 책에 나오는 여러 불어 개념과 성명, 문장들의 번역은 프랑스사 전공자인 연세대학교 이재원 박사님의 도움에 전적으로 의존했음을 밝히며 이 자리를 빌려 진심어린 감사의 미음을 전한다. 그리고 이 책의 번역에 선뜻 임할 수 있도록 역자에게 인권 의식을 일깨워주신 부산 소재 외국인노동자 인권을 위한 모임 정귀순 대표님과 한국원폭2세환우회 고故 김형률 회장님께 심심한 사의를 표하고자 한다. 이 번역서가 어두운 과거로 회귀하려는 우리 사회의 현실에 한 톨의 분노의 밀알이 되기를 희구하며, 혹여 발견될지 모르는 오역은 전적으로 역자의 책임임을 밝혀둔다.

2009년 7월

전진성

찾아보기

지은이 **린 헌트** Lynn Avery Hunt (1945. 11. 16.~)

로스앤젤레스 캘리포니아대학의 현대 유럽사 담당 명예교수. 전문분야는 프랑스 혁명의 정치
문화사. 국내에 번역된 『프랑스혁명의 가족로망스』처럼 젠더 이슈를 역사학의 주제로 삼았고
이른바 신문화사 서술의 선도자 역할을 했다. 2002년에 미국 역사협회 회장을 역임했다.

옮긴이 **전진성**

고려대 사학과와 동대학원을 졸업하고 베를린 훔볼트대학에서 박사학위를 받았다. 주요 연구
분야는 독일 근현대 지성사와 문화사, 역사이론이다. 『서독의 구조사학』『역사가 기억을 말하
다』『상상의 아테네, 베를린·도쿄·서울』 등 여러 권의 저서와 연구논문을 집필했다.

인권의 발명

초판 1쇄 2022년 12월 16일
초판 3쇄 2024년 11월 1일

지은이 린 헌트
옮긴이 전진성

편집 이고호 이희연 디자인 김문비 마케팅 김선진 김다정
브랜딩 함유지 함근아 박민재 김희숙 이송이 박다솔 조다현 배진성 이서진
저작권 박지영 형소진 최은진 오서영
제작 강신은 김동욱 이순호 제작처 한영문화사(인쇄) 경일제책(제본)

펴낸곳 (주)교유당 펴낸이 신정민
출판등록 2019년 5월 24일 제406-2019-000052호

주소 10881 경기도 파주시 회동길 210
전화 031-955-8891(마케팅) 031-955-2680(편집) 031-955-8855(팩스)
전자우편 gyoyudang@munhak.com

인스타그램 @gyoyu_books 트위터 @gyoyu_books 페이스북 @gyoyubooks

ISBN 979-11-92247-60-1 03900

교유서가 〈첫단추〉 시리즈
옥스퍼드 〈Very Short Introductions〉

교유서가 〈첫단추〉 시리즈는 '우리 시대의 생각 단추'를 선보입니다. 첫 단추를 잘 꿰면 지식의 우주로 들어서게 될 것입니다. 이 시리즈는 세계적으로 정평 있는 〈Very Short Introductions〉의 한국어판입니다. 역사와 사회, 정치, 경제, 과학, 철학, 종교, 예술 등 여러 분야의 굵직한 주제를 알기 쉽게 설명합니다. 이 시리즈는 새로운 관점으로 '나와 세계'를 볼 수 있는 눈을 열어줄 것입니다.

INVENTING
HUMAN
RIGHTS